# 水工隧洞管片衬砌设计原理与计算方法研究

景来红　赵大洲　杨维九　王延红　编著

黄河水利出版社

·郑州·

## 内 容 提 要

本书针对水工隧洞管片衬砌结构，较为系统地介绍了隧洞支护技术与原理，隧洞围岩力学性态，支护及衬砌结构设计模型与原理，荷载计算方法，预制管片衬砌构造设计，管片衬砌接缝力学特性，管片衬砌结构计算模型，隧洞开挖与管片衬砌过程的三维数值模拟。为便于理解，本书还概要介绍了岩体主要强度理论、常用数值分析方法的基本原理、长隧洞掘进技术及管片衬砌在水工隧洞工程中的应用情况。

本书可供从事水利水电、铁路、公路、城建等行业科研、设计、施工技术人员及高等院校师生参考。

**图书在版编目(CIP)数据**

水工隧洞管片衬砌设计原理与计算方法研究/景来红等编著. —郑州：黄河水利出版社，2011.5
ISBN 978-7-80734-922-8

Ⅰ. ①水⋯ Ⅱ. ①景⋯ Ⅲ ①管道工程-衬砌-设计 ②管道工程-衬砌-计算方法 Ⅳ. ①TU81

中国版本图书馆 CIP 数据核字(2010)第 203565 号

组稿编辑：王路平 电话：0371-66022212 E-mail：hhslwlp@126.com

---

出 版 社：黄河水利出版社

地址：河南省郑州市顺河路黄委会综合楼 14 层 邮政编码：450003

发行单位：黄河水利出版社

发行部电话：0371-66026940、66020550、66028024、66022620(传真)

E-mail：hhslcbs@126.com

承印单位：黄河水利委员会印刷厂

开本：787 mm × 1 092 mm 1/16

印张：12.5

字数：290 千字 印数：1—1 000

版次：2011 年 5 月第 1 版 印次：2011 年 5 月第 1 次印刷

---

定价：38.00 元

# 前　言

修筑在具有某种应力履历和应力场的岩体中的隧洞，其周围岩体(围岩)具有一定的结构，岩体结构控制岩体变形、破坏及其力学性质。隧洞周围岩体的稳定受岩体结构、岩石力学性质、岩体赋存环境、隧洞开挖方式等多种因素的影响，围岩是造成荷载的主要来源，也是承受一定荷载的结构体，现代支护理论强调设计必须围绕围岩来做文章，并利用支护及衬砌的作用来提高围岩强度、防止围岩掉块和风化、减少围岩松弛以及提高结构安全度。

随着掘进机在开挖长大隧洞中的应用日益增多，管片衬砌法已成为隧洞支护、衬砌的一种重要形式。管片衬砌法是通过预制管片的洞内拼装以及管片背后豆砾石灌浆等方法形成衬砌结构，方便快捷，可较好地适应隧洞机械化施工的要求，显著改善隧洞内的施工环境。但在施工方法、结构形式等方面，管片衬砌与传统的现浇混凝土衬砌存在差异，并较之传统的现浇混凝土衬砌设计更为复杂，其中管片接缝的力学特性及管片衬砌结构的力学模型是管片衬砌研究中的重点问题之一。经过几十年的研究与实践，在(管片)衬砌设计方法与理论等方面取得了丰硕的研究成果，这些成果为本书的编写提供了丰富的材料。

本书较为系统地介绍了现代支护及衬砌技术，全面总结了隧洞衬砌设计中的荷载计算方法、管片衬砌构造设计特点及管片接缝力学特性，系统阐述了管片衬砌结构计算模型原理。全书共 10 章，在内容安排上包括：隧洞支护技术与原理，岩体强度理论及隧洞围岩力学性态，隧洞工程常用数值分析方法的基本原理，隧洞支护结构设计模型及原理，隧洞衬砌设计中的荷载计算方法，预制管片衬砌构造设计，管片衬砌接缝力学特性，管片衬砌结构计算模型，隧洞开挖与管片衬砌过程的三维数值模拟，深埋长隧洞掘进技术及工程实例。本书在叙述上力求由浅入深，内容上力图反映当前国内外在该领域研究的状况。本书作者长期从事南水北调西线工程深埋长隧洞的设计研究工作，书中汇总了作者在管片衬砌结构设计及研究方面的最新成果。

本书由景来红、赵大洲、杨维九、王延红编著。第一、二、四章由景来红执笔，第五、六章由杨维九执笔，第七、八 、九章由赵大洲执笔，第三、十章由王延红执笔。全书由景来红统稿。

本书得到“十一五”国家科技支撑重大项目“南水北调工程若干重大技术问题研究及工程应用”之课题九——“西线超长隧洞 TBM 施工关键技术问题研究”(2006BAB04A06)课题的资助，在此表示感谢。

由于作者水平有限，恳切希望读者对本书中的缺点和错误之处批评指正。

作　者

2010 年 7 月于郑州

# 前言

# 目　录

# 第 1 章　隧洞支护技术与原理

地下工程最早期的支护主要采用圆木或砌石构筑，后来出现了现浇混凝土、钢筋混凝土衬砌及锚喷支护，随着施工技术及工艺的提高，又出现了管片衬砌以及挤压混凝土衬砌等。早期地下工程的建设完全依据经验，19 世纪初才逐渐形成结构计算理论，并开始用于指导地下结构的设计与施工。在地下结构计算理论形成的初期，人们是仿照地面结构的计算方法进行地下结构的计算，因而常常不能正确地阐述地下工程中出现的各种力学现象和过程。经过较长时间的实践，地下结构受力变形的特点才开始被认识，并逐渐形成以考虑围岩对结构受力变形影响为特点的地下结构计算理论。理论与实践的结合是近代支护技术与理论飞跃发展的基石。本章叙述了现代支护及衬砌技术的原理，并简要介绍了水工隧洞各种支护及衬砌形式的特点。

## 1.1　支护理论发展概述

地下工程支护结构理论的发展至今已有百余年的历史，它与岩土力学的发展有着密切关系。土力学的发展促使了松散地层围岩稳定和围岩压力理论的发展，而岩石力学的发展促使围岩压力和地下工程支护结构理论进一步飞跃。

一般将 20 世纪 50 年代以前形成的支护理论称为传统支护理论，如古典压力理论、散体理论等。传统支护理论认为支护的作用是承受上覆岩层重量或围岩塌落拱内的松动岩体重量，主要沿用适应于地面工程的理论和方法来解决地下工程所遇到的问题。随着岩石力学逐渐成为一门独立的学科，围岩弹性、弹塑性及黏弹性解答逐渐出现，同时锚杆与喷射混凝土新型支护的出现和与此相应的一整套新奥地利隧道设计施工方法(简称新奥法)的兴起，终于形成了以岩石力学原理为基础的、考虑支护与围岩共同作用的地下工程现代支护理论。

现代支护理论与传统支护理论之间的区别主要表现在以下几方面：

(1)在对围岩压力的成因方面：传统支护理论认为围岩压力由洞室塌落的围岩“松散压力”造成，而现代支护理论则认为围岩具有自承能力，围岩作用于支护上的压力不是松散压力，而是阻止围岩变形的形变压力。

(2)在围岩和支护间的相互关系方面：传统支护理论把围岩和支护分开考虑，围岩当做荷载，支护作为承载结构，属于“荷载—结构”体系，现代支护理论则将围岩和支护作为一个统一体，二者组成“围岩—支护”体系，共同参与工作。

(3)在支护功能和作用原理方面：传统支护理论认为支护的最主要功能是承受荷载，现代支护理论则强调支护的作用是为了及时稳定和加固围岩。

(4)在设计计算方法方面：传统支护理论通过确定作用在支护上的荷载，来研究支护结构的承载能力，而现代支护理论从分析形成围岩压力的岩体初始地应力入手，研究围岩和支护结构共同承载能力。

(5)在隧洞施工方面：现代支护理论强调隧洞施工中尽量减少对周围岩体的扰动，通过简单、快捷的锚喷等支护形式，在围岩松动之前及时加固围岩，并通过动态监测指导隧洞支护，从而克服了传统支护理论所采用的被动支护的施工设计理念。

现代支护理论的形成与发展，首先是由于锚喷支护等现代支护结构的大量使用，使人们积累了丰富的经验。新奥法是典型的代表，而现场监控量测的应用，进一步丰富了新奥法内容，同时促进了新奥法的应用。至20世纪80年代，又将现场监控量测与理论分析结合起来，发展成为一种适应地下工程特点和当前技术水平的新的设计方法——现场监控设计方法(也称信息化设计方法)。其次是由于岩石力学理论的发展，20世纪60年代中期和70年代末期，以有限元法和边界元法为基础的数值解法开始运用到地下工程中来。70年代后期，在解析方面，国内外学者对轴对称问题有了较完善的解答，提出了锚喷支护的一些计算与设计方法，在国外称为收敛—约束法，或特征曲线法。随着有限元法、边界元法及有限差分法等数值解法的迅速发展，在模拟分析围岩弹塑性、黏弹塑性及岩体节理面等岩石力学问题方面取得了长足的进步。由于数值计算通常是以已知的地应力及施工条件为前提来分析支护与围岩的共同作用，因此能较为准确地反映地下工程的力学现象。当然，这些数值计算方法还存在参数难以准确获得、对岩土材料的本构模型及围岩的破坏失稳准则认识不足等问题[1]。

## 1.2 现代支护及衬砌技术

随着岩体力学理论、隧洞工程施工方法的不断发展及对围岩稳定机理认识的逐步深入，支护及衬砌方法正向着简单实用和安全可靠的方向发展。目前，与开挖方式相适应的快速支护及衬砌技术主要有新奥法、挪威法、管片衬砌法以及挤压混凝土衬砌法等。

### 1.2.1 新奥法

新奥法(New Austrian Tunnelling Method，NATM)是20世纪60年代奥地利专家L.V. Rabcweicz在总结前人在隧道工程中积累的经验后提出来的一套隧道设计、施工的新技术。1980年，奥地利土木工程学会地下空间利用分会把新奥法定义为：“在岩质、土砂质介质中开挖隧道，以使围岩形成一个中空筒状支撑环结构为目的的隧道设计施工方法。”新奥法的这个定义扼要地揭示了新奥法最核心的问题——利用围岩支护隧道，使围岩本身形成支撑环。

新奥法的具体做法是，随隧道掘进，及时喷射一层混凝土，封闭围岩暴露面，形成初期柔性支护，随后按设计要求系统布置锚杆加固深部围岩。锚杆、喷层和围岩共同组成承载环，支撑围岩压力，形成了新奥法初期支护结构，通常把这部分支护结构称为“外拱”。在施工过程中，通过监测了解外拱围岩的变形情况，待支护抗力与围岩压力相适应时进行外拱封底，使变形收敛，隧道围岩趋于稳定，随后进行二次衬砌——复喷混凝土或现浇混凝土，习惯上把第二次衬砌称为“内拱”。实际上，内拱为储备强度。新奥法必须严格控制二次衬砌时间，以便支护性能呈现先柔后刚的特性。新奥法建议的支护形式见图1-1。

就目前的认识水平，喷混凝土是唯一能够与围岩壁面大面积牢固黏附的支护手段，也是适用于各种围岩的一种有效支护手段，其作用主要有：

(1)支撑围岩作用。喷层能与围岩密贴和黏结，并给围岩表面以抗力和剪力，从而使围岩处于三向受力状态，防止围岩强度恶化，阻止不稳定岩块的塌滑。喷混凝土的轴力是由拱脚下的反力和界面的抗剪阻力所支持的。如图 1-2 所示，喷混凝土与岩壁的黏着力所产生的抗剪阻力以切向应力传递到围岩内部，这有助于形成拱状的压应力带。

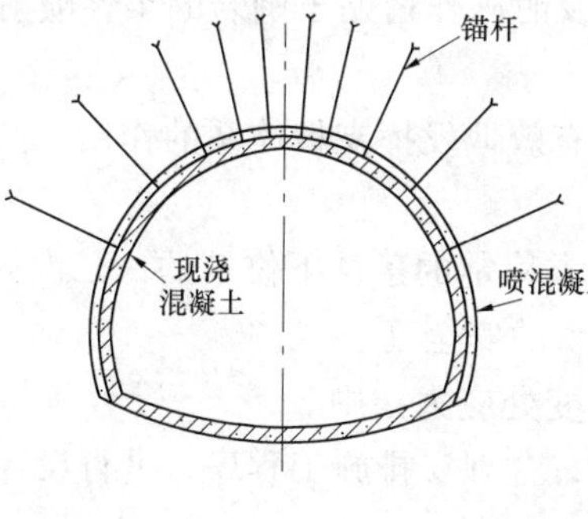

图 1-1　新奥法建议支护形式

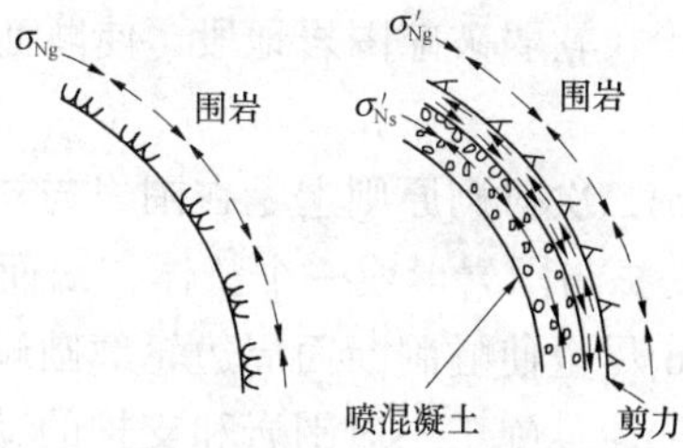

图 1-2　喷混凝土的黏附力学效应示意图

(2)调控围岩应力的重分配作用。喷层是柔性的，而且这种柔性可通过分次喷层的方法进一步发挥，从而可以调整围岩的应力重分配，使围岩在不出现有害变形的前提下，能进入一定程度的塑性。喷层的柔性也可减小喷层中的弯曲应力。

(3)填平补强围岩作用。喷射混凝土可使混凝土射入围岩张开的裂隙，填充表面凹穴，使裂隙分割的岩块层面黏结在一起，保持岩块间的咬合镶嵌作用，提高岩块的黏结力、摩阻力，有利于防止围岩松动，避免或缓和围岩应力集中。

(4)防护作用。喷层直接粘贴岩面，形成防风化和止水的防护层，阻止节理裂隙中充填物的流失，防止围岩力学指标因受外界影响而发生恶化。

(5)分配外力作用。通过喷层把外力传给锚杆、钢筋网架等，使支护结构均匀受力。

锚杆的作用是：

(1)加固围岩。围岩多数处于受剪破坏状态，锚杆的抗剪能力提高了围岩锚固区的 $C$、$\varphi$ 值，尤其是在节理发育的岩体中，加固作用更为明显。

(2)加固不稳定块体。用局部锚杆可以加固不稳定块体，如利用锚杆的悬吊作用，阻止拱顶不稳定块体的塌落，利用锚杆的抗剪作用阻止边墙不稳定块体的滑落等。

(3)形成沿开挖面的受力环区，将开挖面处的高应力延伸到岩体深处。

(4)改善岩石–混凝土结构体系的承重效果，起到锁定岩石共同受力的作用。

(5)限制围岩位移，部分减少开挖过程中引起的松动。

(6)在层状岩体中，各层岩板间传递剪力的能力很小，其结构类似于“叠合梁”的力学行为，而通过锚杆可使各层岩板紧密联系在一起，岩板间传递剪力的能力大为增强，从而使层状岩体结构具有“组合梁”的特性。

由以上分析可知，新奥法是应用岩体力学原理，以维护和利用围岩的自稳能力为基点，以锚喷作为主要支护手段，及时进行支护，以便控制围岩的变形与松弛，使围岩成为支护体系的组成部分，形成了以锚杆、喷射混凝土和洞室围岩三位一体的承载结构，共同支撑岩体压力。

根据新奥法的支护理念，在隧洞施工、设计中应重点把握以下几点：

(1)开挖作业宜采用光面爆破和预裂爆破，并尽量采用大断面或较大断面开挖，以减少对围岩的扰动。

(2)隧洞开挖后，尽量利用围岩的自承能力，充分发挥围岩自身的支护作用。

(3)根据围岩特征采用不同的支护类型和参数，及时施作密贴于围岩的柔性喷射混凝土和锚杆初期支护，以控制围岩的变形和松弛。

(4)在软弱破碎围岩地段，使断面及早闭合，以有效地发挥支护体系的作用，保证隧洞稳定。

(5)二次衬砌原则上是在围岩与初期支护变形基本稳定的条件下修筑的，二次衬砌、初期支护与围岩形成一个整体，因而提高了支护体系的安全度。

(6)尽量使隧洞断面周边轮廓圆顺，避免棱角突变处应力集中。

(7)通过施工中对围岩和支护的动态观察、量测，合理安排施工程序，进行设计变更及日常的施工管理。

这种将围岩作为衬砌结构联合工作的承载体的施工设计方法是隧洞设计理论的一大进步，采用该理论可有效提高施工进度、节省工程投资，其成效得到了工程技术界的肯定。

### 1.2.2 挪威法

挪威法(Norwegian Method of Tunnelling, NMT)是将 $Q$ 值岩体分类系统与锚固支护加喷钢纤维混凝土相结合的设计、施工方法，即根据 $Q$ 值岩体分类系统，确定出加固锚杆的长度、直径、间距以及钢纤维喷混凝土的厚度。自 20 世纪 90 年代始，该方法在西、北欧隧道工程中较多采用，是对新奥法的完善、补充和发展。

NMT 的支护设计通常按经验方法确定，具有更强的可操作性。同时，NMT 建立了“功能围岩结构”的概念，更强调高强锚喷支护的时效性，要求更加快速地形成荷载环，以最经济的支护达到稳定、安全的目的。NMT 的支护设计通常以定量的 $Q$ 系统法为基础，Barton 等根据已有的大量隧道施工经验，按 $Q$ 值给出了各种不同跨度和安全等级的支护图(见图 1-3)，而 $Q$ 值的计算主要是依靠地质勘探部门所提供的 6 个地质评价参数，即 $RQD$(岩石质量指数)、$J_n$(岩石节理组数)、$J_r$(岩石节理粗糙度)、$J_a$(岩石节理蚀变程度系数)、$J_w$(岩石节理含水量)、$SRF$(岩石应力折减系数)。在施工过程中，随着掌子面的推进，6 个地质评价参数将不断地修正，同时 $Q$ 值也相应改变。在实际应用中可采用离散单元法对所设计的某些特殊情况的岩石支护设计作检验，以帮助评价其安全等级。对应于 $Q$ 值，可把岩体分为 A ~ G 共 7 类。从图 1-3 可以看出，NMT 中有许多情况是不需要支护的。以 $Q$ 系统法为重要组成部分的 NMT，其支护形式由锚杆、素喷混凝土、钢纤维喷混凝土和现浇混凝土的一种或几种组合，大致有 9 种类型。

从应用的范围来看，NMT 最适用于有节理的、硬或较硬岩层中的隧道。在硬岩中修建隧道，无论采用钻爆法或掘进机开挖，节理和超挖都占主导地位。在此条件下，采用网喷混凝土和格栅钢架不但费时、不经济，还可能不安全，而采用锚杆调动围岩强度的动力最强。由于节理充填物引起围岩不均匀，可能引起围岩失稳，因此要求用喷混凝土或喷钢纤维混凝土对系统锚杆补强。因此，在支护手段上，NMT 一般采用高强锚喷作为永久支护，并且 NMT 强调使用钢纤维喷混凝土代替钢筋网喷混凝土，用钢筋喷混凝土拱肋代替钢拱架。这种锚杆加喷混凝土(或喷钢纤维混凝土)支护系统，既可用做隧道临时支护，又可用做隧道永久支护。该系统对开挖轮廓形状适应性强，即使轮廓不平顺，喷层也能贴合岩面，远比钢拱架或网构好。喷层承载环可视需要形成。围岩条件变化时，只需调整锚杆长度和间距以及喷层厚度，便可适应，很少作混凝土二次衬砌。

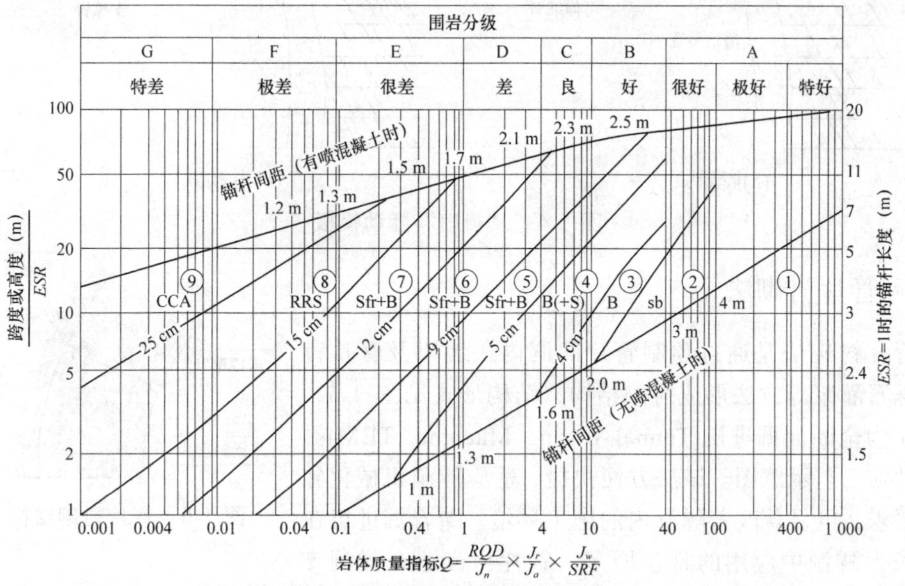


**图 1-3　Q 系统围岩支护设计简图**

①不设支护；②sb—局部视需要施加的随机性锚杆；③B—系统锚杆；④B(+S)—系统锚杆(+喷混凝土，喷层厚 4 ~ 10 cm)；⑤、⑥、⑦Sfr+B—系统锚杆+钢纤维喷混凝土，其中：⑤喷层厚 5 ~ 9 cm，⑥喷层厚 9 ~ 12 cm，⑦喷层厚 12 ~ 15 cm；⑧Sfr+RRS+B—钢纤维喷混凝土+加劲肋+系统锚杆，喷层厚≥15 cm；⑨CCA—模筑钢筋混凝土拱衬砌

为了减少二次衬砌，必须保证单层喷护衬砌的平整度，解决单层衬砌平整度的一项措施就是目前存在争议的“模喷”技术。一方面，在施工时往一个封闭的小空间内喷射混凝土，由于骨料颗粒的跳动和反弹对混凝土的结构产生一定的影响(“模喷”混凝土由于模板的作用，造成回弹物裹入，从而会在喷射混凝土中形成空隙)；另一方面，在采用“模喷”工艺的情况下，喷混凝土作业中的回弹问题能得以彻底解决，同时又能使喷混凝土层获得足够厚度和一个较为平滑的表面。因此，为使“模喷”技术得以推广应用，仍需进行系统的试验研究和理论分析，解决存在的问题。图 1-4 为德国研制的两种类型的适用于“模喷”技术的随动模板[2]。

NMT 非常重视地质及工程地质调查，应用地表地质测绘、地质钻孔、岩芯分析与实验室实验、跨孔层析 X 摄影、地质雷达等技术，尽可能得到更多的岩层信息，对岩体质量和支护作出尽可能确切的预测。在施工中，以隧道的地质素描日志和各种形式的超前地质预报对施工作出信息反馈，进行动态控制。所以，挪威法也是一种动态反馈设计方法。一般情况下，监控量测仅在关键或特殊的时刻(如 $Q<0.01$ 或高跨比特别小)施作，但随着 NMT 在软弱围岩(如伦敦黏土)方面的尝试，现代的 NMT 也逐渐重视监控量测手段。

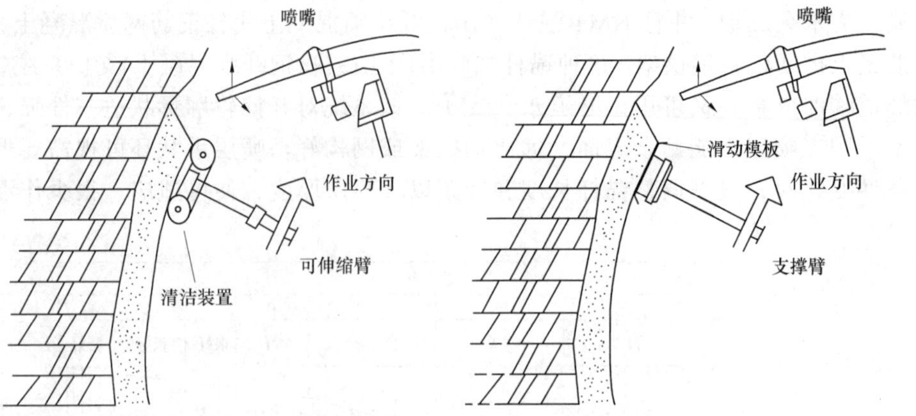


(a)履带式　　(b)滑动式

**图 1-4　“模喷”随动模板**

## 1.2.3　管片衬砌法

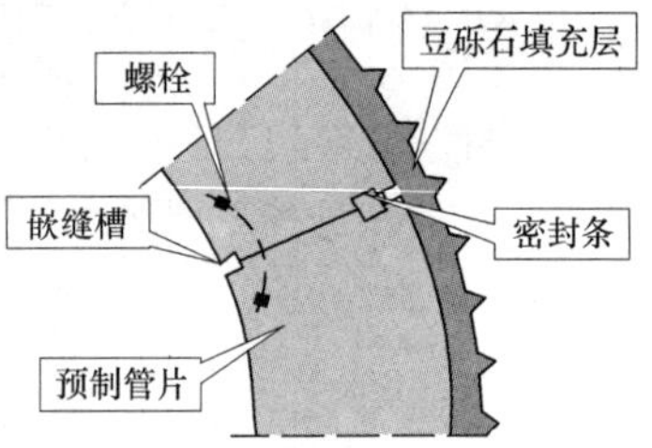


**图 1-5　管片衬砌结构示意图**

管片衬砌法是通过预制管片的洞内拼装以及管片背后豆砾石灌浆等方法形成衬砌结构，结构形式见图 1-5，图 1-6 为全断面掘进机(Tunnel Boring Machine, TBM)掘进、衬砌工艺示意图。该法方便快捷，适应隧洞机械化施工的要求，可显著改善隧洞内的施工环境。随着掘进机在开挖长大隧洞中应用的日益增多，管片衬砌法在隧洞支护、衬砌中得到更多应用[3]。

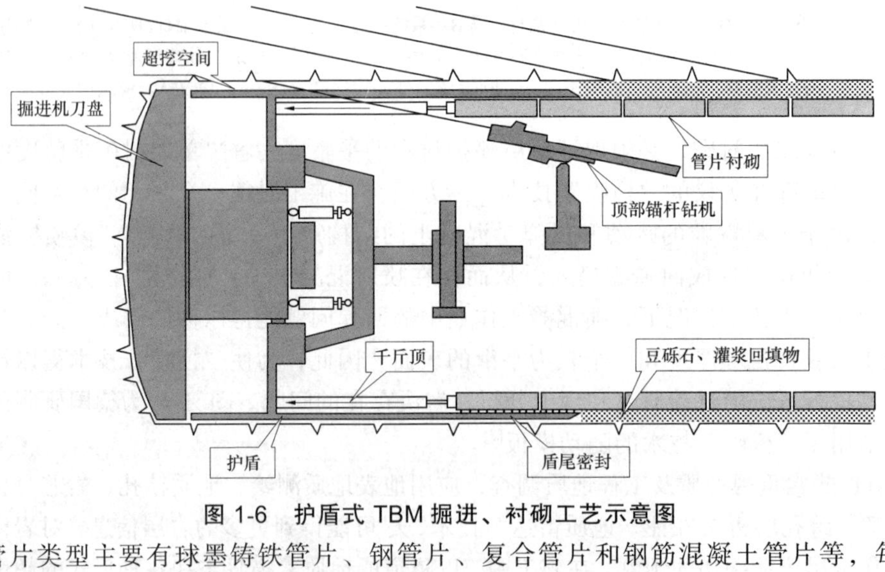


**图 1-6　护盾式 TBM 掘进、衬砌工艺示意图**

管片类型主要有球墨铸铁管片、钢管片、复合管片和钢筋混凝土管片等，每环由数块管片组合而成。其中钢筋混凝土管片强度高，加工制作比较容易，采用钢模制作时可保证管片精度，耐腐蚀，造价也低，目前应用最广泛，图 1-7 为拼装后的钢筋混凝土管片衬砌。表 1-1 给出了部分国内外已建管片衬砌隧洞指标。由表 1-1 可见，目前混凝土管片多采用强度等级为 C50 及以上混凝土制作，这是因为高强混凝土强度高、抗渗性能好，可有效降低衬砌厚度、减轻管片重量，同时其具有早强性，可有效减少钢模的数量。表 1-2 给出了国内已建输水隧洞管片衬砌配筋量，除引大入秦调水工程 30A 隧洞重型管片衬砌外，各隧洞管片衬砌均采用对称配筋。由表 1-2 可知，各隧洞管片衬砌最小配筋率均大于 0.2%，Ⅰ ~ Ⅲ类围岩中的衬砌含筋量一般在 50 ~ 140 $kg/m^3$。

图 1-7　拼装后的钢筋混凝土管片衬砌

在工程实践中，钢筋混凝土管片的一些缺点也逐渐暴露出来，如钢筋混凝土管片的厚度一般较大、运输安装过程中边缘容易破损、推进过程中管片易顶裂等，为此可采取提高钢模制作精度和管片混凝土强度、提高拼装质量、在混凝土中加入钢纤维提高管片的抗裂能力[4]、降低千斤顶对管片的偏心作用等措施。

通常管片衬砌采用螺栓连接以提高结构抗变形能力，近来国内外技术人员开发出预应力管片衬砌新技术，可有效提高管片衬砌的真圆性、止水性、耐久性及抗内水压力能力[5]。管片衬砌通常在采用护盾式掘进机、盾构机等开挖的隧洞中应用，管片衬砌中必须保证回填灌浆质量，使衬砌与围岩形成整体工作，否则可能因围岩无法得到支撑而变形增大，并进而引起管片的开裂和错台(见图 1-8)。

图 1-8　管片衬砌的开裂、错台现象

### 1.2.4　挤压混凝土衬砌法

挤压混凝土衬砌法，即 ECL(Extruded Concrete Lining)工法，采取在 TBM 护盾尾部立内模，压入素混凝土、钢纤维混凝土或钢筋混凝土的方式形成挤压混凝土衬砌，使衬砌与围岩密贴，加快了施工进度，减少了衬砌间的接缝。图 1-9 为挤压混凝土衬砌法的原理示意图[6]。

该衬砌方法的正式研究应用是在 20 世纪 60 年代，1965 年苏联首次应用该技术建造了涅格宁河总水管，继后又用于莫斯科等城市的地铁隧道。虽然以苏联为首的东欧各国先行一步，但他们主要是将这一施工方法用于地质条件良好的地基中，且隧道衬砌采用素混凝土，这大大限制了该方法的推广。20 世纪 80 年代初，西德和日本将钢纤维混凝土、钢筋混凝土引入 ECL 法中，尽管工法的基本构成仍与素混凝土相同，但扩大了其适用范围，推进了 ECL 法在隧道施工中的应用。此外，为了使这一技术能够应用于地基软弱、工作面自承能力差的城市隧道开挖中，日本技术人员把密闭盾构技术与 ECL 技术有机结合，即采用密闭型盾构机在前端挖掘，采用 ECL 技术在后端衬砌。由于两道工序同时进行，通常是掘进多少，衬砌也向前推进多少，因而在日本也将 ECL 技术称为并进技术。目前，从地质条件良好的山岭隧道到软弱地基的城市隧道都可采用 ECL 法进行衬砌施工。截止到 20 世纪 90 年代，ECL 施工方法已在多个国家隧洞工程中应用，详见表 1-3[6]。

表 1-1　部分采用预制钢筋混凝土管片衬砌设计的隧洞

| 工程名称 | 类别 | 地质 | 隧洞衬砌 | | | 管片 | | | | | | 止水方式 |
|---|---|---|---|---|---|---|---|---|---|---|---|---|
| | | | 长度(km) | 外径(mm) | 内径(mm) | 每环分块 | 拼装方式 | 形状 | 混凝土强度等级 | 宽度(mm) | 厚度(mm) | |
| 引大入秦 30A 隧洞(中国甘肃) | 水工 | 结晶灰岩、含漂石砾岩、含砾砂岩、泥岩、砂岩等 | 11.65 | 5 400 | 4 800 | 4 | 错缝 | 六边形 | C25 | 1 600 | 300 | 饱浸沥青的泡沫止水条 |
| 引黄入晋南干线 4~6 号洞(中国山西) | 水工 | 灰岩 | 45.9 | 4 740<br>4 640 | 4 300<br>4 200 | 4 | 错缝 | 六边形 | C55 | 1 400 | 220 | 遇水膨胀橡胶与弹性橡胶止水条 |
| 引黄入晋南干线 7 号洞(中国山西) | 水工 | 灰岩 | 42.5 | 4 700 | 4 200 | 4 | 错缝 | 六边形 | C55 | 1 400 | 250 | 遇水膨胀橡胶与弹性橡胶止水条 |
| 引黄入晋南干线连接段 7 号洞(中国山西) | 水工 | 灰岩、泥灰岩 | 13.5 | 4 640 | 4 140 | 4 | 错缝 | 六边形 | C45 | 1 400 | 250 | 遇水膨胀橡胶与弹性橡胶止水条 |
| 引黄入晋总干线 6~8 号洞(中国山西) | 水工 | 灰岩、煤系地层 | 12.2 | 5 960 | 5 460 | 4 | 错缝 | 六边形 | C30 | 1 600 | 250 | 土洞段设两道止水，BW 遇水膨胀止水条及双组分聚硫胶嵌缝填筑；岩石段只对嵌缝采用 Sika 砂浆填筑 |
| 掌鸠河供水工程上公山隧洞(中国云南) | 水工 | 灰岩、玄武岩、白云岩、泥岩、页岩 | 13.762 | 3 500 | 3 000 | 5 | 错缝 | 四边形 | C45 | 1 000 | 250 | 无孔弹性橡胶止水条 |
| 南水北调中线穿黄隧洞(中国河南) | 水工 | 中砂层、粉质壤土 | 2×3.45 | 8 700 | 7 000 | 等分 7 块 | 错缝 | 四边形 | C50 | 1 600 | 外衬 400 | 无孔弹性橡胶止水条 |
| 八十一大坂隧洞(中国新疆) | 水工 | 凝灰质砂岩与角砾岩、砂岩与泥岩互层 | 25.7 | 6 560 | 6 000 | 4 | 错缝 | 六边形 | C40 | 1 600 | 280 | |

续表 1-1

| | 类别 | 地质 | 隧洞衬砌 | | | 管片 | | | | | | 止水方式 |
|---|---|---|---|---|---|---|---|---|---|---|---|---|
| | | | 长度 (km) | 外径 (mm) | 内径 (mm) | 每环分块 | 拼装方式 | 形状 | 混凝土强度等级 | 宽度 (mm) | 厚度 (mm) | |
| 广州地铁隧道 2 号线 (中国广东) | 地铁 | 黏性土、强风化砂岩、泥岩 | 18.5 | 6 000 | 5 400 | 6 | 错缝 | 四边形 | C50 | 1 200 | 300 | |
| 广州地铁隧道 3 号线 (中国广东) | 地铁 | 黏性土、强风化砂岩、泥岩 | 23.2 | 6 000 | 5 400 | 6 | 错缝 | 四边形 | C50 | 1 500 | 300 | 三元乙丙水膨胀橡胶止水条 |
| 上海大连路越江地铁隧道 (中国上海) | 地铁 | 黏性土 | 1.274 | 11 000 | 10 040 | 8 | 错缝 | 四边形 | C50 | 1 500 | 480 | |
| 北京铁路直径线 (中国北京) | 地铁 | 以卵石土、圆砾土、中砂、粗砂为主 | 7.23 | 11 600 | 10 500 | 9 | 错缝 | 四边形 | C50 | 1 800 | 550 | 复合式弹性遇水膨胀橡胶止水 |
| 南京地铁 1 号线 (中国江苏) | 地铁 | | 10.9 | 6 200 | 5 500 | 6 | 错缝 | 四边形 | C50 | 1 200 | 350 | 橡胶止水 |
| 武汉长江隧道 (中国湖北) | 公路 | 粉细砂、中粗砂、卵石为主 | 2×2.55 | 11 000 | 10 000 | 等分 9 块 | 错缝 | 四边形 | C50 | 2 000 | 500 | |
| 上海崇明越江隧道 (中国上海) | 公路 | 砂质粉土、粉质黏土、淤泥质黏土 | 7.47 | 15 000 | 13 700 | 10 | 错缝 | 四边形 | C60 | 2 000 | 650 | |
| EL Salam Tunnel (埃及) | 水工 | 灰性粉砂黏土、砂土 | 4×0.77 | 6 340 | 5 100 | 8 | 错缝 | 四边形 | C45/C20 | 1 200 | 外衬 300 | EPDM 密封条(可承受 70 m 水头) |
| Lesotho Highlands Water Project (南非) | 水工 | 玄武岩、含凝灰岩、砂岩、粉砂岩 | 32.0<br>37.0 | 4 700<br>5 000 | 4 200<br>4 500 | 4<br>5 | 错缝 | 六边形<br>四边形 | C40 | 1 400 | 250 | 四边形管片衬砌段采用 EPDM 密封条，六边形管片衬砌段不设止水 |

续表 1-1

| 工程名称 | 类别 | 地质 | 隧洞衬砌 | | | 管片 | | | | | | 止水方式 |
|---|---|---|---|---|---|---|---|---|---|---|---|---|
| | | | 长度(km) | 外径(mm) | 内径(mm) | 每环分块 | 拼装方式 | 形状 | 混凝土强度等级 | 宽度(mm) | 厚度(mm) | |
| Evinos-Mornos Conveyor Tunnel (希腊) | 水工 | 复理石、灰岩、泥及泥砂质片岩 | 29.4 | 3 900 | 3 500 | 4 | 错缝 | 六边形 | | 1 250 | 200 | |
| Stormwater Management and Road Tunnel (马来西亚) | 水工<br>公路 | 石灰岩、砂土、黏土、粉土 | 5.205 | 12 830 | 11 830 | 10 | 错缝 | 四边形 | C50 | 1 700 | 500 | |
| Trans-Tokyo Bay Highway Tunnel (日本) | 公路 | 非常软的冲积土层 | 9.1 | 13 900 | 11 900 | 等分 11 块 | 错缝 | 四边形 | | 1 500 | 外衬 650 | 管片周边粘贴遇水膨胀橡胶止水条，内、外层衬砌间铺设防水层 |
| the Fourth Elbe Tunnel (德国) | 公路 | 含砂、砾石、冰川泥灰岩等杂质的黏性土或非黏性土层 | 3.1 | 13 750 | 12 350 | 9 块 | 错缝 | 四边形 | | 2 000 | 700 | 管片周边粘贴两道 EPDM 弹性橡胶止水条(可承受 1 MPa 水压) |
| Groene Hart Tunnel (荷兰) | 铁路 | 泥煤层、沉积沙层、黏土层 | 7.16 | 14 500 | 13 300 | 10 | 错缝 | 四边形 | | 2 000 | 600 | |
| Guadarrama Tunnel (西班牙) | 铁路 | 花岗岩、片麻岩 | 2×28.4 | 9 140 | 8 500 | 7 | 错缝 | 四边形 | C40 | 1 600 | 320 | |
| Storebaelt Tunnel (丹麦) | 铁路 | 冰碛漂砾黏土、泥灰岩、石灰岩 | 2×7.4 | 8 500 | 7 700 | 7 | 错缝 | 四边形 | C70 | 1 650 | 400 | 氯丁橡胶弹性密封条 |

表 1-2　国内已建输水隧洞管片衬砌主要指标

| 名称 | | 输水方式 | 内径 (m) | 混凝土强度等级 | 管片形式 | 厚度 (m) | 宽度 (m) | 配筋率 $\rho$ (%) | 含筋量 ($kg/m^3$) | 厚度/外径 (%) |
|---|---|---|---|---|---|---|---|---|---|---|
| 引大入秦调水工程 30A 隧洞 | 轻型管片 | 无压 | 4.8 | C25 | 六边形管片，每环 4 块 | 0.30 | 1.6 | 0.192 | 67.5 | 5.56 |
| | 重型管片 | | | | | | | 0.247 | 77.2 | |
| 万家寨引黄工程总干线 6~8 号隧洞 | A 型管片 | 无压 | 5.46 | C30 | 六边形管片，每环 4 块 | 0.25 | 1.6 | | 51.25 | 4.29 |
| | B 型管片 | | | | | | | | 71.18 | |
| | C 型管片 | | | | | | | | 120.66 | |
| 万家寨引黄工程南干线 4~6 号隧洞 | A 型管片 | 无压 | 4.2<br>4.3 | C55 | 六边形管片，每环 4 块 | 0.22 | 1.4 | | 79 | 4.74<br>4.64 |
| | B 型管片 | | | | | | | | 140 | |
| | C 型管片 | | | | | | | | 180 | |
| | D 型管片 | | | | | | | | 210 | |
| 万家寨引黄工程南干线 7 号隧洞 (A 型管片) | | 无压 | 4.2 | C55 | 六边形管片，每环 4 块 | 0.25 | 1.4 | 0.219 | 79.6 | 5.32 |
| 万家寨引黄工程连接段 7 号隧洞 | A 型管片 | 无压 | 4.14 | C45 | 六边形管片，每环 4 块 | 0.25 | 1.2 | | 90.86 | 5.39 |
| | B 型管片 | | | | | | | | 158.11 | |
| | C 型管片 | | | | | | | | 306.49 | |
| 掌鸠河供水工程上公山隧洞 | 轻型管片 | 有压 | 3.0 | C45 | 四边形管片，每环 5 块 | 0.25 | 1.0 | 0.402 | 76.4 | 7.14 |
| | 重型管片 | | | | | | | 0.524 | 104.7 | |

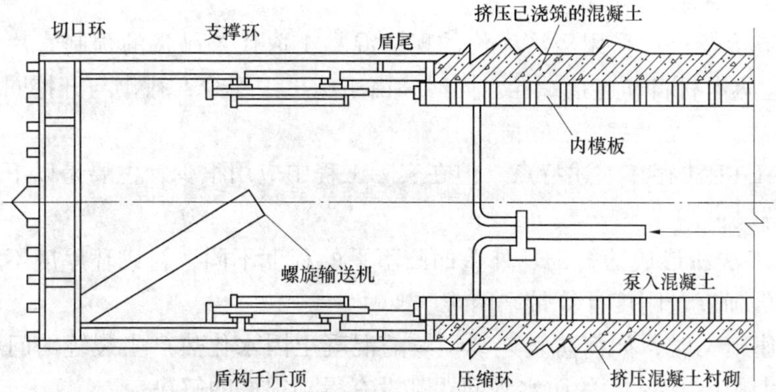


图 1-9　ECL 工法原理图

**表 1-3　国外应用 ECL 工法完成的隧道工程**

| 隧道名称 | 地质条件 | 衬砌类型 | 施工时间 |
|---|---|---|---|
| 布拉格地铁 | 板岩层 | 素混凝土 | 1976 ~ 1977 年 |
| 汉堡污水隧洞 | 含水砂层 | 钢纤维混凝土 | 1978 ~ 1979 年 |
| 法兰克福地铁 | 黏土层 | 钢纤维混凝土+局部二次衬砌 | 1980 ~ 1982 年 |
| 东京污水隧洞 | 冲积砂层 | 钢筋混凝土 | 1981 年 |
| 里昂地铁 | 砂和砾石层 | 钢筋混凝土+局部二次衬砌 | 1984 ~ 1987 年 |
| 弗罗伊登斯坦导坑隧道 | | 素混凝土 | 1985 ~ 1986 年 |
| 埃森地铁 | 粉砂层和泥灰岩 | 钢筋混凝土+局部二次衬砌 | 1988 年 |
| 信浓川水工隧洞 | 砂和粉砂层 | 素混凝土 | 1988 ~ 1989 年 |
| 东京东电野泽管道工程 | 粉砂层 | 钢筋混凝土 | 1988~1991 年 |
| 东京文京区排水管道支线 | 砂质土层 | 钢筋混凝土 | 1991~1993 年 |

ECL 工法具有以下主要特点：

(1)衬砌质量高。ECL 工法构筑的混凝土衬砌，在灌注中混凝土受到挤压，其压力大于岩土压力与水压力之和，并始终保持在 0.2 MPa 的程度。受压的混凝土中多余的水分被排出，其强度和密度大大提高。模板拼装和混凝土的压注都是连续进行的，衬砌接头少，具有很好的整体性和防水性。

(2)衬砌形式多样。ECL 工法可以构筑多种类型衬砌，隧道衬砌形式根据地层条件和施工条件经综合研究确定，以便构成安全的结构，可采用素混凝土(NRC)、钢筋混凝土(RC)、纤维加筋混凝土(FRC)、型钢加强混凝土(SRC)及预应力混凝土(PC)。

(3)施工快捷。与常规盾构管片拼装衬砌相比，采用 ECL 的施工速度比采用管片的速度快一倍，而且可以连续机械化作业；与 NATM 相比，既可达到及时支护的效果，又可省略相对于隧洞用途所需的二次衬砌，速度可望提高至两倍。日本信浓川水力发电扩建工程 2 号引水隧洞的一段长 3.1 km、外径 8.4 m、内径 7.6 m 的隧洞，采用挤压混凝土衬砌，施工速度达到月进 340 m。

(4)工程造价较小。采用经济廉价的现浇混凝土取代了昂贵的预制管片，并节省了大量纵、环缝防水材料和连接螺栓。同时，由于施工工序少，衬砌与开挖同步进行，工期缩短。

尽管 ECL 工法存在上述特点，但在实际工程中应用很少，主要是以下问题还没有得到很好的解决：

(1)ECL 工法所形成的衬砌环外壁凹凸不平的程度不同，衬砌环厚度不均匀，从而给 ECL 衬砌的强度及刚度计算带来困难。

(2)在快速施工时，如何防止连续浇筑的混凝土因水化热产生裂缝的问题，故障停机较长时间时施工缝(冷缝)的防水等问题都没有得到很好的解决。

(3)ECL 工法高效施工辅助设备(如输送混凝土的机械等)及辅助技术(如激光引导技

术、计算机自动数据采集处理技术、全自动测量及方向控制系统等)还不完善。

ECL 工法为当前隧洞衬砌施工中最先进的一种工法，在日本及欧洲国家其应用前景被看好，目前这项技术在国内还没有被应用。

## 1.3　水工隧洞支护及衬砌形式

支护及衬砌结构的作用在于防止渗漏及岩质的进一步恶化，承受可能出现的各种荷载，维持围岩的稳定，保持洞室断面的使用净空，保证隧洞具有良好的使用条件。以下分别按材料及结构形式、作用机理两个方面介绍水工隧洞衬砌形式。

### 1.3.1　按材料及结构形式划分

按支护的材料及结构形式分，水工隧洞支护及衬砌主要有锚喷支护、现浇混凝土衬砌、预应力混凝土衬砌和预制管片衬砌四种。

#### 1.3.1.1　锚喷支护

锚喷支护中使用的材料主要有锚杆、素混凝土、钢纤维混凝土、钢筋网，通过采用这些材料中的一种或几种，可以形成多种锚喷支护形式，如锚杆支护、喷混凝土支护、钢纤维喷混凝土支护、钢筋网加喷混凝土支护、锚杆加喷混凝土支护、锚杆加钢筋网加喷混凝土支护等。尤其是钢纤维喷混凝土的支护形式，与喷素混凝土相比，其具有较高的抗拉、抗压、抗弯和抗剪强度，且与岩石表面黏合力强，可为开挖面提供快速有效的加固支撑，保证早期支护效果和维持围岩稳定；而与钢丝网喷护相比，其施工更为方便快捷。钢纤维喷混凝土支护形式已在天生桥一级水电站引水隧洞、秦岭隧道Ⅰ线、盘道岭隧洞、福堂水电站引水隧洞等工程中应用，其中在秦岭隧道Ⅰ线工程的无水且围岩良好洞段还免去了二次衬砌，而直接采用 80 mm 厚的钢纤维喷混凝土作为永久衬砌。实践证明，混凝土中加入钢纤维后可显著提高喷混凝土的抗拉强度和韧度、抑制混凝土收缩裂缝的产生，在支护中可取代钢筋网，减薄喷混凝土层的厚度，从而降低工程造价、加快施工进度。

锚喷支护自 20 世纪 50 年代问世以来，随着现代支护结构理论的发展，以其具有的支护及时性、柔性、围岩与支护的密贴性、封闭性、施工的灵活性等特点，可以充分发挥围岩的自承作用和材料的承载作用，从而在世界各地的矿山、建筑、铁道、水工及军工等部门得到广泛应用。

#### 1.3.1.2　现浇混凝土衬砌

现浇混凝土衬砌包括素混凝土衬砌、钢纤维混凝土衬砌、钢筋混凝土衬砌以及钢衬钢筋混凝土衬砌等形式。其中钢筋混凝土衬砌在工程中应用最为广泛，适用于各种截面形状的衬砌。随着移动式模板车的开发应用，混凝土衬砌的施工质量和速度大大提高，衬砌费用和劳动强度大幅降低。而水工隧道透水衬砌理论的提出，使钢筋混凝土衬砌可替代施工复杂、造价昂贵的钢衬钢筋混凝土衬砌，应用于地质条件较好、流速不大的高压输水隧洞设计中。钢筋混凝土衬砌已在广州抽水蓄能二期、天荒坪抽水蓄能等工程高压隧洞中成功应用，取得了良好的经济效益。若衬砌主要起保证洞内水力学条件的作用，可采用素混凝土衬砌。若洞内水压力较大、水流速度很高，应采用钢衬钢筋混凝土衬砌，以保证隧洞的运行安全。而钢纤维混凝土可提高衬砌的抗裂性能，且能较好地适应 ECL 工法衬砌施工。

#### 1.3.1.3 预应力混凝土衬砌

有压水工隧洞钢筋混凝土衬砌有两类设计标准：抗裂和限裂。工程实践表明，按抗裂标准设计的衬砌,由于混凝土收缩及温度应力作用可能导致衬砌不同程度地出现裂缝，当隧洞因内水外渗可能产生严重后果(如致使山坡失稳、围岩软化等)时，应严格控制使衬砌不产生裂缝。在这种情况下，可对混凝土衬砌施加预压应力，使隧洞充水时衬砌仍为受压状态或衬砌拉应力小于混凝土允许拉应力。按施工方法的不同，预应力衬砌分为压力灌浆式预应力衬砌和机械张拉法预应力衬砌。

#### 1.3.1.4 预制管片衬砌

预制管片衬砌形式在掘进机法开挖的隧洞中较常采用，其能较好地适应机械化施工要求。根据地质情况、隧洞使用功能等，工程技术人员设计出多种预制管片形式，例如，按管片组成材料分有钢筋混凝土管片、钢纤维混凝土管片、钢管片、钢—混凝土组合管片等，按结构形式分有箱形管片和平板形管片。近年来还开发出预应力管片新技术，即将预应力钢绞线插入预先埋设在管片内的套管中进行张拉和锚固，形成预应力管片环，其具有无裂缝及真圆性、止水性、耐久性等优点。通过预制管片的洞内拼装、豆砾石回填灌浆，可较快地形成支护、衬砌结构，从而加快施工进度。但相对于现浇钢筋混凝土衬砌来说，预制管片衬砌在结构设计、施工工艺等方面有更高的要求。

### 1.3.2 按作用机理划分

按支护及衬砌结构的作用机理，目前采用的支护及衬砌大致可归纳为刚性结构、柔性结构及复合式结构三类。

#### 1.3.2.1 刚性结构

刚性支护及衬砌结构通常具有足够大的刚性和断面尺寸，一般用来承受强大的松动地压。这类支护及衬砌通常采用现浇混凝土或石砌块、混凝土砌块构筑。从构造上看，有贴壁式结构和离壁式结构。贴壁式结构保持围岩和衬砌紧密接触，中间有回填层。离壁式结构则是衬砌先期没有与围岩直接接触，容许围岩发生一定变形，承担后期围岩可能产生的形变压力或松动压力，这是在早期的隧洞设计中较常采用的一种衬砌结构形式，由于围岩不能被及时支护，可能产生很大的松动压力，使结构失效。

#### 1.3.2.2 柔性结构

柔性支护及衬砌结构是根据现代支护结构理论提出来的，它能及时地进行支护，既限制围岩因过大变形而出现松动，又能允许围岩出现一定的变形。锚喷支护是一种主要的柔性支护结构类型，另外还有预制的薄型混凝土管片、硬塑性材料支护以及钢支撑等类型。

#### 1.3.2.3 复合式结构

复合式支护及衬砌结构是将柔性与刚性结构有机地组合起来，即初期采用锚喷支护或管片衬砌等柔性结构，后期采用现浇混凝土衬砌(工程中称为二次衬砌)或高强钢架等刚性结构。复合式支护及衬砌结构适用于坚硬及软弱地层，尤其适用于塑性流变地层。在塑性流变地层中，围岩的变形及其产生的地压都很大，而且持续时间很长。如果开挖后立即施加刚性支护或衬砌，那么结构就会很快破坏。如果采用一般的锚喷支护，通常也不足以承担较大的变形压力，锚喷支护在围岩达到一定变形后即发生破坏。而复合式支护结构符合现代支护结构理论中“先柔后刚”的思想，即先采用柔性支护让围岩释放掉大部分地压，然后再施加刚性支护及衬砌承受余下的围岩变形和地压，因此可较好地维持塑性流变地层围岩的稳定。一般情况下，复合式支护结构中的初期支护和后期支护及衬砌一般都是承载结构。复合式支护及衬砌结构是目前水工隧洞采用的主要衬砌形式，初期柔性支护结构作用主要是保证施工安全，后期的现浇混凝土衬砌除起到提高结构承载力的作用外，还有防止渗漏、保证过流条件等作用。

### 1.3.3　支护及衬砌形式选择

隧洞设计和施工时，应根据隧洞地质、施工及设计等具体情况选取以上衬砌形式，组织实施初期支护以及二次衬砌。初期支护是在开挖过程中为确保洞室围岩稳定、施工安全所采取的措施，当前从理论到实践，基本认同在初期支护中应采用柔性支护结构体系，以充分利用围岩的承载能力。根据围岩情况，可采用锚喷衬砌、预制管片衬砌等形式。二次衬砌可进一步增加隧洞的稳定性和防水性、改善洞内水力学条件，可采用现浇混凝土衬砌、预应力混凝土衬砌等形式。

采用掘进机开挖隧洞时，通常采用由预制钢筋混凝土管片拼装形成的单层衬砌形式，若在管片衬砌内侧浇筑钢筋混凝土则形成双层衬砌形式。采用双层衬砌，外衬主要起承担围岩压力、保证施工安全的作用，而防渗漏、防火、承担内水压力等功能常由内衬承担，两层衬砌之间铺设防水薄膜，管片之间环缝、纵缝可不设止水，对管片制造、安装精度的要求可适当降低。双层衬砌采用的管片厚度取决于其所分担的永久荷载的大小，一般薄于单衬管片。如果双层衬砌中的内衬主要承担外水荷载，可以采用素混凝土。由于构造原因，两层衬砌之间很难传递剪力，因此双衬总厚度一般大于单衬厚度。

在欧美等国，盾构隧道以单层衬砌为主，如西班牙 28 km 长的 Guadarrama 铁路隧道、24 km 长的 Pajares 铁路隧道、7 km 长的 Abdalajis 铁路隧道，法国 3 km 长的 Mont Sion 铁路隧道，德国 Finne 隧道，瑞士 6.3 km 长、开挖直径 11.68 m 的 Grauholz 铁路隧道等，均采用单层管片衬砌。而在日本，双层衬砌和单层衬砌都多有采用，这主要与日本为一个多地震国家有关。日本东京湾公路隧道，盾构施工段采用 65 cm 厚钢筋混凝土管片作为外衬，外衬承担所有外部荷载，内衬为现浇钢筋混凝土衬砌，主要功能是在火灾时保护管片衬砌，并提供隧道抗浮所需压重。目前国内更趋向于欧洲的经验，如已建和在建的引大入秦、引黄入晋、引大济湟、伊犁河引水、掌鸠河供水等水利工程隧洞均采用单层管片衬砌。从工程实例看，不论输水洞还是交通洞，不论洞径大小、岩性条件，单层管片衬砌应用范围均有扩大趋势。

有压水工隧洞通常采用钢筋混凝土衬砌或预应力混凝土衬砌形式，若采用掘进机法开挖，通常采用预制管片衬砌加现浇钢筋混凝土衬砌的双层衬砌形式，如意大利 Chiascio 压力输水洞，该洞长 7.8 km，最大埋深 300 m，围岩由复理石地层组成(砂岩、粉砂岩、泥灰岩、黏土岩不等厚互层)，最大抗压强度 140 MPa，隧洞最大过流能力 19 $m^3/s$，洞内最大静水头 60 m。从经济及工期考虑，采用护盾式 TBM 开挖。开挖洞径 4.65 m，双层衬砌，外衬为 20 cm 厚管片，内衬为 30 cm 厚现浇钢筋混凝土。外衬承担围岩压力及施工荷载，内衬与外衬一起承担运行期内水及围岩压力。全段灌浆，确保围岩与管片紧密连接。内衬混凝土含筋量约 106 $kg/m^3$。又如国内的南水北调中线穿黄隧洞，单洞长 3.45 km，双线，洞轴线间距 28 m，处于黄河底部的中砂层、粉质壤土层中，最大埋深 35 m，洞外最大静水头 40 m，洞内最大静水头 52 m，最大过流能力 320 $m^3/s$。隧洞采用直径 9 m 的盾构机开挖，双层衬砌。外衬为 40 cm 厚的管片拼装结构，内衬为 45 cm 厚的现浇钢筋混凝土或预应力混凝土结构。内、外层衬砌间由软垫层分隔，使内、外衬砌相互独立工作，即外层衬砌主要承受外围土压力、外水压力和黄河河床冲淤变化引起的附加荷载，而内层衬砌主要承担内水压力。

若地质条件允许，对于有压水工隧洞亦可仅采用预制管片衬砌，如掌鸠河供水工程、莱索托引水工程中压力洞衬砌均采用了单层预制管片衬砌。日本最近开发出预应力预制管片衬砌技术，通过对管片施加预应力，提高了管片承受内压的能力，同时可减小衬砌厚度和钢筋量，免除螺栓连接及二次混凝土衬砌等工序。该技术适用于大直径隧洞管片衬砌结构，已在日本一些工程中成功应用。

## 参 考 文 献

[1] 徐干成，白洪才，郑颖人，等. 地下工程支护结构[M]. 北京：中国水利水电出版社，2002.

[2] 张俊儒，仇文革. 隧道单层衬砌研究现状及评述[J]. 地下空间与工程学报，2006, 2(4): 693-697.

[3] 水利部科技推广中心. 全断面岩石掘进机[M]. 北京：石油工业出版社，2005.

[4] 闫治国，朱合华，廖少明，等. 地铁隧道钢纤维混凝土管片力学性能研究[J]. 岩石力学与工程学报，2006, 25(增 1):2888-2893.

[5] Kazuyoshi Nishikawa.Development of a prestressed and precast concrete segmental lining[J]. Tunnelling and Underground Space Technology,2003 (18): 243-251.

[6] 朱敏，牟瀚林. 挤压混凝土衬砌综述[J]. 隧道建设，2007，27(4): 30-32.

# 第 2 章　岩体强度理论及隧洞围岩力学性态

岩体中的应力、应变增长到一定程度，岩体即发生破坏。为表征岩体的破坏条件，人们以应力、应变为变量，建立了对复杂条件普遍适用、能够反映岩体破坏机理并表述岩体破坏规律的数学表达式，称为岩体强度准则或岩体破坏判据。岩体强度理论是研究岩体破坏的主要原因、过程和条件的理论。

岩体强度是岩体力学研究的重要内容之一。地质工程中遇到岩体稳定性问题(如岩坡稳定性分析、地下洞室围岩稳定性评价及支护设计等)，均直接或间接与岩体强度有关。因此，在工程实践中广泛地进行岩体强度准则或强度理论的研究，对工程设计、施工和研究计算均起着非常重要的作用。

围岩是指地下工程周围由于受工程开挖影响而发生应力状态改变的岩体。其力学性态受岩体力学性质、岩体赋存环境及工程条件等多种因素影响，维护围岩的稳定是隧洞设计的基本目标。围岩稳定性评判一直是地下洞室工程最重要的问题之一，同时也是长期困扰学术界、工程界的难题之一，至今仍没有形成统一的理论。

本章介绍了工程中常用的岩体强度理论，分析了围岩的力学性态，并就稳定分析方法进行了讨论。

## 2.1　岩体的力学特征及破坏机制

### 2.1.1　岩体的力学特征

岩体是经受过变形、遭受过破坏，由一定的岩石成分组成，具有一定的结构和赋存于一定的地质环境中的地质体[1]。由结构面和岩石块体以不同排列组合方式构成的岩体结构控制着岩体的变形和破坏规律，因此岩体与岩石的力学特性存在很大的差异，岩体具有以下力学特征：

(1)不连续性。岩体的不连续性主要受结构面对岩体结构的隔断性质所控制，因而岩体多数属不连续介质，而岩石块本身则可作为连续介质看待。

(2)各向异性。由于岩体中结构面的存在，随着受力岩体的结构取向不同，其力学性质也各异。试验表明，岩体的强度和变形都与岩体结构的方向性有关。因此，岩体的力学性质通常具有各向异性的特征。

(3)不均匀性。岩体中结构面的方向、分布、密度及被结构面切割成的岩石块单元体(结构体)的大小、形状和镶嵌情况等各部位都很不一致，造成许多岩体具有不均匀性的特征。

(4)岩石块单元体的可移动性。岩体是由具有不同联结程度的岩石块单元体镶嵌排列而组成的。岩体的变形破坏往往取决于组成岩体的岩石块单元体的移动，它与岩石块本身的变形破坏共同组成岩体的变形破坏。

(5)赋存地质因子的特性。岩体处于一定的地质环境中，这使岩体赋存有不同于自重应力场的地应力场、水、气、温度以及地质历史遗留的形迹等。这些地质因子都会对岩体有一定的作用。

### 2.1.2 岩体的破坏机制

岩体力学研究的基本问题是变形和破坏，岩体变形程度是岩体工程稳定性的基本标志，岩体破坏是岩体变形发展的特殊阶段。

岩体变形受三组基本因素控制，即岩性、岩体结构和地应力状况。目前，对岩体变形研究主要以研究岩石材料的特性为主，考虑岩石材料变形的两种表现，即弹性变形和黏性变形(流动变形)。实际上，岩体变形受岩体结构影响很大。岩体结构对岩体变形的影响表现在两个主要方面，即：

(1)岩体结构基本单元（结构血和结构体）对岩体变形的影响；

(2)岩体结构特征对岩体变形的影响。

前者包括结构体变形(弹性变形和黏性变形)、结构面变形(闭合变形和错动变形)，属于材料变形范畴；后者包括沿软弱结构面滑移变形、软弱夹层挤出变形、块状结构体滚动变形、层状结构体弯曲变形，属于结构变形范畴。

岩体破坏机制主要有张破坏、剪破坏、结构体沿软弱结构面滑动破坏、结构体滚动、倾倒破坏、溃屈破坏及弯折破坏。前两种为材料破坏，后五种为结构破坏和结构失稳。图 2-1 给出了岩体破坏机制及其与岩体结构力学模型的关系。

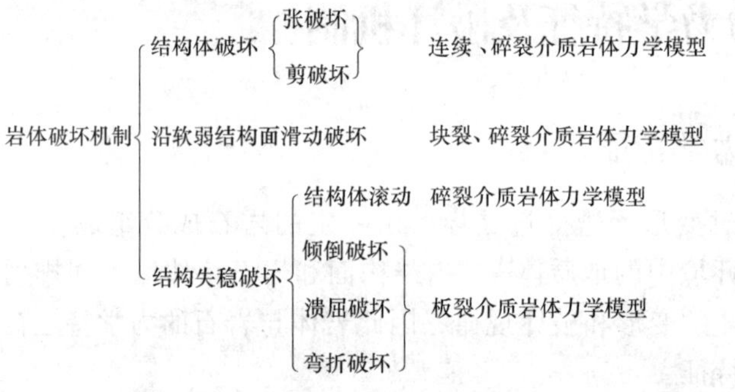


**图 2-1 岩体破坏机制及其与岩体结构力学模型的关系**

## 2.2 岩体强度理论

### 2.2.1 岩体强度理论概况

人们对岩石和岩体强度理论的研究，最早始于 18 世纪 Rankine 提出的最大正应力理论，而在近 100 多年中，岩体强度理论成为众多专家、学者研究的重点，并提出了许多有应用价值的强度准则。目前，可将岩体强度理论划分为理论强度准则和经验强度准则两大类(见图 2-2)[2]，前者是基于材料力学、弹塑性力学的知识体系，以严谨的数学方法建立的，后者则是以试验为主要研究手段，近似描述岩体破坏机理的破坏判据。

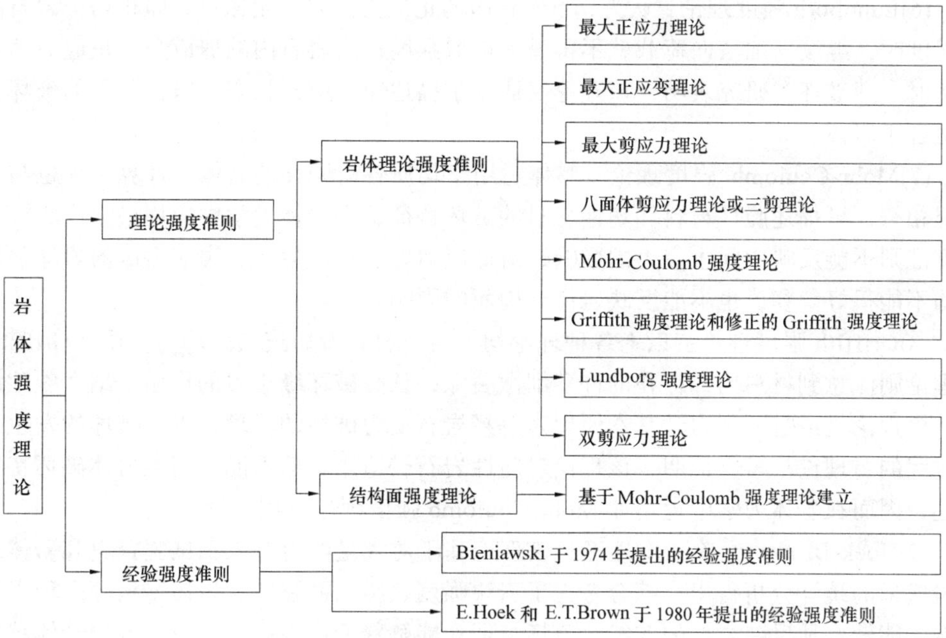


图 2-2　岩体强度理论层次示意图

现对主要强度理论的应用特点作简要评述：

(1)最大正应力理论：认为材料的破坏只取决于绝对最大正应力。当岩体中的三个主应力有一个达到单轴抗压强度或抗拉强度时，岩体就发生破坏。研究表明，该理论只适用于单向应力状态及脆性岩体在某些应力状态(如二向应力状态)中受拉的情况，而不适用于复杂应力状态。

(2)最大正应变理论：认为岩体的破坏取决于最大正应变，只要岩体内任意方向的正应变达到单向压缩或单向拉伸中的破坏值时就产生破坏。试验结果表明，该理论与脆性材料的试验结果大致符合，但不适用于塑性材料；另外，岩体的变形与侧向约束条件有直接关系，而不仅仅取决于材料的强度。

(3)最大剪应力理论：也称为单剪理论，认为材料的破坏取决于最大剪应力，当最大剪应力达到单向压缩或拉伸时的危险值时，材料就达到危险状态。该准则即为塑性力学中的 Tresca 强度准则，对塑性岩体和二向应力状态较适用，但未考虑中间主应力的影响，不适合于脆性岩体。

(4)八面体剪应力理论或三剪理论：考虑了中间主应力的影响，认为岩体是否达到危险状态，取决于八面体的剪应力。采用该理论的强度准则如 Huber-von Mises 屈服准则和 Drucker-Prager 破坏准则，这些准则适于描述塑性岩体的破坏，但不适合于脆性岩体。

(5)双剪应力理论：是国内俞茂宏教授首次提出并逐渐完善的强度理论[3]。与单剪理论相对应，它认为材料的破坏是由最大、最小和中间主应力产生的三个剪应力决定的，当三者组合满足一定关系时，材料即产生破坏。该理论的最大特色是反映了中间主应力和其他两个剪应力的影响，能延用到金属、非金属材料和岩土材料。

(6)Lundborg 强度理论：认为，当岩石内的正应力达到一定限度，即相当于岩石晶体的强度时，继续增加法向荷载就不再增大抗剪强度；当岩石内的剪应力、正应力达到某关系时，即破坏。研究表明，该理论仅适合于描述简单应力状态下脆性岩石的破坏，但不适合于岩体。

(7)Mohr-Coulomb 强度理论：整体适用于均质各向同性的岩体，计算结果也与实际情况相符，可描述脆性材料和塑性材料的破坏特征，在岩体力学中应用最为广泛。但该强度准则不能反映中间主应力的影响，对低应力区、拉应力区和高应力区的岩体强度特性均不能很好解释，也不能反映岩体结构面的影响。

(8)Griffith 强度理论：以上各种理论均把岩石材料看做连续的均匀介质，Griffith 强度理论则注意到材料内部存在的许多细微裂隙，认为破坏缘于力的作用下细微裂隙的扩展。该理论是通过断裂力学基本原理来解释岩石受力破坏的机理，以及破坏的发生、发展过程的新理论。事实证明，该理论对脆性岩石较适用，但不能延用至岩体破坏特征的描述，因而在岩体力学中远不如 Mohr-Coulomb 强度理论应用广泛。

(9)Hoek-Brown 经验强度理论：该理论基于对大量的岩石三轴试验资料和岩体现场试验成果的统计分析得出，综合考虑了岩块强度、结构面强度、岩体结构等多种因素的影响，能较好地反映岩体的非线性破坏特征；能解释低应力区、拉应力区的岩体强度特性，因而更符合岩体的破坏特点。但该理论亦认为岩体极限破坏强度只与最大、最小主应力有关，而与中间主应力无关，这与实际情况不符。

## 2.2.2 工程中常用岩体强度准则

目前工程中常采用的岩体强度准则有 Mohr-Coulomb(简称 M-C)准则、Drucker-Prager(简称 D-P)准则、Griffith 强度准则以及 Hoek-Brown(简称 H-B)经验准则。

### 2.2.2.1 Mohr-Coulomb 准则

Mohr-Coulomb 强度准则是岩体力学中重要的强度理论之一，是以莫尔强度理论的基本思想为指导、在库仑公式的基础上导出的。不仅能反映岩体的脆性破坏，而且能反映其塑性破坏特征。由于它简单实用，强度参数也容易测定，因而在岩体力学和塑性理论中得到最为广泛的应用。目前，许多传统的分析方法，如滑移线理论、极限承载力计算理论、岩体压力计算理论和结构面强度理论，均是基于该准则建立的，且已积累了丰富的实用经验和试验资料。

莫尔强度理论是建立在试验数据的统计分析基础之上的。他认为：岩体不是在简单的应力状态下发生破坏，而是在不同的正应力和剪应力组合作用下，才使其丧失承载能力。或者说，当岩体某个特定的面上作用着的正应力、剪应力达到一定的数值时，岩体随即发生破坏。而这一极限剪应力值 $\tau$ 又是作用在该面上的法向压应力 $\sigma$ 的函数，即

$$\tau = f(\sigma) \tag{2-1}$$

同时，莫尔对其破坏特征作了一些近似的假设。他认为：岩体的强度值与中间主

应力 $\sigma_2$ 的大小无关，岩体宏观的破裂面基本上平行于中间主应力的作用方向。据此，莫尔强度理论可在以剪应力 $\tau$ 为纵轴、正应力 $\sigma$ 为横轴的直角坐标系下，用极限莫尔应力圆加以描述。在上述坐标系下，无数个极限应力圆上，破坏应力点的轨迹线被称为莫尔强度线，也可称为莫尔包络线(见图 2-3，图中 $\sigma_t$、$\sigma_c$ 分别为岩体单轴抗拉和抗压强度)。由图 2-3 可知，莫尔强度包络线的主要特性为：在正应力较小的范围内，其曲线斜率较陡；而在较大的正应力作用下，其曲线斜率将变得平缓。

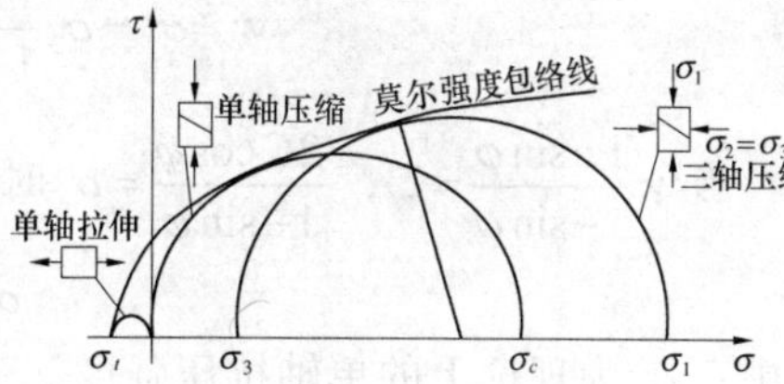


图 2-3　Mohr 强度包络线

如果掌握了某种岩体的强度包络线，即可对该类岩体的破坏状态进行评价。根据强度包络线的含义，只要作用在某种岩体上某个特定的作用面上的应力与包络线上的应力值相等，该岩体即沿这个特定的作用面产生宏观的断裂面而破坏。若用极限应力圆来表示的话，则极限应力圆上的某一点与强度包络线相切，即表示在该应力状态下，岩体发生破坏。

根据莫尔包络线的形状，可进一步划分为直线形强度线、抛物线形强度曲线和双曲线形强度曲线三类。各曲线的数学表达式详见文献[4]。其中直线形强度线与库仑强度线是一致的，称为 Mohr-Coulomb 强度包络线，其数学表达式为

$$\tau = C + \sigma \tan\varphi \tag{2-2}$$

式中：$\sigma$ 为岩体破坏面上的正应力；$\tau$ 为岩体抗剪强度；$C$、$\varphi$ 分别为岩体的黏聚力和内摩擦角。

在工程的实际应用过程中，为了更灵活地应用 Mohr-Coulomb 直线形强度包络线，也有人采用以下形式表示的强度表达式。由图 2-4 中的几何关系可得

$$\sin\varphi = \frac{\sigma_1 - \sigma_2}{\sigma_1 + \sigma_3 + 2C\cot\varphi} \tag{2-3}$$

Mohr-Coulomb 也可表示为以最大主应力 $\sigma_1$ 为纵坐标，以最小主应力 $\sigma_3$ 为横坐标的强度包络线形式(见图 2-5)。该强度包络线表达式可利用式(2-3)推导而得，其式如下

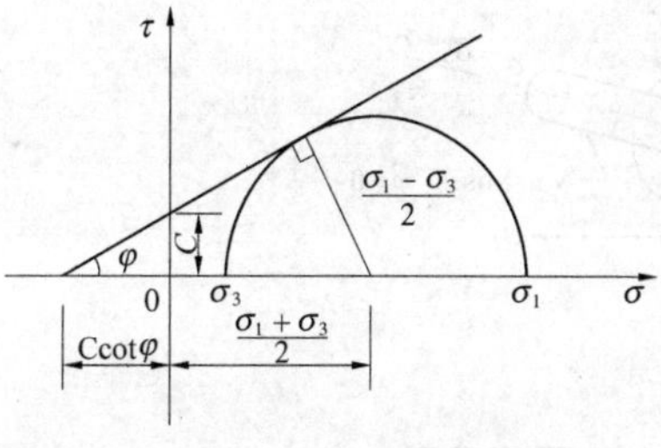


图 2-4　Mohr-Coulomb 强度包络线

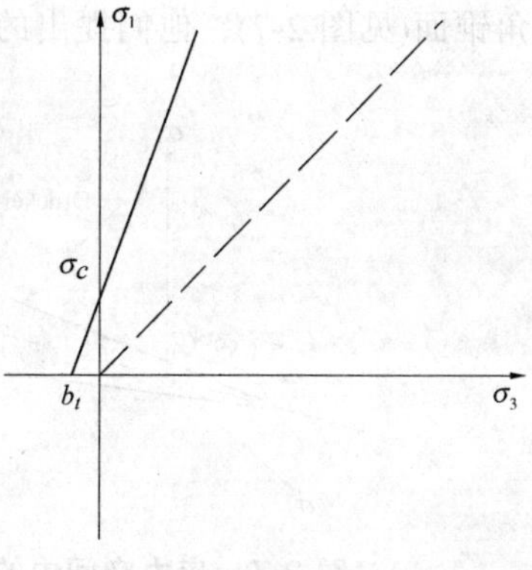


图 2-5　$\sigma_1$—$\sigma_3$ 坐标系中的 Mohr-Coulomb 强度包络线

$$\sigma_1 = \sigma_3 \frac{1+\sin\varphi}{1-\sin\varphi} + \frac{2C\cos\varphi}{1-\sin\varphi} \tag{2-4}$$

当令 $\frac{1+\sin\varphi}{1-\sin\varphi} = \xi$，$\frac{2C\cos\varphi}{1-\sin\varphi} = \sigma_c$ 时，式(2-4)可表示为

$$\sigma_1 = \xi\sigma_3 + \sigma_c \tag{2-5}$$

式中：$\sigma_c$ 为理论上的单轴抗压强度。

显然，在 $\sigma_1 - \sigma_3$ 坐标下，Mohr-Coulomb 强度包络线也是一条直线，且公式也极其简单。若得到一组三轴试验结果，则可利用最小二乘法，求出直线的斜率和截距，即 $\xi$ 和 $\sigma_c$，并且通过 $\xi$ 和 $\sigma_c$ 的物理意义进一步推演求得岩体的黏聚力 $C$ 以及内摩擦角 $\varphi$。由于利用了统计的方法求出了岩体的强度参数，因此可从统计意义上分析试验结果的可靠性。这也是 $\sigma_1 - \sigma_3$ 坐标下的 Mohr-Coulomb 强度公式成为常用公式的原因。

在主应力空间中 Mohr-Coulomb 强度准则为一不规则的六角锥面，如图 2-6 所示。Mohr-Coulomb 强度准则原理简单，便于应用，且比较全面地反映了岩体的强度特性。但该强度准则不能反映中间主应力的影响，根据试验结果分析，中间主应力对岩体强度的影响程度在 15%左右。此外，该准则对低应力区、拉应力区和高应力区的岩体强度特性均不能很好解释，也不能反映岩体结构面的影响。

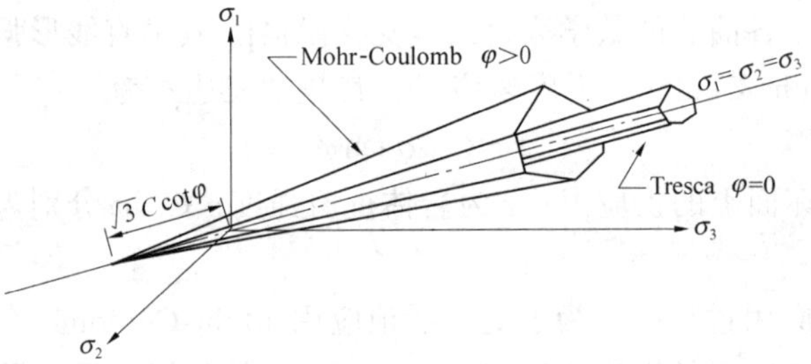


图 2-6 应力空间中的 Mohr-Coulomb 强度准则

### 2.2.2.2 Drucker-Prager 准则

Mohr-Coulomb 强度准则的破坏曲面为不规则的六角锥面，在棱边转角处数学处理较困难。因此，Drucker 和 Prager 对其提出修正，他们建议用一个正圆锥面来代替上述的不规则六角锥面(见图 2-7)，他们提出的准则称为 Drucker-Prager 准则，其强度准则表达式为

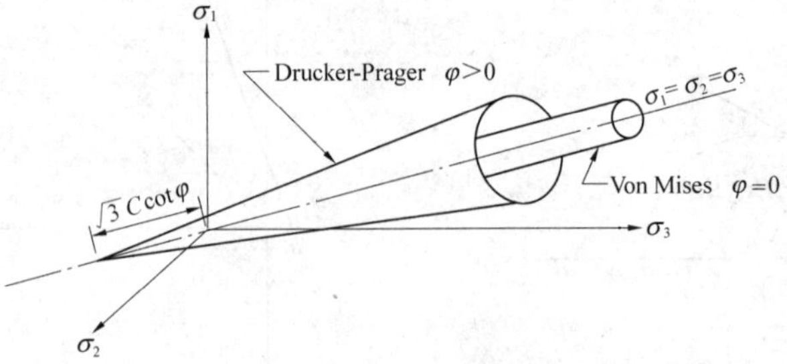


图 2-7 应力空间中的 Drucker-Prager 强度准则

$$\alpha I_1 + \sqrt{J_2} - k = 0 \tag{2-6}$$

式中：$I_1$ 和 $J_2$ 分别为应力第一不变量和应力偏量第二不变量；$\alpha$ 和 $k$ 分别为与岩体的内摩擦角 $\varphi$ 和黏聚力 $C$ 相关的函数，其表达式分别为

$$\alpha = \frac{\sin\varphi}{\sqrt{3}\sqrt{3+\sin^2\varphi}} \tag{2-7}$$

$$k = \frac{\sqrt{3}C\cos\varphi}{\sqrt{3+\sin^2\varphi}} \tag{2-8}$$

在π平面上，该准则的曲线形式为 Mohr-Coulomb 准则曲线的内切圆，如图 2-8 所示。

若 $\alpha$ 和 $k$ 的表达式为

$$\alpha = \frac{2\sin\varphi}{\sqrt{3}(3+\sin\varphi)} \tag{2-9}$$

$$k = \frac{6C\cos\varphi}{\sqrt{3}(3+\sin\varphi)} \tag{2-10}$$

则在π平面上，Drucker-Prager 准则的曲线形式变为 Mohr-Coulomb 准则曲线的内角外接圆（简称内接圆）。

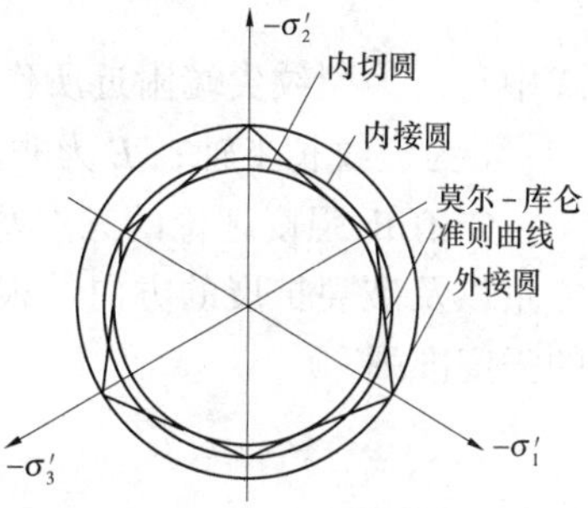


图 2-8　π 平面上屈服曲线比较

若 $\alpha$ 和 $k$ 表达式为

$$\alpha = \frac{2\sin\varphi}{\sqrt{3}(3-\sin\varphi)} \tag{2-11}$$

$$k = \frac{6C\cos\varphi}{\sqrt{3}(3-\sin\varphi)} \tag{2-12}$$

则在π平面上，Drucker-Prager 准则的曲线形式变为 Mohr-Coulomb 准则曲线的外角外接圆（简称外接圆）。

Drucker-Prager 强度准则反映了中间主应力的影响，又考虑了静水压力的作用，且具有完美的数学表达式，因而得到广泛的应用。但由于它不能区分岩石的拉伸子午极限线与压缩子午极限线的差别，而与岩石三轴试验结果不符，在理论上是不合理的。如按 Drucker-Prager 准则的内切圆锥计算，太保守，如按外接圆锥计算，则太危险，且二者均与实际不符。

#### 2.2.2.3　Griffith 强度准则

Criffith(1920)认为，诸如玻璃之类的脆性材料，其断裂的起因是分布在材料中的微小裂纹尖端存在拉应力集中(这种裂纹现在称之为 Griffith 裂纹)。Criffith 建立了确定断裂扩展的能量不稳定原理。该理论的基本思想可归纳为以下三点：

(1)在脆性材料的内部存在着许多扁平的裂纹。通常，将这些微小的裂纹在数学上用一个扁平的椭圆来描述，而这些裂纹随机地分布在材料之中。当在外力作用下，微裂纹的尖端附近的最大应力很大时，将使裂纹开始扩展。由此可见，脆性材料中裂纹的扩展

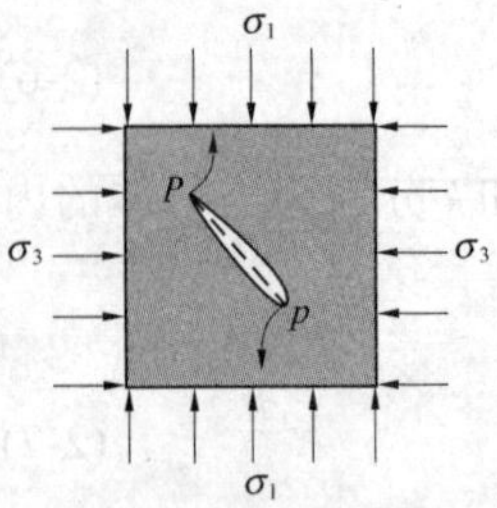


图 2-9 平面压缩的 Griffith 裂纹模型

是由于在外力作用下，内部裂纹的存在促使岩石开裂、破坏。

(2)根据理论分析，裂纹将沿着与最大拉应力成直角的方向扩展。在单向或双向压缩的情况下，裂纹尖端附近处(图 2-9 中的 $P$ 、$p$点)出现最大拉应力。此时，裂纹将沿与 $P$ 和 $p$ 连线垂直的方向扩展，最后逐渐向最大主应力 $\sigma_1$ 方向过渡。这一分析结果，很形象地解释了在单向压缩应力作用下劈裂破坏是岩石破坏本质的现象。

(3)Criffith 认为，当作用在裂纹尖端处的有效应力达到形成新裂纹所需的能量时，裂纹开始扩展，其表达式为

$$\sigma_l \geqslant \sqrt{\frac{2\alpha E}{\pi c}} \tag{2-13}$$

式中：$\sigma_l$ 为裂纹尖端附近所作用的最大拉应力，等于单轴抗拉强度；$\alpha$ 为裂纹的比表面能；$c$ 为裂纹长半轴；$E$ 为非破裂材料的弹性模量。

Criffith 强度理论的三点基本思想很明确地阐明了脆性材料破裂的原因、破裂所需的能量以及破裂扩展的方向。根据椭圆孔应力状态的解析解，可得出如下所谓的 Criffith 的强度准则

$$\begin{cases} \dfrac{(\sigma_1-\sigma_3)^2}{\sigma_1+\sigma_3}=8\sigma_t & (\sigma_1+3\sigma_3 \geqslant 0) \\ \sigma_3=-\sigma_t & (\sigma_1+3\sigma_3<0) \end{cases} \tag{2-14}$$

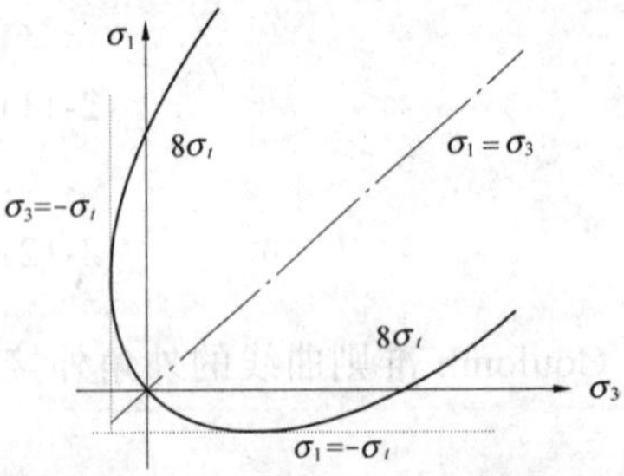


图 2-10 Griffith 强度曲线

式中，$\sigma_t$ 为单轴抗拉强度。

由式(2-14)确定的 Griffith 强度准则在 $\sigma_1$—$\sigma_3$ 坐标中的强度曲线如图 2-10 所示。由式(2-14)可知，材料的单轴抗压强度是抗拉强度的 8 倍。

Griffith 强度准则是针对玻璃等脆性材料提出来的，因而只适用于研究脆性岩石的破坏。而对一般的岩石材料，Mohr-Coulomb 强度准则的适用性要远远大于 Griffith 强度准则。

#### 2.2.2.4 Hoek-Brown 经验准则

岩体强度受岩体结构的影响和控制，实际工程中岩体结构的描述相当复杂，往往难以用精确的结构模型来代替。目前数值计算广泛应用于岩体工程，已经发展到一个较高的水平。对于较大的断层可以用节理单元来模拟，对于块体结构可以用离散单元来模拟。但是对于节理化岩体，数值计算不可能用很小的单元来模拟。因此，模拟分析节理化岩体大都采用均匀连续介质模型，强度理论以 Mohr-Coulomb 理论为主。

试验研究结果显示，岩体的破坏包络线并非 Mohr-Coulomb 强度准则表述的线性关系，而为抛物线形状，使岩体破坏时的极限强度 $\sigma$—$\tau$ 和 $\sigma_1$—$\sigma_3$ 关系呈现非线性特征，即使对完整、坚硬的均匀岩块也不例外。而这种非线性破坏强度，尤其在拉应力区、低应力区和高应力区的破坏强度，是线性的 Mohr-Coulomb 强度准则不能准确表述的。

E.Hoek 与 E.T.Brown 在分析 Griffith 理论的基础上，通过对大量的岩石三轴试验资料和岩体现场试验成果的统计分析，于 1980 年提出岩体的强度经验准则[5]，即为 Hoek-Brown 强度准则，也称为狭义 Hoek-Brown 强度准则，其数学表达式为

$$\sigma_1 = \sigma_3 + \sqrt{m\sigma_c\sigma_3 + s\sigma_c^2} \tag{2-15}$$

式中：$\sigma_1$、$\sigma_3$ 分别为岩体破坏时的最大、最小主应力(压应力为正)；$\sigma_c$ 为岩块单轴抗压强度；$m$、$s$ 为经验参数。$m$ 反映岩石的软硬程度，其取值范围为 $10^{-7}\sim25$，对严重扰动岩体取 $10^{-7}$，对完整的坚硬岩体取 25；$s$ 反映岩体破碎程度，其取值范围为 $0\sim1$，对破碎岩体取 0，对完整岩体取 1。

该强度准则在 $\sigma_1-\sigma_3$ 坐标下的强度包络线如图 2-11 所示，包络线为抛物线形状，可描述岩体的非线性破坏特征。

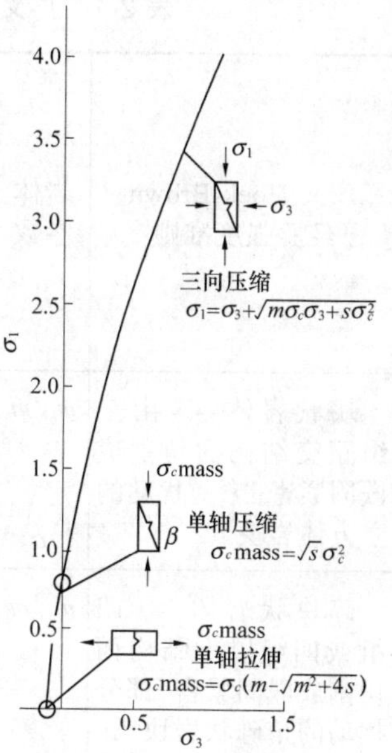


**图 2-11　$\sigma_1-\sigma_3$ 坐标系中的 Hoek-Brown 强度包络线**

1992 年，E.Hoek 针对 1980 年提出的强度准则的不足进行了修改，给出了广义的 Hoek-Brown 强度准则[6]，并给出了各类岩体经验参数值，见表 2-1。广义 Hoek-Brown 强度准则数学表达式为

$$\sigma_1 = \sigma_3 + \sigma_c\left(m_b\frac{\sigma_3}{\sigma_c} + s\right)^{\alpha} \tag{2-16}$$

式中：$m_b$ 为经验参数 $m$ 的值；$\alpha$、$s$ 为与岩体特征有关的常数。

对于质量好的岩体，由于岩块紧密嵌固，因而其强度特性主要由岩块强度所控制，此时可取 $\alpha=0.5$，式(2-16)可化为式(2-15)。对质量较差的岩体，由于剪切作用或风化作用使岩体碎块间的嵌固松散，导致岩体抗拉强度丧失，即黏聚力为 0，若无围压限制，岩体将塌落，对此类岩体，采用修正后的广义 Hoek-Brown 强度准则比较合适。

与 Mohr-Coulomb 强度准则相比，Hoek-Brown 强度准则的优点为：综合考虑了岩块强度、结构面强度、岩体结构等多种因素的影响，能更好地反映岩体的非线性破坏特征；不仅能提供岩体破坏时的强度条件，而且能对岩体破坏机理进行描述；弥补了 Mohr-Coulomb 强度准则中岩体不能承受拉应力，以及对低应力区不太适用的不足，能解释低应力区、拉应力区的岩体强度特性，因而能更好地反映岩体的破坏特征。

Hoek-Brown 强度准则认为，岩体极限破坏强度只与最大、最小主应力有关，而与中间主应力无关，这有时与实际情况不符，因而成为该强度准则的缺陷。Hoek-Brown 强度准则的适用范围包括不含结构面的完整岩体，含四组或四组以上等规模、等间距、强度基本相同的结构面的节理岩体或破碎岩体，和强度较低的软弱岩体。

表 2-1 广义 Hoek-Brown 准则未扰动岩体 $m_b/m_i$、$s$、$\alpha$ 取值

| 广义 Hoek-Brown 经验强度准则 | 岩体参数 | 岩体质量及结构面性状描述 | | | | |
|---|---|---|---|---|---|---|
| | | 岩体质量较好；结构面粗糙，未风化 | 岩体质量好；结构面粗糙，轻微风化，常为铁锈色 | 岩体质量一般；结构面光滑，中等风化或发生蚀变 | 岩体质量差；结构面强风化，上有擦痕，被致密的矿物薄膜覆盖或角砾状岩屑充填 | 岩体质量较差；结构面强风化，上有擦痕，被黏土矿物薄膜覆盖或充填 |
| 块状岩体——由三组正交结构面切割成嵌固紧密、未受扰动的立方体岩块 | $m_b/m_i$ | 0.6 | 0.4 | 0.26 | 0.16 | 0.08 |
| | $s$ | 0.19 | 0.062 | 0.015 | 0.003 | 0.000 4 |
| | $\alpha$ | 0.5 | 0.5 | 0.5 | 0.5 | 0.5 |
| 碎块状岩体——四组或四组以上结构面切割成嵌固紧密、部分扰动的角砾状岩块 | $m_b/m_i$ | 0.4 | 0.29 | 0.16 | 0.11 | 0.07 |
| | $s$ | 0.062 | 0.021 | 0.003 | 0.001 | 0.00 |
| | $\alpha$ | 0.5 | 0.5 | 0.5 | 0.5 | 0.53 |
| 块状、层状岩体——褶皱了或断裂了的岩体，受多组结构面切割而形成角砾状岩块 | $m_b/m_i$ | 0.24 | 0.17 | 0.12 | 0.08 | 0.06 |
| | $s$ | 0.012 | 0.004 | 0.001 | 0.00 | 0.00 |
| | $\alpha$ | 0.5 | 0.5 | 0.5 | 0.5 | 0.55 |
| 破碎岩体——由角砾岩和磨圆度较好的岩块组成的极度破碎岩体，岩块间嵌固松散 | $m_b/m_i$ | 0.17 | 0.12 | 0.08 | 0.06 | 0.04 |
| | $s$ | 0.004 | 0.001 | 0.00 | 0.00 | 0.00 |
| | $\alpha$ | 0.5 | 0.5 | 0.5 | 0.55 | 0.6 |

注：$m_i$ 为均质岩块经验参数 $m$ 的值；$m_b$ 为岩体经验参数 $m$ 的值。

## 2.3 隧洞围岩力学性态

### 2.3.1 岩体的初始应力

所谓岩体的初始应力，是指岩体在天然状态下所存在的内在应力，在地质学中，通常又称它为地应力。岩体的初始应力主要是由岩体的自重和地质构造运动所引起的。显然，岩体的地质构造应力是与岩体的特性(例如岩体中的裂隙发育密度与方向，岩体的弹性、塑性、黏性等)有密切关系，也与正在发生过程中的地质构造运动以及与历次构造运动所形成的各种地质构造现象(例如断层、褶皱等)有密切关系。因此，岩体中每一单元的初始应力状态都是随该单元的位置不同而有所变化的。此外，影响岩体初始应力状态的因素还有地形、地震力、水压力、热应力等，但这些因素所产生的地应力大都是次要的，只是在特定的情况下才需考虑。因此，对于地下工程来说，主要还应考虑自重应力和地质构造应力。

洞室的稳定状态与岩体的初始应力状态密切相关。洞室的开挖改变了洞室周围岩

体的初始应力状态，岩体应力的重新分布引发岩体的变形或破坏，这不仅会影响洞室围岩本身的稳定状态，而且也影响到维持围岩稳定的支护及衬砌结构的设计。因此，研究岩体的初始应力状态，就是为了正确地确定洞室开挖过程中的岩体内部应力变化，合理地设计洞室的支护及衬砌结构。

### 2.3.1.1　岩体自重应力场

岩体自重应力场的计算，大都是建立在假定岩体为均匀连续介质基础之上的。因此，可以应用连续介质力学的原理来计算岩体的自重应力场。

设岩体为半无限体，地面为水平面，距地表深度为 $H$ 处有一单元体，其上作用的应力为 $\sigma_z$、$\sigma_y$、$\sigma_x$，形成岩体单元的自重垂直应力状态(见图 2-12)。在岩体自重应力场中，垂直应力 $\sigma_z$ 和水平应力 $\sigma_x$、$\sigma_y$ 都是主应力。

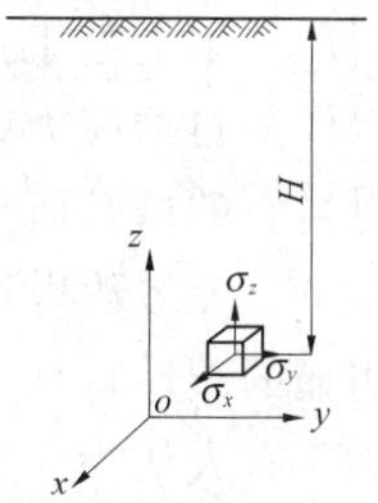


图 2-12　岩体自重垂直应力

岩体自重在地下深为 $H$ 处产生的垂直应力为单元体上覆岩体的重量，即

$$\sigma_z = \gamma H \tag{2-17}$$

式中：$\gamma$ 为上覆岩体的平均重力密度，kN/m$^3$；$H$ 为岩体单元的深度，m。

在均匀岩体中，岩体的自重初始应力状态为

$$\begin{cases} \sigma_z = \gamma H \\ \sigma_x = \sigma_y = \lambda \sigma_z \\ \tau_{xy} = 0 \end{cases} \tag{2-18a}$$

式中：$\lambda$ 为常数，称为侧压力系数。

若把岩体视为各向同性的弹性体，由于岩体单元在各个方向都受到与其相邻岩体的约束，不可能产生横向变形，即 $\varepsilon_x = 0$，$\varepsilon_y = 0$，则由广义虎克定律得

$$\begin{cases} \varepsilon_x = \dfrac{1}{E}\left[\sigma_x - \mu(\sigma_y + \sigma_z)\right] = 0 \\ \varepsilon_y = \dfrac{1}{E}\left[\sigma_y - \mu(\sigma_x + \sigma_z)\right] = 0 \end{cases} \tag{2-18b}$$

由此解得

$$\sigma_x = \sigma_y = \frac{\mu}{1-\mu}\sigma_z = \frac{\mu}{1-\mu}\gamma H \tag{2-18c}$$

则侧压力系数 $\lambda = \dfrac{\mu}{1-\mu}$。由于岩石的泊松比 $\mu$ 一般为 0.2 ~ 0.3，因此 $\sigma_x$ 一般为 $\sigma_z$ 的 25% ~ 43%。

若岩体由多层不同重力密度的岩层所组成(见图 2-13)。每层岩层的厚度依次为 $h_1$、$h_2$、…、$h_i$、…、$h_n$，各层的重力密度依次分别为 $\gamma_1$、$\gamma_2$、…、$\gamma_i$、…、$\gamma_n$，则岩体的自重初始应力为

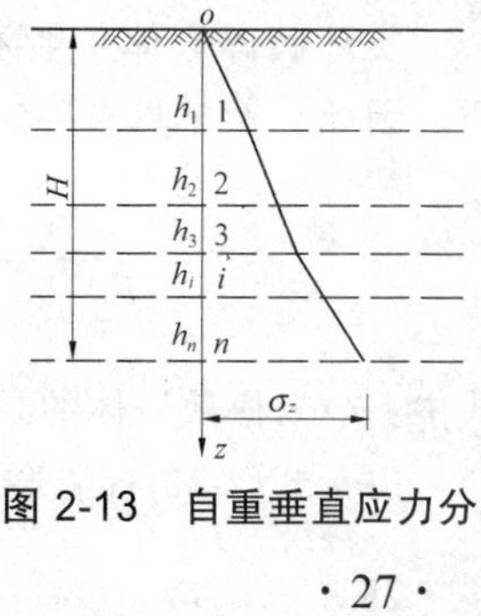


图 2-13　自重垂直应力分布

$$\begin{cases}\sigma_z = \sum_{i=1}^{n} \gamma_i h_i \\ \sigma_x = \sigma_y = \lambda \sigma_z\end{cases} \tag{2-19}$$

由式(2-19)可知，岩体的自重初始应力随着深度呈线性增长。在一定的深度范围内，岩体基本上处于弹性状态，式(2-18c)和式(2-19)能成立。但当埋深较大且超过一定深度时，岩体的自重应力就会超过岩体的弹性限度，岩体将转化为处于潜塑性状态或塑性状态。对岩石的试验研究显示，岩石的塑性特性是随着应力状态不同而变化的，在三向等压状态下，大多数岩石处于弹性状态，在三向不等压状态下，$\sigma_1$超出屈服应力时，岩石呈现明显的塑性特性；而在单向应力状态下，岩石大多数呈脆性状态。

有人认为，在大深度下，垂直压应力很大，岩石呈现明显的塑性，泊松比接近于 0.5，侧压力系数为 1.0，此时

$$\sigma_z = \sigma_x = \sigma_y = \gamma H \tag{2-20}$$

这种应力状态为静水压力状态，这种观点首先是由地质学家海姆(Heim)在研究阿尔卑斯山深大隧道的地质问题时提出的，所以有人称之为海姆假说，又称为岩体初始应力状态的静水压力理论。

以上的讨论是基于把岩体视为线弹性介质或理想弹塑性介质。如果把岩体视为流变介质，又考虑到漫长的地质历史，则情况将有所不同，此时都将得到静水压力形式的岩体自重应力场。

国外有的资料中指出，如果不进行现场量测而想估计岩体的初始应力状态，则海姆假说是最接近于实际的。但是，国外也有资料说明，工地的现场量测结果中，侧压力系数并不符合这一假说。这种情况往往与地质构造应力有密切关系。

如果岩体由松散的碎石、砂及卵石组成，可以近似地认为岩体是理想松散介质，可由松散介质极限平衡条件来建立侧向应力与垂直应力的关系

$$\lambda = \frac{\sigma_x}{\sigma_z} = \frac{1-\sin\varphi}{1+\sin\varphi} \tag{2-21}$$

式中：$\varphi$为松散岩体的内摩擦角(°)。

一般$\varphi$在 30°左右，所以，$\lambda = \frac{1-0.5}{1+0.5} = \frac{1}{3}$，可以认为在松散岩体中，侧压力系数的大小为 0.33 左右。

实际破碎岩体一般不能视为理想松散介质，而把它视为具有一定黏聚力的松散介质。因此，对于具有一定黏聚力的松散岩体，侧向应力$\sigma_x$与垂直应力$\sigma_z$之间的关系为

$$\sigma_x = \sigma_z \frac{1-\sin\varphi}{1+\sin\varphi} - \frac{2C\cos\varphi}{1+\sin\varphi} = \gamma H \frac{1-\sin\varphi}{1+\sin\varphi} - \frac{2C\cos\varphi}{1+\sin\varphi} \tag{2-22}$$

式中：$C$为松散岩体的黏聚力，kPa。

由于式(2-22)右端第二项为负值，因此在一定深度$H_0$以上，侧向应力$\sigma_x$有可能为负

值，即无侧向应力作用。令 $\sigma_x = 0$，即由式(2-22)可得

$$H_0 = \frac{2C\cos\varphi}{\gamma(1-\sin\varphi)} \tag{2-23}$$

所以，具有黏聚力 $C$ 的松散岩体，只有在深度 $H_0$ 以下，侧向应力 $\sigma_x$ 才开始出现，并随深度成正比增加。

#### 2.3.1.2　岩体构造应力场

地壳的各种地质构造是在大范围内的巨大的地质构造应力场的作用下发生和形成的。在各个不同的地质年代里，都有不同的地质构造运动发生，地质构造运动过程一般需要很长时间。在同一个地区，一个构造运动结束之后，或者就在这个构造运动发生的过程中，又有新的构造运动发生，就会形成新的构造应力场与老构造应力场的叠加，形成复杂的复合构造应力场。各种复杂的地质构造就是在长期的地质构造运动作用下形成的。

由于地质构造运动，岩体经受了相当大的外力作用。在相当大的水平构造应力作用下，岩层产生很大的弹性变形和塑性变形，形成了各种地质构造，例如向斜、背斜和各种褶皱，以及产生断裂而形成各种节理及断层等。在地质构造运动中，岩体通过弹性变形来达到岩体内能量的存储，岩体的弹性变形越大，则岩体储藏的能量就越多。当岩体中的应力达到强度极限时，岩体产生破坏。除岩体中保存一部分残余变形外，其储存的能量将部分或全部释放，构造应力也就部分或全部消失。若岩体中的应力尚未达到强度极限，但由于岩体的流变特性，也会使构造应力部分消失。因此，地质构造运动产生地质构造应力，但岩体中储存的构造应力不可能无限地积累起来，视所处地区不同或地质条件不同，岩体的构造应力可能全部或部分释放，成为残余应力[7]。

因此，岩体构造应力可以分为现代构造应力及地质构造残余应力。由于地壳处于不断运动之中，仅仅存在相对活跃期或静止期，所以要在岩体中区分哪些是现代构造应力，哪些是残余应力，实际上是不可能的。

目前，岩体的构造应力尚无法用数学、力学的方法进行分析计算，而只能采用现场应力量测的方法来求得。但是，构造应力场的方向可以根据地质力学的方法加以判断。因为各种形态不同的地质构造是各地质历史时期的构造运动的产物，地质构造的遗迹，例如断层、褶曲等保留在岩体中，它的走向与形成时的应力有一定的关系。根据各种地质构造的分布和组成规律，分析历次构造运动，特别是近期构造运动，确定最新构造体系，进行地质力学分析，就可以根据构造线确定构造应力场的主轴方向。根据地质构造和岩石强度理论，一般认为自重应力是主应力之一，另一主应力与断裂构造体系正交。对于正断层，自重应力 $\sigma_z$ 为最大主应力，即 $\sigma_1 = \gamma H$，最小主应力 $\sigma_3$ 则与断层带正交；对于逆断层，$\sigma_z$ 为最小主应力，即 $\sigma_3 = \gamma H$，$\sigma_1$ 与断层带正交；对于平移断层，$\sigma_z$ 是中间主应力，即 $\sigma_2 = \gamma H$，$\sigma_1$ 与断层面成 30°～45°的交角，且 $\sigma_1$ 与 $\sigma_3$ 均为水平方向。其他，如根据岩脉和褶皱，均可推断构造应力的方向(见图 2-14)。

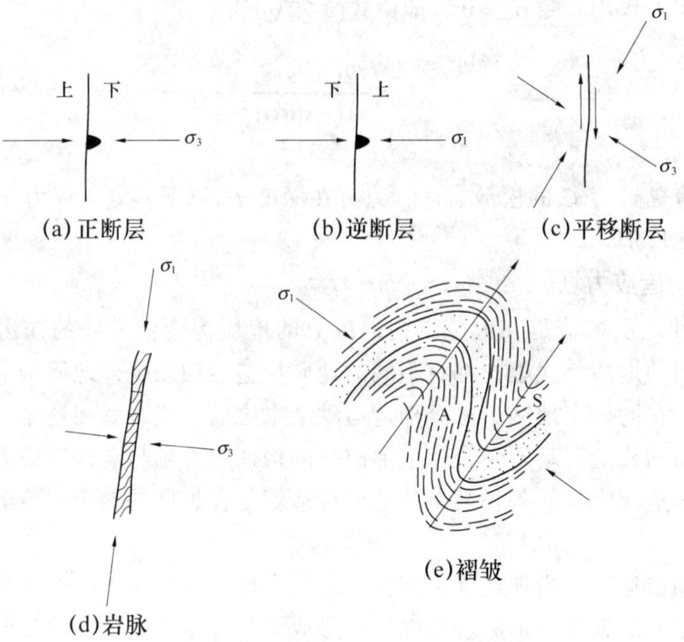


图 2-14　由地质特征推断的应力方向平面示意图

### 2.3.1.3　地应力分布的一些基本规律

通过理论研究、地质调查和大量的地应力测量资料的分析研究，已初步认识到浅部地壳应力分布的一些基本规律。

(1)地应力是一个具有相对稳定性的非稳定应力场，它是时间和空间的函数。地应力在绝大部分地区是以水平应力为主的三向不等压应力场。三个主应力的大小和方向是随着空间和时间而变化的，因而它是个非稳定的应力场。地应力在空间上的变化，从小范围来看，是很明显的，从某一点到相距数十米外的另一点，地应力的大小和方向也可能是不同的。但就某个地区整体而言，地应力的变化是不大的。如我国的华北地区，地应力场的主导方向为北西到近于东西的主压应力。

在某些地震活动活跃的地区，地应力的大小和方向随时间的变化是很明显的，在地震前，处于应力积累阶段，应力值不断升高，而地震时使集中的应力得到释放，应力值突然大幅度下降。主应力方向在地震发生时会发生明显改变，在震后一段时间又会恢复到震前的状态。

(2)实测垂直应力基本等于上覆岩层的重量。对全世界实测垂直应力 $\sigma_v$ 的统计资料的分析表明，在深度为 25～2 700 m 的范围内，$\sigma_v$ 呈线性增长，大致相当于按平均容重 $\gamma$ 等于 27 kN/m$^3$ 计算出来的重力 $\gamma H$。但在某些地区的测量结果有一定幅度的偏差，上述偏差除有一部分可能归结于测量误差外，板块移动、岩浆对流和侵入、扩容、不均匀膨胀等也都可引起垂直应力的异常。

(3)水平应力普遍大于垂直应力。实测资料表明，在绝大多数(几乎所有)地区均有两个主应力位于水平或接近水平的平面内，其与水平面的夹角一般不大于 30°，最大水平

主应力 $\sigma_{h,\max}$ 普遍大于垂直应力 $\sigma_v$；$\sigma_{h,\max}$ 与 $\sigma_v$ 的比值一般为 0.5 ~ 5.5，在很多情况下大于 2。如果将最大、最小水平主应力的平均值 $\sigma_{h,av}$ 与 $\sigma_v$ 相比，其比值大多数为 0.8 ~ 1.5，这说明在浅层地壳中平均水平应力也普遍大于垂直应力。垂直应力在多数情况下为最小主应力，在少数情况下为中间主应力，只在个别情况下为最大主应力。这再次说明，水平方向的构造运动(如板块移动碰撞)对地壳浅层地应力的形成起控制作用。

(4)平均水平应力与垂直应力的比值随深度增加而减小，但在不同地区，变化的速度很不相同，图 2-15 为世界不同地区取得的实测结果。

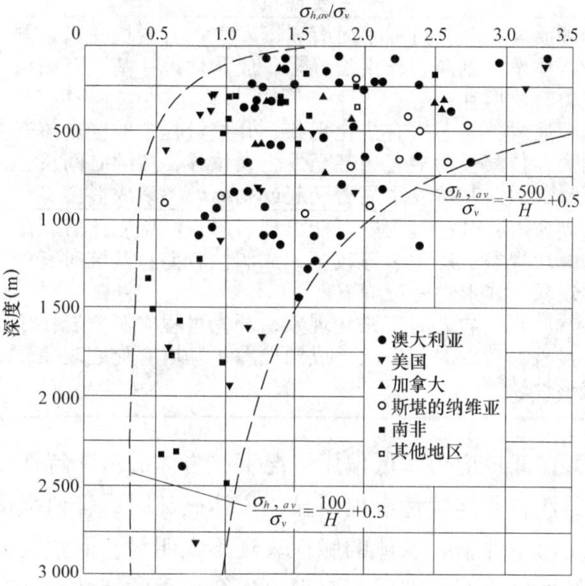


图 2-15　实测各国平均水平应力与垂直应力的比值随深度变化图

图 2-15 显示，在深度不大的情况下，$\sigma_{h,av}/\sigma_v$ 的值相当分散。随着深度增加，该值的变化范围逐步缩小，并向 1.0 附近集中，这说明在地壳深部有可能出现静水压力状态。

(5)最大水平主应力和最小水平主应力也随深度呈线性增长关系。与垂直应力不同的是，在水平主应力线性回归方程中的常数项比垂直应力线性回归方程中常数项的数值要大些，这反映了在某些地区近地表处仍存在显著水平应力的事实。

(6)最大水平主应力和最小水平主应力之值一般相差较大，显示出很强的方向性。

(7)地应力的上述分布规律还会受到地形、地表剥蚀、风化、岩体结构特征、岩体力学性质、温度、地下水等因素的影响，特别是地形和断层的扰动影响最大。

#### 2.3.1.4　高地应力现象

不同学科与不同工程，对高地应力问题的表现和理解不同，判别标准也不同。所以，目前国际国内尚无统一的标准。国内一般岩体工程以初始地应力在 20 ~ 30 MPa 为高地应力，因为在这样的应力水准下就易于出现高地应力现象。

由于不同岩体弹性模量不同，岩体的储能性能也不同。一般来说，地区初始地应力大小尚与该地区岩体的变形特性有关，岩质坚硬，则储存弹性能就多，地应力也大。但不能认为初始地应力大，就是高地应力。因为，有时初始地应力虽然大，但与围岩强度相比却不一定高。而有时初始应力不大，但因围岩强度极低，可能出现大变形等现象。一般判别高地应力用比值 $R_c/\sigma_{max}$ 来衡量( $R_c$ 为岩石单轴饱和抗压强度，$\sigma_{max}$ 为垂直洞轴线方向的岩体最大初始应力)。表 2-2 所示为《工程岩体分级标准》(GB 50218－94)[8]给出的高初始地应力判定标准。

**表 2-2　高初始地应力岩体在开挖中出现的主要现象**

| 应力情况 | 主要现象 | $R_c/\sigma_{max}$ |
|---|---|---|
| 极高应力 | 硬质岩：开挖过程中时有岩爆发生，有岩块弹出，洞壁岩体发生剥离，新生裂缝多，成洞性差；基坑有剥离现象，成形性差<br>软质岩：岩芯常有饼化现象，开挖过程中洞壁岩体有剥离，位移极为显著，甚至发生大位移，持续时间长，不易成洞；基坑发生显著隆起或剥离，不易成形 | ＜4 |
| 高应力 | 硬质岩：开挖过程中可能出现岩爆，洞壁岩体有剥离和掉块现象，新生裂缝较多，成洞性较差；基坑时有剥离现象，成形性一般尚好<br>软质岩：岩芯时有饼化现象，开挖过程中洞壁岩体位移显著，持续时间较长，成洞性差；基坑有隆起现象，成形性较差 | 4~7 |

研究结果表明，在低地应力和低偏压情况下，岩体的脆断特性表现明显，受节理面制约而表现的各向异性和非连续性也很明显，岩体破坏时，峰值强度与残余强度之间数值差较大。在高地应力条件下，岩体的脆性表现不太明显，而塑性表现明显，节理面的存在所引起的各向异性也会明显减弱，表现出连续介质的特性。

高地应力区地质勘探及工程施工中可能遇到以下现象：

(1)岩芯饼化现象。在中等强度以下的岩体中进行勘探时，常可见到岩芯饼化现象。美国 L.Ohert 和 D.E. Stophenson(1965)用试验验证的方法同样获得了饼状岩芯，并确定了饼状岩芯是高地应力产物；从岩石力学破裂成因来分析，岩芯饼化是剪张破裂的产物。此外，还能发现钻孔缩径现象。

(2)岩爆。在岩性坚硬完整或较完整的高地应力地区开挖隧洞时，在开挖过程中，时有岩爆发生。岩爆现象表现为随着巨大的响声，岩片以极快的速度向洞室内飞散开来，岩片呈透镜状或叶片状，其边缘像刀刃一样锐利。分析比较爆落岩片的形状和留在洞壁的洼坑形状，以岩石力学的观点来看，岩片是在压应力作用下的张破裂或剪切破坏而形成的破裂碎片。以岩爆发生的部位来看，经常是在主地应力方向线与隧洞外轮廓相切的部位(见图 2-16)，因为这是应力集中最大的部位。

(3)隧洞的洞壁产生剥离，围岩出现较大变形。在中等强度以下的岩体中开挖隧洞，高地应力状况不会像岩爆那样剧烈，洞壁岩体产生剥离现象，有时裂缝一直延伸到岩体浅层内部，锤击时有破哑声。在软质岩体中洞体则产生较大的变形，且持续时间长，洞径明显缩小。

(4)岩质基坑底部隆起、剥离以及坑壁岩体回弹错动。在坚硬岩体表面开挖基坑或槽，在开挖过程中会产生坑底突然隆起、断裂，并伴有响声，或在基坑底部产生隆起剥离。在岩体中，如有软弱夹层，则会在基坑边壁上出现回弹错动现象(见图 2-17)。

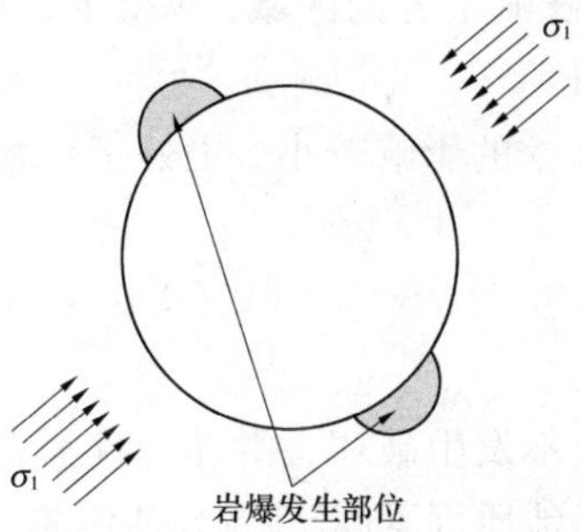


图 2-16　二滩引水隧洞岩爆发生部位示意图

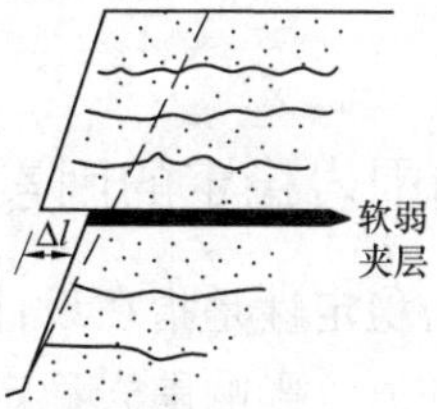


图 2-17　基坑边壁回填错动示意图

(5)野外原位测试测得的岩体物理力学指标比实验室岩块试验结果高。由于高地应力的存在，岩体的声波速度、弹性模量等参数增高，常比实验室无应力状态岩块测得的参数高。

## 2.3.2　围岩的应力释放与变形过程

隧洞是修筑在具有一定应力履历和一定应力场的岩体中的结构物，在隧洞开挖前，岩体处于三向受压的地应力环境，并在这种应力环境下处于平衡稳定状态。隧洞开挖以后，原有天然应力平衡状态被破坏，引起一定范围内岩体中应力释放和重分布；在重新分布的应力作用下，围岩产生位移，形成松弛，与此同时也会使围岩的物理力学性质恶化；在这种条件下隧洞围岩将在薄弱处产生局部破坏；在局部破坏的基础上可造成整个隧洞的崩塌。在达到新的围岩应力平衡前，以上围岩破坏的力学过程将持续。

通常称隧洞开挖前围岩所处的初始地应力状态为一次应力状态。该应力状态与岩体构造、性质及埋藏条件等因素密切相关；开挖后应力重新分布(主要表现为切向加载、径向卸载)，称此时围岩处于二次应力状态。该应力状态受到开挖方式(爆破、非爆破)和方法(全断面开挖、分步开挖等)的强烈影响。如果二次应力状态围岩满足稳定条件，即隧洞可自稳，则隧洞可不加任何支护；如果隧洞不能自稳，则需采取支护及衬砌措施控制并促使围岩稳定，此时围岩处于三次应力状态。该应力状态与支护及衬砌结构的类型、方法以及施设时间等有关。

隧洞开挖后，在围岩中产生一系列的力学现象，如隧洞周边围岩的应力重分布、围岩性质的改变、隧洞断面的缩小以及隧洞稳定性的丧失等，是一个连续、统一的力学过程，它始终与时间、施工技术息息相关。

由弹塑性理论和现场量测表明，隧洞开挖后的围岩应力状态可概括为三个区域：

(1)应力降低区。在松软围岩中，岩体的强度很小，不能承受开挖后急剧增大的洞室周边应力而产生塑性变形，沿隧洞周边围岩应力松弛而形成一个应力降低了的区域，高应力向围岩深部转移。扰动了的岩体向隧洞内变形，如果变形超过一定数值就会出现围岩失稳和坍塌。在坚硬而完整的围岩中，由于岩体强度大，隧洞周边未达到开裂和坍塌，故无应力降低区，这种隧洞往往是自稳的。

(2)应力升高区。在围岩深部应力升高的区域，岩体强度尚未被破坏，这一区域沿隧洞周边分布，相当于一个承载环。承载环中位于隧洞上方的区域，承受上覆地层的自重，并将荷载向两侧地层传递，此即围岩的成拱作用。

(3)初始应力区。距离隧洞较远的岩体所受开挖的影响较小，仍处于初始的一次应力状态。

### 2.3.3 影响围岩稳定的因素

隧洞围岩稳定性是指在设计的期限内，围岩不发生破坏、滑动，且围岩暴露面的位移不超过允许值。影响围岩稳定性的主要因素是地质因素(岩性及地质结构、岩体结构、岩石强度、地下水及地应力)、时间因素、工程因素。

#### 2.3.3.1 岩性及地质结构

在其他地质的和力学的详细资料尚未得到之前，岩性的知识往往能给人一种定性的判断，使人们能预见会面临什么样的岩石力学问题。岩体是一种地质介质，在它的形成过程中大都经历过许多次强烈程度不同的构造运动。这些地质构造运动在岩体中形成了一系列的构造形迹，大型的如断层、褶曲等，小型的如构造性节理、小断裂、裂隙等。岩体中还有在成岩或变质过程中形成的间断面、接触面、片理、劈理、层理、夹层等结构面。这些各种类型的结构面正是岩体中的薄弱部分，当围岩应力不大以及围岩母体比较坚硬时，岩体结构面及裂隙分布状况经常是围岩稳定的控制性因素。

#### 2.3.3.2 岩体力学性质

考察岩体的稳定性主要是比较岩体的强度及变性特性与开挖后重新分布的围岩应力互相作用的结果。图 2-18 表示了应力状态与围岩强度包络线的关系。当节理较发育时，软弱结构面的强度和变形特性对围岩稳定性起决定性作用，否则，岩石本身的力学性质就起主导作用。岩体还有许多特定的力学特性，如各向异性、脆性、塑性、扩容性、膨胀性、流变性等都对围岩稳定有重要影响。

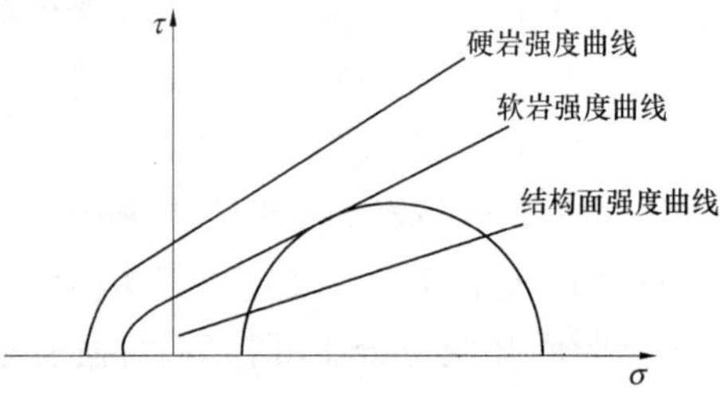


图 2-18 围岩应力状态与强度包络线关系

#### 2.3.3.3 地应力

地下工程的失稳主要是开挖引起的应力重分布超过围岩强度或使围岩过分变形而造成的。而应力重分布是否会达到危险的程度就要视初始应力的方向、量值和性质而定。所以，地应力是影响地下洞室稳定的最重要的因素之一。对重要工程，当埋深较大或处于高山峡谷地区时，要进行必要的地质力学调查分析和现场实测，并在工程布置和设计时考虑这一因素的影响。如在高地应力区，隧洞轴线方向宜与最大水平地应力方向有较小交角。中国科学院武汉岩土所曾调查了 87 处矿山巷道的变形破坏情况，这些巷道的轴向与最大主应力方向的交角都较大，绝大多数都大于 60°或接近垂直，属于侧压力破坏的占 56%，属于顶部受压破坏的只占 11%，说明高应力区洞轴线与最大水平地应力方向呈较小交角将有利于围岩的稳定。用现代的数值计算方法来分析洞室稳定性时，没有地应力的参数也无法得出任何有意义的结果。

#### 2.3.3.4　地下水

地下水的存在和活动也是影响围岩稳定的重要因素，如国内鹧鸪山隧道、火车岭隧道等工程中发生的较大规模围岩坍塌失稳或连续失稳的事例，多数由于有强渗透的含水层、裂隙水、强地表水补给等情况。地下水在洞周产生的力学、物理和化学的作用几乎总使围岩稳定性趋于恶化，主要表现在以下四方面：一是洞室的开挖在洞周形成了新的自由面，使洞周围岩产生了渗压梯度，增加了洞周岩体向洞内运动的推动力；二是静水压力减小了岩体中的有效压应力，使岩体抗剪强度减小，其应力趋于恶化；三是地下水的活动大大降低了某些岩石的变形模量和强度，降低了裂隙面的摩擦系数和黏聚力，加剧了围岩的破坏和变形；四是使围岩的侵蚀及泥化效应加剧，恶化了围岩的强度状况。

#### 2.3.3.5　时间因素

许多围岩失稳和破坏现象要经过一段时间才开始显现。围岩稳定随时间而产生变化主要是由于以下两方面原因：一是岩体的流变性质，二是时间加剧了围岩的弱化过程。

#### 2.3.3.6　工程因素

工程因素主要指隧洞的布置、规模、截面形态、使用性质、开挖工艺、支护形式等对围岩的影响，这些因素对围岩稳定的影响有时候会很大。为此，在隧洞设计时应综合分析，降低这些因素对围岩稳定的影响。如隧洞轴线与岩层、构造断裂面及主要软弱带走向大角度相交时将有利于围岩的稳定，洞线布置时宜避开可能造成地表水强补给的冲沟以降低地下水对围岩稳定的影响，采用掘进机法开挖隧洞以降低开挖对围岩的扰动，在高地应力区采用圆形隧洞将比城门洞形隧洞更有利于围岩稳定，对易风化、潮解、膨胀等岩体应及早喷混凝土封闭以防止其崩解或变形剧增等。

影响围岩稳定的因素很多，许多因素在一定条件下可能从次要因素转化为主要的或决定性的因素，如岩体内的应力及其强度是决定围岩稳定的首要因素，当岩体应力超过其强度而设置支护时，支护应力与支护强度便成了围岩稳定的决定因素。而一些因素的叠加作用更会使围岩加剧失稳，造成恶性循环。

### 2.3.4　隧洞围岩的破坏及丧失稳定形式

隧洞开挖后围岩中既有应力释放，又有应力集中：一方面，切向(环向)应力增大、径向应力减小，致使剪应力超过屈服极限，围岩中出现大面积的屈服区(塑性区)；另一方面，在邻近洞表面的岩体中径向应力几乎降为零，岩体在高切向应力作用下，产生横向变形，在横向变形的“张拉”作用下围岩可能开裂(即一般所观察到的围岩剥离现象)，很类似于岩块在单轴压缩试验中常常发生的纵向开裂破坏现象。这就是说，高围压下岩体表现为韧性，而处于单轴压力下时就好像变成了脆性岩体。由于围岩受岩性、岩体结构面以及环境等因素的影响，其破坏形式及破坏机制各不相同，表 2-3 给出了围岩的变形破坏形式及其产生机制。

**表 2-3　围岩的变形破坏形式及其产生机制**

| 岩性 | 岩体结构 | 变形、破坏形式 | 产生机制 |
|---|---|---|---|
| 脆性围岩 | 块体状结构及厚层状结构 | 张裂崩落 | 拉应力集中造成的张裂破坏 |
| | | 劈裂剥落 | 压应力集中造成的压致拉裂 |
| | | 剪切滑移及剪切破裂 | 压应力集中造成的剪切破裂及滑移拉裂 |
| | | 岩爆 | 压应力高度集中造成的突然而猛烈的脆性破坏 |
| | 中薄层状结构 | 弯折内鼓 | 卸荷回弹或压应力集中造成的弯曲拉裂 |
| | 碎裂结构 | 碎裂松动 | 压应力集中造成的剪切松动 |
| 塑性围岩 | 层状结构 | 塑性挤出 | 压应力集中作用下的塑性流动 |
| | | 膨胀内鼓 | 水压重分布造成的吸水膨胀 |
| | 散体结构 | 塑性挤出 | 压应力作用下的塑性流动 |
| | | 塑流涌出 | 松散饱水岩体的悬浮塑性流动 |
| | | 重力坍塌 | 重力作用下的坍塌 |

围岩的变形及破坏达到一定程度将丧失稳定，隧洞围岩有三种丧失稳定的形式：

(1)局部崩塌。主要是由地质构造上的原因造成的。由于自重作用，松弛围岩超过它们脱离围岩自身的阻力而在顶部(较少的在侧壁)造成局部崩塌。

(2)拱形崩塌。主要是由于开挖后岩体内的初始应力重新分布，所引发的二次应力场导致围岩破坏而形成的崩塌。在这种情况下，围岩破坏一般从隧洞侧壁开始，同时围岩的破坏和位移也可能发生在洞顶部和底部，属于强度破坏之列。

(3)变形持续增加。在塑性性质显著的围岩中，稳定的丧失是由于塑性变形，产生了过度的位移，但无明显的破坏迹象。此时，破坏通常是从底部开始，逐步影响到侧部和顶部。该现象主要发生在软岩及膨胀性或挤入性围岩中。

围岩丧失稳定的形式以及力学动态可根据压力显示形式、围岩性质等参考表 2-4 作初步判定 [9]。

**表 2-4　隧洞围岩失稳形式评价表**

| 围岩失稳形式 | 压力显现形式 | 围岩性态 | 产生破坏的基本原因 | 围岩的力学动态 |
|---|---|---|---|---|
| 局部崩塌 | 局部掉块或无压力显现 | 硬岩、完整、脆性 | 地质构造、节理、层理面发育 | 弹性或刚体平衡 |
| 拱形崩塌 | 松弛压力为主 | 硬岩、中硬岩，有裂隙及裂隙发育的围岩等 | 强度破坏 | 弹性、弹塑性 |
| 变形的持续增加 | 塑性、膨胀性、挤压性压力为主 | 软岩、黏性土、膨胀岩、挤入性岩等 | 变形过大，持续发展 | 弹塑性、黏弹性 |

### 2.3.5　围岩稳定的分析评价方法

隧洞开挖破坏了原有的应力平衡，引起围岩应力重分布，其重分布的过程和特征与围岩的物理力学指标有关，与隧洞开挖的空间因素和时间因素也有关。如隧洞开挖后不加支护，围岩将会经过应力集中、形成塑性区、发生向隧洞内位移、塑性区进一步扩大和围岩松弛及坍塌等过程。其发展过程和后果，视岩体性质、原始地应力的大小和方向、隧洞尺寸和形状等不同而有所不同。由于影响围岩稳定性的因素众多，作为地下工程根本问题的围岩稳定性分析与评价，至今亦未形成统一的理论。目前，工程中常用的围岩稳定分析方法主要有以下几种：

(1)定性分析法。该法亦称围岩分类法，根据拟建地下洞室的工程地质条件、岩体特性和动态观测资料结合已建工程，开展资料的综合分析和对比，从而判断工程区岩体的稳定性。由于岩体地质条件十分复杂，其稳定性和影响因素之间的关系是一个典型的多维非线性系统，很难用一个数学公式准确地概括所有情况。且对于具体的地下工程，各影响因素的影响程度也不尽相同，加之岩体力学的理论发展至今还不够成熟，故应用工程地质类比等方法确定围岩类别、对围岩的整体稳定性进行综合评价对地下工程设计有着重要的作用。目前已有二十多种围岩分类法，常用的有普氏分级法、岩芯质量指标法(RQD)、RMR 分类法、RSR 分类法、Q 分类法、围岩位移量分类法、围岩稳定性指数分类法及岩体工程地质力学分级等。

(2)解析分析法。该方法是通过数学、力学计算求解得出围岩变形、塑性区等指标。解析分析法可以解决的实际工程问题十分有限，目前仅获得弹性、黏弹性及弹塑性介质中圆形洞室的封闭解和椭圆形洞室的弹性理论解。对于其他形状(如矩形、马蹄形等)洞室，可通过复变函数法求取近似解。但通过对解析方法及其结果的分析，往往可以获得一些规律性的认识。

(3)模拟分析法。分为物理模拟法和数值模拟法。物理模拟法是根据相似性原理和量纲分析原理，借助相似材料地质力学模型试验去再现真实的物理实体，在基本满足相似原理的条件下，通过真实地反映地质构造和工程结构的空间关系、准确模拟施工过程，来研究围岩力学特性及其稳定性。常用的方法主要包括常规模型试验、离心机试验和光测弹性法。数值模拟法是通过对地质原型的抽象并借用有限元等数值分析方法来分析研究不同工况下围岩的应力状态以及围岩稳定性等问题。大量的实践经验说明，工程岩体稳定问题主要是一个岩体结构的问题。因此，结构面的处理就成为地下工程岩体稳定数值模拟的重点。目前，工程计算中常用的数值分析方法有有限元法、有限差分法以及离散元法等。物理模拟法和数值模拟法各具特点、相辅相成，将两者相结合能够比较全面、真实地反映岩体工程问题[10]。

(4)局部块体稳定性评价方法。局部块体的稳定性分析评价是地下工程中经常遇到的工程地质问题之一，合理评价局部块体的形状、空间位置及其稳定性具有非常重要的意义。目前，工程中采用的局部块体稳定性评价理论体系主要有块体理论和岩体结构赤平投影、实体比例投影分析体系，另外还有一些基于二者之一的改进方法，如可以解决非连续介质问题，特别适用于解决具有众多节理、裂隙岩体的变形、应力和稳定分析，具有效率高、速度快等优点的块体单元法以及可以反映围岩不连续变形和运动规律的块体–弹簧元分析法等[11]。

除上述常用方法外，其他一些理论与方法在围岩稳定分析中也得到了应用。如以系统工程方法结合岩体力学常规理论来进行地下工程围岩稳定分析的系统工程法，利用概率和可靠度分析方法分析地下洞室围岩稳定性的不确定性方法以及采用断裂和损伤力学方法来评价节理裂隙岩体的稳定性和变形行为。另外，还有许多由多种方法融合起来的分析方法，如半解析元法、离散边界元法等。

围岩稳定性研究虽已取得重大进步，但是各种围岩稳定性分析方法均没有真正圆满地解决工程实际问题。围岩分类法在工程中虽已广泛采用，但主要是对围岩稳定作定性的评价，在定量评价方面还有待于进一步完善和发展。目前，解析法通常都是在均匀场中假设围岩为均质、各向同性的连续介质，对工程实际中经常遇到的多孔、不均质及各向异性等问题，几乎无法解决。数值分析和模型试验是从两个不同角度定量分析地下洞室围岩的稳定性。但这些计算和试验都是根据当前的技术水平将复杂的围岩条件进行了简化， 与工程实际有一定差别。另外，反映岩体特性的岩石力学参数不容易准确选取或模拟，对计算和试验结果会产生较大影响。因此，在理论模型的辨识、本构关系、计算参数、仿真方法等方面都需作进一步深入具体的研究。

由于地下工程的复杂性，围岩稳定性评价不能依赖于单一方法，通过多学科交叉融合，考虑多种因素影响，进行多种方法综合评价分析，是该研究领域未来发展的一种趋势。

## 参 考 文 献


[1] 孙广忠．岩体结构力学[M]．北京：科学出版社，1988．

[2] 宋建波，张倬元，于远忠，等．岩体经验强度准则及其在地质工程中的应用[M]．北京：地质出版社，2002．

[3] 俞茂宏．双剪理论及其工程应用[M]．北京：科学出版社，1996．

[4] 蔡美峰，何满潮，刘东燕．岩石力学与工程[M]．北京：科学出版社，2002．

[5] Hoek E，Brown E T．Empirical strength criterion for rock masses [J]．ASCE Journal of Geotechnical Engineering Division，1980，106(GT9)：1013-1035．

[6] Hoek E，Wood D, Shah S A. Modified Hoek-Brown criterion forjointed rock masses[A]. In：Hudson J A ed. Eurock'92[C]. London：Thomas Telfrd，1992，209-213.

[7] 沈明荣. 岩体力学[M]. 上海：同济大学出版社，1999.

[8] 中华人民共和国国家标准. GB 50218—94　工程岩体分级标准[S]. 北京：中国计划出版社，2000.

[9] 关宝树．隧道工程设计要点集[M]．北京：人民交通出版社，2003．

[10] 张强勇，李术才，焦玉勇．岩体数值分析方法与地质力学模型试验原理及工程应用[M]．北京：中国水利水电出版社，2005．

[11] 骆超，吴建华，童伟，等. 地下工程稳定性分析方法研究进展[J]. 东北水利水电，2006，24(3)：7-9.

# 第 3 章　隧洞工程常用数值分析方法的基本原理

隧洞是修筑在具有一定应力履历和一定应力场的岩体中的结构物，其围岩及支护力学性态与岩体的力学性态密切相关。由于岩体具有非均质、非连续、非线性的特性，加之复杂的加卸载条件和边界条件，因此隧洞工程设计中的力学问题大多无法用解析方法简单地求解。相比之下，数值法具有较广泛的适用性。它不仅能模拟岩体的复杂力学与结构特性，也可很方便地分析各种边值问题和施工过程，并对工程进行预测和预报。因此，力学数值分析方法是解决隧洞工程问题的有效工具之一。目前，在隧洞工程中较为常用的数值分析方法有有限元法、有限差分法、边界元法、离散元法、块体理论、不连续变形分析法、数值流形方法等。其中前三种方法是基于连续介质力学的方法，随后的三种方法则是基于非连续介质力学的方法，而最后一种方法具有这两大类方法的共性。本章对这些方法的主要思想及基本原理作一简要介绍。

## 3.1　连续及非连续介质数值分析方法的基本思想

### 3.1.1　连续介质数值分析方法的基本思想

#### 3.1.1.1　有限元法的基本思想

有限元法(FEM)也称有限单元法，它是在连续体上直接进行近似计算的一种数值分析方法，已在岩土工程、结构工程等领域广泛应用有限元法的基础是变分原理和加权余量法，其基本求解思想是将连续的求解区域分割成有限个互不重叠单元，而且认为单元之间通过有限个节点连接。通过结构和连续体力学的基本原理及单元的物理特性建立起表征力和位移关系的方程组。解方程组求其基本未知物理量，并由此求得各单元的应力、应变以及其他辅助量值。有限元法按其所选未知量的类型，即以节点位移作为基本未知量，还是以节点力作为基本未知量，或二者皆有，可分为位移型、平衡型和混合型有限元法。由于位移型有限元法具有在计算机上更易实现复杂问题的系统化、便于电算求解、更易推广到非线性和动力效应等其他方面的特点，因而比其他类型的有限元法应用更为广泛。对于位移型有限元法，其计算原理是：计算选取节点位移作为基本未知量，对每个单元根据分块近似的思想，假设一个简单的函数(称为插值函数)近似表示其内部位移的分布规律；利用弹塑性理论中的变分原理或其他方法，建立单元的节点力和节点位移之间的力学特性关系，得到一组以节点位移为未知量的代数方程组；求解节点位移分量，进而利用插值函数确定单元集合体上的位移场函数，并得到单元应力、应变场[1,2]。

#### 3.1.1.2　有限差分法的基本思想

有限差分法(FDM)是求解给定初值和(或)边值问题的较早的数值方法之一[3]，是计算机数值模拟最早采用的方法，至今仍被广泛运用，尤其是近年来 FLAC 程序在国内外的广泛应用，使得有限差分法在解决岩体力学问题时又获得了新生。

有限差分方法将求解域划分为差分网格，用有限个网格节点代替连续的求解域。有限差分法以 Taylor 级数展开等方法，将待解决问题的基本方程组和边界条件(一般均为微分方程)用网格节点上的函数值的差商代替并进行离散，从而建立以网格节点上的值为未知数的代数方程组。该方法是一种直接将微分问题变为代数问题的近似数值解法，其数学概念直观，表达简单，是发展较早且比较成熟的数值分析方法。对于有限差分格式，依格式的精度来划分，有一阶格式、二阶格式和高阶格式。从差分的空间形式来考虑，可分为中心格式和逆风格式。考虑时间因子的影响，差分格式还可以分为显格式、隐格式、显隐交替格式等。构造差分的方法有多种，目前主要采用的是泰勒级数展开方法。其基本的差分表达式主要有四种形式：一阶向前差分、一阶向后差分、一阶中心差分和二阶中心差分等，其中前三种格式为一阶计算精度，后一种格式为二阶计算精度。通过对时间和空间这几种不同差分格式的组合，可以组合成不同的差分计算格式。

有限差分法和有限元法都产生一组待解方程组，尽管这些方程是通过不同方式推导出来的，但两者产生的方程是一致的。在有限元法中，常采用隐式、矩阵解算方法，而有限差分法则通常采用显格式、时间递步法解算代数方程。对一个物理系统进行数值计算时所用的代数方程式的性质而言，在用显格式法计算时，所有方程式一侧的量都是已知的，而另一侧的量只用简单的代入法就可求得。另外，在用显格式法时，假定在每一迭代时步内，每个单元仅对其相邻的单元产生力的影响，而且时步应取得足够小，以使显式法稳定。

#### 3.1.1.3 边界元法的基本思想

边界元法(BEM)是在 20 世纪 60 年代发展起来的求解边值问题的一种数值方法[4]，因其能有效模拟远场效应而普遍应用于无界域或半无界域问题的求解。该法是把边值问题归结为求解边界积分方程问题，仅在边界上划分单元，把边界积分方程转变为线性代数方程组，由此解出各边界单元处待定的边界值，再利用把边界值与域内函数值联系起来的解析公式，就可求出计算区域内任一点的场变量。因此，边界元法也称为边界积分方程法。由于它与有限元法相比，具有降低维数(将三维问题降为二维问题，将二维问题降为一维问题)、输入数据准备简单、计算工作量少、精度较高等优点，故已在许多领域内得到了具体应用，尤其是对均质或等效均质围岩的地下工程问题的分析更为方便。但其不足之处是对于非连续多介质、非线性问题，不如有限元法灵活、有效。

边界元法可分为两种基本类型：直接法和间接法。前者是以互等功原理为基础，用具有明确物理意义的变量来建立边界积分方程；后者却是以叠加原理为基础，用不甚明确的变量，边界一般被加上按一定规律分布的虚拟力或虚拟位移，作为基本未知数，建立离散化方程，待求出这些量后再计算边界及域内位移和应力[5]。

### 3.1.2 非连续介质数值分析方法的基本思想

#### 3.1.2.1 离散元法的基本思想

离散元法(DEM)是 20 世纪 70 年代由 Cundall 创立的一种岩土工程数值分析方法，

特别适用于节理岩体的应力分析，是模拟非连续介质性态的最有效和功能最多的方法。离散元法也像有限元法那样，将区域划分成单元。但是，单元因受节理等不连续面的控制，在以后的运动过程中，单元节点可以分离，即一个单元与其邻近单元可以接触，也可以分开，单元之间相互作用的力可以根据力和位移的关系求出，而个别单元的运动则完全根据该单元所受的不平衡力和不平衡力矩的大小按牛顿运动定律确定。

最初离散元法假定单元为刚性，并成功地应用于模拟岩石边坡的渐进性破坏，之后出现了变形单元离散元法。求解采用有限差分法按时步通过迭代求解动态平衡方程，即动态松弛法。为了减少计算的收敛时间和避开阻尼、时差等参数的确定，Stewart 于 1981 年提出了静态松弛的离散元法，用以模拟地下开挖围岩的不连续性[6]。与动态松弛法的时步积分过程不同，静态松弛法根据有不平衡力作用的块体达到再平衡时的力与位移关系逐个建立块体的平衡方程组，求解块体形心的位移，从而求得整个岩体工程的变形情况。

离散元法是一种显式求解的数值方法，该方法与在时域中进行的其他显式计算相似，例如与解抛物线型偏微分方程的显式差分格式相似。由于用显式法时不需要形成矩阵，因此可以考虑大的位移和非线性，而不用花费额外的计算时间。该方法自 20 世纪 80 年代中期引入我国后，在边坡工程、隧道工程、采矿工程及基础工程等方面都有重要应用[7]。

#### 3.1.2.2 块体理论的基本思想

块体理论也称关键块理论，是石根华和 Goodman 于 1985 年提出的一种节理岩体的几何分析方法[8]。块体理论确定结构面为平面，结构体为刚体，不考虑块体本身的强度破坏，认为岩体的失稳是岩体在各种荷载作用下沿结构面产生的剪切位移，运用全平面赤平投影和矢量分析方法找出可能失稳的块体，即关键块体，供工程设计中加固控制之用。块体理论虽然通常以数学公式给出，但它并不是数学上的抽象，从多年来在实际工程中的应用效果看，其在关键块运动的险情预报方面是成功的。从另一角度看，块体理论存在的缺陷也不容忽视，如块体不能发生转动，不考虑结构面的变形，仅用静力平衡条件推出块体的滑动力等。可以说，块体理论仅能查找岩体工程的不稳定区域，不能模拟岩体变形行为[7]。

#### 3.1.2.3 不连续变形分析的基本思想

不连续变形分析方法(DDA)是石根华基于岩体介质非连续性提出的分析块体系统运动和变形的一种数值计算方法。DDA 法主要用于解决节理岩体的大变形和大位移问题，它将岩体视为由常应变的可作刚体位移的块体单元组成，块体可凸可凹，也可有空洞，按块体总势能最小原理建立平衡方程，并以位移、应变作为联立方程的未知量，把刚度、质量及载荷等子矩阵加到联立方程的系数矩阵上，通过求解类似于有限元中的联立方程而得到不连续变形乃至大变形、大位移的唯一解[9]。

不连续变形分析方法的特点之一是变形的不连续，另一特点是在计算中引入了时间因素，即考虑变形—时间过程，因此它是动态的。对动力作用问题，荷载(爆炸、冲击、振动等)与时间有关，位移也和时间有关。对静力作用问题，荷载和时间无关(为常数)，位移和时间有关。因此，不管是动力作用问题还是静力作用问题，都可以用动力方法计算。只有当小位移情况且岩体很稳定时，静力作用问题才可忽略时间因素，用静力方法计算。

不连续变形分析方法不同于离散元法，离散元也是一种块体单元，但它是用显式解法，用中点有限差分方程求解。不连续变形分析则用隐式方程，它类似于有限元，所不同的是引进了运动方程，用最小势能原理把块体之间的接触问题和块体本身的变形问题统一到矩阵中求解，并且把静力和动力分析结合在一起，可进行正、反分析，是一种新的数值计算方法。它可计算破坏前的小位移，也可计算破坏后的大位移，对滑动、崩塌、爆炸及贯入等问题十分有效，特别适用于极限状态设计计算[7]。

#### 3.1.2.4 数值流形法的基本思想

数值流形法(NMM)是石根华、林得璋等于 20 世纪 90 年代初在 DDA 的基础上提出的，是一种适用于解决动静交叉以及连续与非连续介质耦合问题的新数值分析方法[10]。在这种计算方法中，FEM 法和 DDA 法可以看做是数值流形法的特例。数值流形法以拓扑流形学为基础，应用有限覆盖技术，包容并吸收 FEM 和 DDA 两者的优点，通过在分析域内各物理覆盖上建立覆盖位移函数、对公共区域上所有覆盖位移函数加权求和形成总体位移函数，从而把上述的连续和非连续变形力学问题统一到这种方法之中，因此该法具有更为通用的特色。

数值流形法具有两套网格，即数学网格和物理网格。数学网格可沿用一般的有限元网格，它决定着计算的精度，能转换为有限数学覆盖；物理网格则是由分析域的几何边界及域内各种不连续面所构成，它与数学覆盖的“交”构成物理覆盖。两个或两个以上的物理覆盖的“交”就称做流形意义下的单元，即简称为“流形元”。这里的覆盖函数多建立在物理覆盖上，它可以是常数、线性的，也可以是非线性的或级数形式。在数值流形方法中，常需借助于最小势能原理来建立平衡方程。由形变势能对位移变量的二阶导数来得到刚度矩阵项，其积分均是在物理覆盖的“交”，也即在流形元上进行的，应包括惯性力、固定点、法向和剪切接触等对总刚度的贡献，其具体形式要通过计算各种相应势能来求导。数值流形法中的应力应变分析过程也与有限元法相类似，但在分析域内如有岩体节理、裂隙等不连续面，还应根据常用的接触侵入法则进行接触判断与处理。当有嵌入现象时，则需作迭代分析计算，在非线性求解的迭代过程中要对不连续面的接触状态进行判定，不允许接触面相互侵入，也不能承受张拉[11]。

## 3.2 有限元方法的基本原理[12,13]

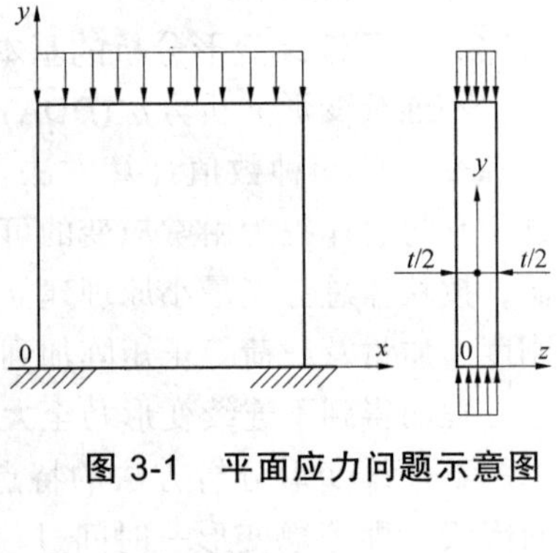

图 3-1 平面应力问题示意图

图 3-1 所示为一弹性薄板，厚度为 $t$，其板面垂直于 $z$ 轴。板面不受外力作用，板边上作用的面力仅是 $x$ 和 $y$ 的函数，且在 $z$ 向的分量为零，体力也平行于板面且不沿厚度变化。此时可以假定

$$\begin{cases} \sigma_z = 0 \\ \tau_{zx} = \tau_{xz} = 0 \\ \tau_{zy} = \tau_{yz} = 0 \end{cases} \tag{3-1}$$

剩下平行于 $xy$ 面的三个应力分量 $\sigma_x$、$\sigma_y$ 和 $\tau_{xy}$ 仅是 $x$ 和 $y$ 的函数。这是弹性力学中的平面应力问题。下面以此为例来说明有限元法的原理。

### 3.2.1　结构的离散化

采用有限元法分析平面结构这样一个连续体时，首先要人为地将这连续的平面结构划分为若干个单元，这些单元的形状常为三角形、矩形或任意四边形，分别称为三角形单元、矩形单元和四边形单元。这些单元仅在节点处连接。这种把实际连续的结构化为仅在节点处相互连接的若干个单元组成的离散型结构，称为结构的离散化，由此形成的离散型结构称为有限单元结构。

实际结构的两个相邻单元不仅在节点处连接，并且在整个边界上连接。为了使生成的有限单元结构与原来的连续结构很好地近似，就需要使相邻两单元在公共边界上的位移协调。经过这样的处理，就把原来难以求解的连续结构化为与原结构近似的易于求解的有限单元结构，从而使问题大为简化。

### 3.2.2　单元、节点和节点自由度的编号及坐标的建立

为了识别单元、节点和节点自由度，必须对它们进行编号。因为是平面问题，每个节点有 $x$ 向和 $y$ 向位移，所以有两个自由度。已知为零的位移分量自由度为零，不编号。对结构还需建立整体坐标系统，必要时还对每个单元建立局部坐标系统。

### 3.2.3　单元位移模式的建立

当结构离散为有限单元后，每个单元中的位移可用坐标的较为简单的函数来表示，这称为单元的位移模式。

单元的位移模式必须能正确地反映弹性体中的真实位移状态，一般要求位移模式满足以下条件：

(1)必须能反映单元的刚体位移。这要求单元的位移函数应包含常数项。

(2)必须能反映单元的常量应变。这反映了当单元尺寸不断变小时单元内各点应变接近于常量的事实。

(3)应尽可能反映位移的连续性，因为原来的结构是一个连续体。这就要求位移函数在单元内部连续，且相邻两单元除在公共节点上必须有相同的位移外，在整个公共边界上也应该具有相同的位移，以保证相邻单元在变形时既不会互相重叠，也不会互相脱离。这一条件称为保续条件。

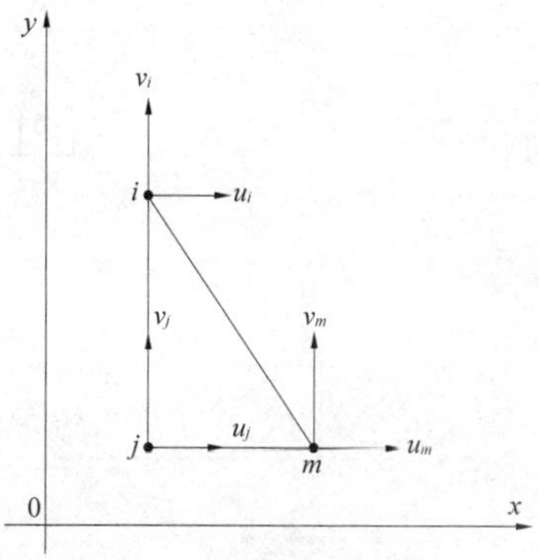


图 3-2　三角形单元示意图

条件(1)、(2)是有限元解答能够收敛于准确解答的必要条件或完备性条件。满足这两个条件的单元称为完备元。条件(1)、(2)再加上条件(3)就构成了有限元解答收敛的充分条件。满足这三个条件的单元称为完备协调元。

如图 3-2 所示三角形单元具有三个节点：$i$、$j$、$m$，每个节点有两个位移 $u_r$ 和 $v_r$ $(r = i,\ j,\ m)$，即两个自由

度，单元共有 6 个自由度。位移模式可取为

$$\begin{cases} u = \alpha_1 + \alpha_2 x + \alpha_3 y \\ v = \alpha_4 + \alpha_5 x + \alpha_6 y \end{cases} \tag{3-2}$$

可以证明上列位移模式满足前述的三个条件，所以三角形单元是完备协调元。

把式(3-2)写成矩阵形式为

$$[f] = \begin{bmatrix} u \\ v \end{bmatrix} = [\Phi]_0 [\alpha] \tag{3-3}$$

式中

$$[\Phi]_0 = \begin{bmatrix} 1 & x & y & 0 & 0 & 0 \\ 0 & 0 & 0 & 1 & x & y \end{bmatrix} \tag{3-4}$$

$$[\alpha] = \begin{bmatrix} \alpha_1 & \alpha_2 & \alpha_3 & \alpha_4 & \alpha_5 & \alpha_6 \end{bmatrix}^{\mathrm{T}} \tag{3-5}$$

将节点 $i$ 、 $j$ 、 $m$ 的坐标及相应的位移值代入式(3-3)可得

$$[\delta]^e = \begin{bmatrix} u_i \\ v_i \\ u_j \\ v_j \\ u_m \\ v_m \end{bmatrix} = \begin{bmatrix} 1 & x_i & y_i & 0 & 0 & 0 \\ 0 & 0 & 0 & 1 & x_i & y_i \\ 1 & x_j & y_j & 0 & 0 & 0 \\ 0 & 0 & 0 & 1 & x_j & y_j \\ 1 & x_m & y_m & 0 & 0 & 0 \\ 0 & 0 & 0 & 1 & x_m & y_m \end{bmatrix} [\alpha] = [\Phi][\alpha] \tag{3-6}$$

于是

$$[\alpha] = [\Phi]^{-1} [\delta]^e \tag{3-7}$$

$$[\delta]^e = \begin{bmatrix} u_i & v_i & u_j & v_j & u_m & v_m \end{bmatrix}^{\mathrm{T}} \tag{3-8}$$

$$[\Phi]^{-1} = \frac{1}{2A} \begin{bmatrix} a_i & 0 & a_j & 0 & a_m & 0 \\ b_i & 0 & b_j & 0 & b_m & 0 \\ c_i & 0 & c_j & 0 & c_m & 0 \\ 0 & a_i & 0 & a_j & 0 & a_m \\ 0 & b_i & 0 & b_j & 0 & b_m \\ 0 & c_i & 0 & c_j & 0 & c_m \end{bmatrix} \tag{3-9}$$

$$a_i = x_j y_m - x_m y_j,\ b_i = y_i - y_m,\ c_i = -x_j + x_m \tag{3-10}$$

(按顺序 $i \to j \to m \to i \cdots$ 轮换)

$$A=\frac{1}{2}\begin{bmatrix}1 & x_i & y_i\\ 1 & x_j & y_j\\ 1 & x_m & y_m\end{bmatrix} \tag{3-11}$$

以上式中：$[\delta]^e$ 为单元节点位移列阵；$A$ 为三角形单元面积。

将式(3-7)代入式(3-3)并加以整理可得

$$[f]=\begin{bmatrix}u\\ v\end{bmatrix}=[N][\delta]^e \tag{3-12}$$

$$[N]=\begin{bmatrix}N_i & 0 & N_j & 0 & N_m & 0\\ 0 & N_i & 0 & N_j & 0 & N_m\end{bmatrix} \tag{3-13}$$

式(3-13)为插值函数矩阵，$N_i$、$N_j$ 和 $N_m$ 为插值函数，也称为形函数。

$$N_r=\left(a_r+b_r x+c_r y\right)/\left(2A\right)\qquad \left(r=i,\ j,\ m\right) \tag{3-14}$$

## 3.2.4　荷载向节点的移置

结构上的真实荷载可以是作用于结构上任意处的集中力、作用于面上的分布力或作用于体内的体积力。在有限元法中，所有这些荷载均需按静力等效原则移置到节点上(见图 3-3)，称为等效节点荷载，从而简化结构受力状况，并进而建立单元和结构的节点位移与节点力的关系。

所谓静力等效原则，是指作用于单元上的真实荷载和移置到节点的节点荷载，两者在虚位移上所作的虚功相等。

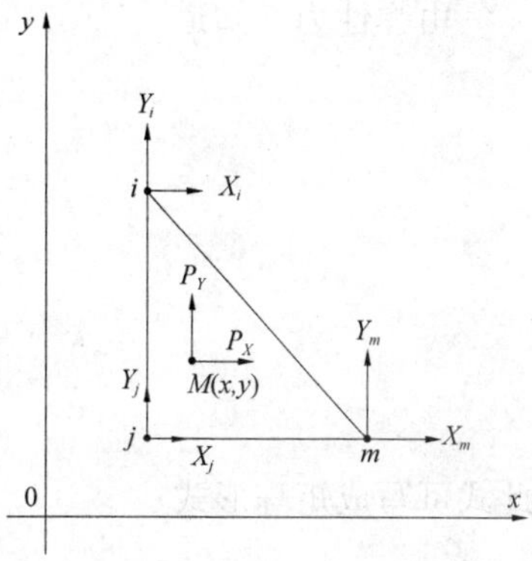


图 3-3　荷载向节点移置

设集中荷载$[P]$作用于单元内的 $M$ 点，该点坐标$(x，y)$，与其等效的节点荷载为$[R]^e$

$$[R]^e=\begin{bmatrix}X_i & Y_i & X_j & Y_j & X_m & Y_m\end{bmatrix}^{\mathrm T} \tag{3-15}$$

设节点虚位移为$[\delta^*]^e$，则 $M$ 点虚位移为

$$[f^*]=[N][\delta^*]^e \tag{3-16}$$

按静力等效原则

$$\left([\delta^*]^e\right)^{\mathrm T}[R]^e=[f^*]^{\mathrm T}[P]=\left([\delta^*]^e\right)^{\mathrm T}[N]^{\mathrm T}[P] \tag{3-17a}$$

由虚位移的任意性可得

$$[R]^e=[N]^{\mathrm{T}}[P] \tag{3-17b}$$

类似的，与 $jm$ 边上作用的分布面力$[\overline{p}]$相应的等效节点力为

$$[R]^e=\int_{jm}[N]^{\mathrm{T}}[\overline{p}]t\mathrm{d}s \tag{3-18}$$

式(3-18)等号右边为沿 $jm$ 边的线积分。

与分布体力$[p]$等效的节点力为

$$[R]^e=\iint_A[N]^{\mathrm{T}}[p]t\mathrm{d}x\mathrm{d}y \tag{3-19}$$

式(3-18)和式(3-19)中 $t$ 为板厚。

### 3.2.5 单元节点位移和节点力关系的确定

如图 3-4 所示单元 $ijm$，因荷载已向节点移置，所以该单元仅受到节点力$[F]^e$作用，有

$$[F]^e=\begin{bmatrix}F_i & F_j & F_m\end{bmatrix}^{\mathrm{T}}=\begin{bmatrix}U_i & V_i & U_j & V_j & U_m & V_m\end{bmatrix}^{\mathrm{T}} \tag{3-20}$$

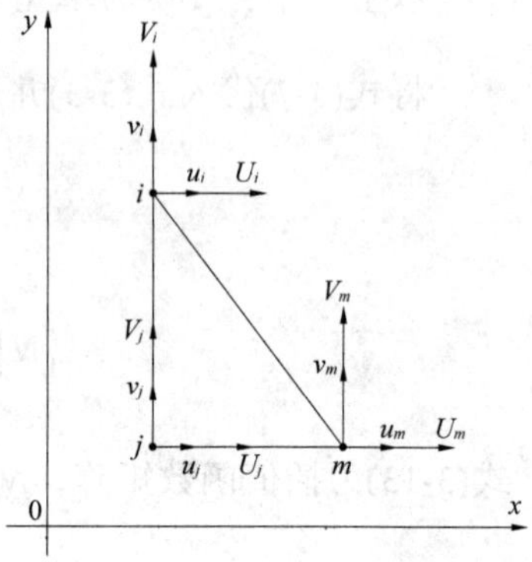


**图 3-4 单元节点位移和节点力**

#### 3.2.5.1 应变矩阵

由弹性力学知道

$$[\varepsilon]=\begin{bmatrix}\varepsilon_x\\ \varepsilon_y\\ \gamma_{xy}\end{bmatrix}=\begin{bmatrix}\dfrac{\partial u}{\partial x}\\ \dfrac{\partial v}{\partial y}\\ \dfrac{\partial u}{\partial y}+\dfrac{\partial v}{\partial x}\end{bmatrix} \tag{3-21}$$

此式可写成矩阵形式

$$[\varepsilon]=[\partial]\begin{bmatrix}u\\ v\end{bmatrix}=[\partial][f] \tag{3-22}$$

式中，$[\partial]$为偏导符矩阵，形式为

$$[\partial]=\begin{bmatrix}\dfrac{\partial}{\partial x} & 0\\ 0 & \dfrac{\partial}{\partial y}\\ \dfrac{\partial}{\partial y} & \dfrac{\partial}{\partial x}\end{bmatrix} \tag{3-23}$$

将式(3-12)代入式(3-22)得

$$[\varepsilon]=[\partial][N][\delta]^e=[B][\delta]^e \tag{3-24}$$

式中，$[B]$称为应变矩阵或几何矩阵。

$$[B]=[\partial][N]=\begin{bmatrix}B_i & B_j & B_m\end{bmatrix} \tag{3-25}$$

式中，$B_i$、$B_j$、$B_m$为子矩阵，对于三角形单元，其形式为

$$B_r=\frac{1}{2A}\begin{bmatrix}b_r & 0\\ 0 & c_r\\ c_r & b_r\end{bmatrix}\quad (r=i,\ j,\ m) \tag{3-26}$$

对于三角形单元，$A$、$b_r$、$c_r$均为常数，所以$[B]$及$[\varepsilon]$的元素均为常数，因此三角形单元也称为常应变单元。

#### 3.2.5.2　应力矩阵

由弹性力学知

$$[\sigma]=\begin{bmatrix}\sigma_x\\ \sigma_y\\ \tau_{xy}\end{bmatrix}=[D][\varepsilon] \tag{3-27}$$

式中，$[D]$为弹性矩阵。

$$[D]=\frac{E}{1-\mu^2}\begin{bmatrix}1 & \mu & 0\\ \mu & 1 & 0\\ 0 & 0 & \dfrac{1-\mu}{2}\end{bmatrix} \tag{3-28}$$

式中：$E$为弹性模量；$\mu$为泊松比。

将式(3-24)代入式(3-27)得

$$[\sigma]=[D][B][\delta]^e=[S][\delta]^e \tag{3-29}$$

式中，$[S]$为单元应力矩阵。

$$[S]=[D][B]=\begin{bmatrix}S_i & S_j & S_m\end{bmatrix} \tag{3-30}$$

式中，$S_i$、$S_j$、$S_m$为子矩阵，对于三角形单元，其形式为

$$S_r=\frac{E}{2(1-\mu^2)A}\begin{bmatrix}b_r & \mu c_r\\ \mu b_r & c_r\\ \dfrac{1-\mu}{2}c_r & \dfrac{1-\mu}{2}b_r\end{bmatrix}\quad (r=i,\ j,\ m) \tag{3-31}$$

#### 3.2.5.3 单元刚度矩阵

设单元节点虚位移为$\left[\delta^*\right]^e$，则单元虚应变为

$$\left[\varepsilon^*\right]=[B]\left[\delta^*\right]^e \tag{3-32}$$

由虚功原理可得

$$\left(\left[\delta^*\right]^e\right)^{\mathrm{T}}[F]^e=\iint_A\left[\varepsilon^*\right]^{\mathrm{T}}[\sigma]t\mathrm{d}x\mathrm{d}y \tag{3-33}$$

将式(3-32)和式(3-29)代入式(3-33)得

$$\begin{aligned}\left(\left[\delta^*\right]^e\right)^{\mathrm{T}}[F]^e&=\iint_A\left([B]\left[\delta^*\right]^e\right)^{\mathrm{T}}\left([D][B][\delta]^e\right)t\mathrm{d}x\mathrm{d}y\\&=\left(\left[\delta^*\right]^e\right)^{\mathrm{T}}\iint_A[B]^{\mathrm{T}}[D][B]t\mathrm{d}x\mathrm{d}y[\delta]^e\end{aligned} \tag{3-34}$$

由虚位移的任意性可得单元节点力与节点位移的关系式为

$$[F]^e=[k]^e[\delta]^e \tag{3-35}$$

$$[k]^e=\iint_A[B]^{\mathrm{T}}[D][B]t\mathrm{d}x\mathrm{d}y \tag{3-36}$$

式(3-35)即为单元有限元方程。$[k]^e$称为单元刚度矩阵，由式(3-36)知$[k]^e$是一个对称方阵。$[k]^e$可写成子块形式

$$[k]^e=\begin{bmatrix}k_{ii} & k_{ij} & k_{im}\\ k_{ji} & k_{jj} & k_{jm}\\ k_{mi} & k_{mj} & k_{mm}\end{bmatrix} \tag{3-37}$$

式中，$k_{rs}\left(r=i,\ j,\ m;\ s=i,\ j,\ m\right)$为子矩阵，对于三角形单元

$$k_{rs}=\frac{Et}{4\left(1-\mu^2\right)A}\begin{bmatrix}b_rb_s+\dfrac{1-\mu}{2}c_rc_s & \mu b_rc_s+\dfrac{1-\mu}{2}c_rb_s\\ \mu c_rb_s+\dfrac{1-\mu}{2}b_rc_s & c_rc_s+\dfrac{1-\mu}{2}b_rb_s\end{bmatrix}\quad (r,\ s=i,\ j,\ m) \tag{3-38}$$

### 3.2.6 建立整体节点位移与节点荷载的关系

将虚功原理用于整个结构，此时外力虚功$W_e^*$为

$$W_e^*=\sum\left(\left[\delta^*\right]^e\right)^{\mathrm{T}}[F]^e=\left[\delta^*\right]^{\mathrm{T}}[R] \tag{3-39}$$

式中：$\left[\delta^*\right]$为结构的整体虚位移列阵；$[R]$为结构整体节点力列阵，因内部节点力相互抵消，在$[R]$中只包含外荷载，故$[R]$也称为结构荷载列阵。

内力虚功 $W_i^*$ 为

$$W_i^* = -\sum\left(\left[\delta^*\right]^e\right)^{\mathrm{T}}[k]^e[\delta]^e \tag{3-40}$$

将单元刚度矩阵集合成整体刚度矩阵 $[K]$，将单元位移列阵 $[\delta]^e$ 集合成整体位移列阵 $[\delta]$，于是式(3-40)成为

$$W_i^* = -\left[\delta^*\right]^{\mathrm{T}}[K][\delta] \tag{3-41}$$

由虚功原理及虚位移的任意性可得整体位移列阵与荷载列阵之间的关系式为

$$[K][\delta] = [R] \tag{3-42}$$

式(3-42)即为整体有限元方程。

在由单元刚度矩阵合成整体刚度矩阵时应遵循下列原则：

(1)凡是与位移分量为零对应的单元，刚度矩阵元素不叠加到整体刚度矩阵中去。

(2)整体刚度矩阵中的元素 $k_{ij}$ 等于各单元刚度矩阵中元素 $k^e_{ij}$ 之和，式中 $i$、$j$ 为位移分量的整体自由度编号，求和运算对所有含有 $i$、$j$ 自由度的单元进行。

在整体刚度矩阵合成后，解整体有限元方程组(3-42)，可得到整体节点位移列阵 $[\delta]$，由此可得到各单元位移列阵，再由式(3-24)和式(3-29)可求得各单元的应变和应力。

### 3.2.7　等参数单元分析

以上以三角形单元为例给出了有限元法基本方程的建立过程。对于平面任意四边形单元，单元节点位移列阵 $\{\delta\}^e$ 可表示为

$$[\delta]^e = \begin{bmatrix} u_1 & v_1 & u_2 & v_2 & \cdots & u_m & v_m \end{bmatrix}^{\mathrm{T}} \tag{3-43}$$

式中：$u_i$ 、$v_i$ 表示单元 $e$ 的第 $i$ 个节点的两个位移分量；$m$ 为单元节点数。

如前所述，单元体内的位移向量可表示为式(3-12)的形式，而插值函数 $[N]$ 可以表示为

$$[N] = \begin{bmatrix} N_1 & 0 & N_2 & 0 & \cdots & N_m & 0 \\ 0 & N_1 & 0 & N_2 & \cdots & 0 & N_m \end{bmatrix} \tag{3-44}$$

且对于不同的单元类型具有不同的插值函数。为了单元分析方便，引入局部坐标系 $\xi—\eta$，局部坐标与整体坐标的变换式为

$$\begin{cases} x=\sum\limits_{i=1}^{m} N_i(\xi,\ \eta)x_i \\ y=\sum\limits_{i=1}^{m} N_i(\xi,\ \eta)y_i \end{cases} \tag{3-45}$$

单元四边在局部坐标系为$\xi=1$、$\xi=-1$、$\eta=1$、$\eta=-1$。坐标变换插值函数可从满足

$$N_r(\xi_s,\ \eta_s)=\begin{cases}1, & r=s\\ 0, & r\neq s\end{cases}\qquad (r,\ s=1,\ 2,\cdots,\ m) \tag{3-46}$$

的条件中选取。根据式(3-46)，可以较容易地确定出插值函数的具体形式。平面四边形 4 ~ 9 节点等参数单元的形状如图 3-5 所示，其插值函数列于表 3-1 中。

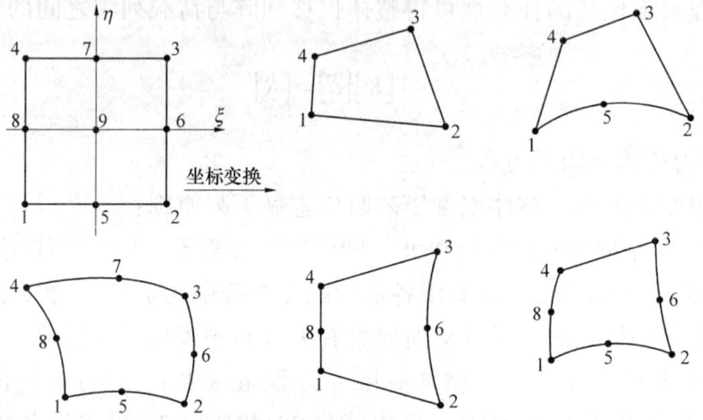


**图 3-5　平面四边形 4~9 节点单元形状图**

**表 3-1　平面四边形 4 ~ 9 节点单元插值函数表**

| 插值函数 | 修正项 | | | | |
|---|---|---|---|---|---|
| | 增加节点 5 | 增加节点 6 | 增加节点 7 | 增加节点 8 | 增加节点 9 |
| $N_1(\xi,\eta)=\frac{1}{4}(1-\xi)(1-\eta)$ | $-\frac{1}{2}N_5$ | | | $-\frac{1}{2}N_8$ | $-\frac{1}{2}N_9$ |
| $N_2(\xi,\eta)=\frac{1}{4}(1+\xi)(1-\eta)$ | $-\frac{1}{2}N_5$ | $-\frac{1}{2}N_6$ | | | $-\frac{1}{2}N_9$ |
| $N_3(\xi,\eta)=\frac{1}{4}(1+\xi)(1+\eta)$ | | $-\frac{1}{2}N_6$ | $-\frac{1}{2}N_7$ | | $-\frac{1}{2}N_9$ |
| $N_4(\xi,\eta)=\frac{1}{4}(1-\xi)(1+\eta)$ | | | $-\frac{1}{2}N_7$ | $-\frac{1}{2}N_8$ | $-\frac{1}{2}N_9$ |
| 增加节点 5　$N_5(\xi,\eta)=\frac{1}{2}(1-\xi^2)(1-\eta)$ | | | | | $-\frac{1}{2}N_9$ |
| 增加节点 6　$N_6(\xi,\eta)=\frac{1}{2}(1+\xi)(1-\eta^2)$ | | | | | $-\frac{1}{2}N_9$ |
| 增加节点 7　$N_7(\xi,\eta)=\frac{1}{2}(1-\xi^2)(1+\eta)$ | | | | | $-\frac{1}{2}N_9$ |
| 增加节点 8　$N_8(\xi,\eta)=\frac{1}{2}(1-\xi)(1-\eta^2)$ | | | | | $-\frac{1}{2}N_9$ |
| 增加节点 9　$N_9(\xi,\eta)=\frac{1}{2}(1-\xi^2)(1-\eta^2)$ | | | | | |

根据几何关系，由式(3-24)可将单元应变表示为

$$[\varepsilon]^e=[B][\delta]^e=[B_1\ \ B_2\ \ \cdots\ \ B_m][\delta]^e \tag{3-47}$$

式中

$$[B_i]=\begin{bmatrix}\dfrac{\partial N_i}{\partial x} & 0\\ 0 & \dfrac{\partial N_i}{\partial y}\\ \dfrac{\partial N_i}{\partial y} & \dfrac{\partial N_i}{\partial x}\end{bmatrix}\quad (i=1,2,\cdots,\ m) \tag{3-48}$$

下面求$[B]$中插值函数对整体坐标的导数。根据复合函数求导法则，有

$$\begin{bmatrix}\dfrac{\partial N_i}{\partial \xi}\\ \dfrac{\partial N_i}{\partial \eta}\end{bmatrix}=\begin{bmatrix}\dfrac{\partial x}{\partial \xi} & \dfrac{\partial y}{\partial \xi}\\ \dfrac{\partial x}{\partial \eta} & \dfrac{\partial y}{\partial \eta}\end{bmatrix}\begin{bmatrix}\dfrac{\partial N_i}{\partial x}\\ \dfrac{\partial N_i}{\partial y}\end{bmatrix}=[J]\begin{bmatrix}\dfrac{\partial N_i}{\partial x}\\ \dfrac{\partial N_i}{\partial y}\end{bmatrix}\quad (i=1,2,\cdots,\ m) \tag{3-49}$$

于是

$$\begin{bmatrix}\dfrac{\partial N_i}{\partial x}\\ \dfrac{\partial N_i}{\partial y}\end{bmatrix}=[J]^{-1}\begin{bmatrix}\dfrac{\partial N_i}{\partial \xi}\\ \dfrac{\partial N_i}{\partial \eta}\end{bmatrix}\quad (i=1,2,\cdots,\ m) \tag{3-50}$$

式中：$[J]$称为雅克比矩阵；$[J]^{-1}$为$[J]$的逆矩阵。

把式(3-45)代入$[J]$，有

$$[J]=\begin{bmatrix}\dfrac{\partial x}{\partial \xi} & \dfrac{\partial y}{\partial \xi}\\ \dfrac{\partial x}{\partial \eta} & \dfrac{\partial y}{\partial \eta}\end{bmatrix}=\begin{bmatrix}\dfrac{\partial N_1}{\partial \xi} & \dfrac{\partial N_2}{\partial \xi} & \cdots & \dfrac{\partial N_m}{\partial \xi}\\ \dfrac{\partial N_1}{\partial \eta} & \dfrac{\partial N_2}{\partial \eta} & \cdots & \dfrac{\partial N_m}{\partial \eta}\end{bmatrix}\begin{bmatrix}x_1 & y_1\\ x_2 & y_2\\ \vdots & \vdots\\ x_m & y_m\end{bmatrix} \tag{3-51}$$

$[J]^{-1}$可由

$$[J]^{-1}=\frac{[J]^*}{|J|} \tag{3-52}$$

求得。$[J]^*$为$[J]$的伴随矩阵；$|J|$为雅克比行列式。

### 3.2.8　有限元法解题基本步骤

通过以上简明介绍，有限元法基本思路和解题步骤可归纳如下：

(1)建立积分方程。根据变分原理或方程余量与权函数正交化原理，建立与微分方程初边值问题等价的积分表达式，这是有限元法的出发点。

(2)区域单元划分。根据求解区域的形状及实际问题的物理特点，将区域划分为若干相互连接、不重叠的单元。区域单元划分是采用有限元法的前期准备工作，这部分工作量比较大，除给计算单元和节点进行编号和确定相互之间的关系外，还要表示节点的

位置坐标，同时还需要列出自然边界和本质边界的节点序号及相应的边界值。

(3)确定单元基函数。根据单元中节点数目及对近似解精度的要求，选择满足一定插值条件的插值函数作为单元基函数。有限元法中的基函数是在单元中选取的，由于各单元具有规则的几何形状，在选取基函数时可遵循一定的法则。

(4)单元分析。将各个单元中的求解函数用单元基函数的线性组合表达式进行逼近；再将近似函数代入积分方程，并对单元区域进行积分，可获得含有待定系数(即单元中各节点的参数值)的代数方程组，称为单元有限元方程。

(5)合成整体。在得出单元有限元方程之后，将区域中所有单元的有限元方程按一定法则进行累加，形成整体有限元方程。

(6)边界条件的处理。一般边界条件有三种形式，即本质边界条件(狄里克雷边界条件)、自然边界条件(黎曼边界条件)、混合边界条件(柯西边界条件)。对于自然边界条件，一般在积分表达式中可自动得到满足。对于本质边界条件和混合边界条件，需按一定法则对整体有限元方程进行修正满足。

(7)求解有限元方程。根据边界条件修正的整体有限元方程组，是含所有待定未知量的封闭方程组，采用适当的数值计算方法求解，可求得各节点的函数值。

## 3.3 有限差分方法的基本原理[13]

### 3.3.1 有限差分基本方程

在弹性体上用相隔等间距 $h$ 而平行于坐标轴的两组平行线划分成网格(见图 3-6)。设 $f=f(x, y)$为弹性体内某一个连续函数，它可能是某一个应力分量或位移分量，也可以是应力函数、温度、渗流等。这些函数，在平行于某轴的一根格线上，如图 3-6 所示，它只随该轴的坐标场函数变化而改变。在邻近节点 0 处，函数 $f$ 可以展开为泰勒级数

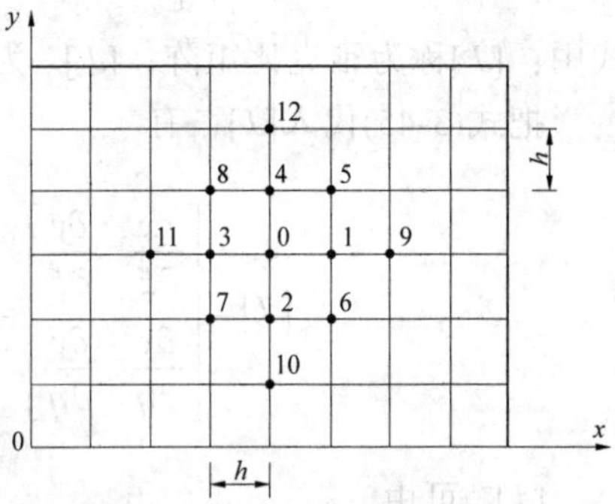

图 3-6 有限差分网格

$$
\begin{aligned}
f = f_0 + \left(\frac{\partial f}{\partial x}\right)_0 (x-x_0) + \frac{1}{2!}\left(\frac{\partial^2 f}{\partial x^2}\right)_0 (x-x_0)^2 + \\
\frac{1}{3!}\left(\frac{\partial^3 f}{\partial x^3}\right)_0 (x-x_0)^3 + \frac{1}{4!}\left(\frac{\partial^4 f}{\partial x^4}\right)_0 (x-x_0)^4 + \cdots
\end{aligned}
\tag{3-53}
$$

在节点 3 及节点 1，$x$ 分别等于 $x_0-h$ 及 $x_0+h$，即 $x-x_0$ 分别等于 $-h$ 和 $h$。将其代入式(3-53)，得

$$
f_3 = f_0 - h\left(\frac{\partial f}{\partial x}\right)_0 + \frac{h^2}{2}\left(\frac{\partial^2 f}{\partial x^2}\right)_0 - \frac{h^3}{6}\left(\frac{\partial^3 f}{\partial x^3}\right)_0 + \frac{h^4}{24}\left(\frac{\partial^4 f}{\partial x^4}\right)_0 - \cdots \tag{3-54}
$$

$$f_1 = f_0 + h\left(\frac{\partial f}{\partial x}\right)_0 + \frac{h^2}{2}\left(\frac{\partial^2 f}{\partial x^2}\right)_0 + \frac{h^3}{6}\left(\frac{\partial^3 f}{\partial x^3}\right)_0 + \frac{h^4}{24}\left(\frac{\partial^4 f}{\partial x^4}\right)_0 + \cdots \tag{3-55}$$

假定 $h$ 是充分小的，因而可以不计它的三次幂及更高次幂的各项，则式(3-54)及式(3-55)可简化为

$$f_3 = f_0 - h\left(\frac{\partial f}{\partial x}\right)_0 + \frac{h^2}{2}\left(\frac{\partial^2 f}{\partial x^2}\right)_0 \tag{3-56}$$

$$f_1 = f_0 + h\left(\frac{\partial f}{\partial x}\right)_0 + \frac{h^2}{2}\left(\frac{\partial^2 f}{\partial x^2}\right)_0 \tag{3-57}$$

联立求解式(3-56)和式(3-57)，得到差分公式

$$\left(\frac{\partial f}{\partial x}\right)_0 = \frac{f_1 - f_3}{2h} \tag{3-58}$$

$$\left(\frac{\partial^2 f}{\partial x^2}\right)_0 = \frac{f_1 + f_3 - 2f_0}{h^2} \tag{3-59}$$

同样，可以得到

$$\left(\frac{\partial f}{\partial y}\right)_0 = \frac{f_2 - f_4}{2h} \tag{3-60}$$

$$\left(\frac{\partial^2 f}{\partial y^2}\right)_0 = \frac{f_2 + f_4 - 2f_0}{h^2} \tag{3-61}$$

式(3-58) ~ 式(3-61)是基本差分公式，通过这些公式可以推导出其他的差分公式。例如，利用式(3-58)和式(3-60)，可以导出混合二阶导数的差分公式

$$\left(\frac{\partial^2 f}{\partial x \partial y}\right)_0 = \left(\frac{\partial}{\partial x}\left(\frac{\partial f}{\partial y}\right)\right)_0 = \frac{1}{4h^2}\left[(f_6 + f_8) - (f_5 + f_7)\right]_0 \tag{3-62}$$

应该指出，有限差分法不仅仅局限于矩形网格，Wilkins(1964)提出了推导任何形状单元的有限差分方程的方法。与有限元法类似，有限差分法单元边界可以是任何形状，任何单元可以具有不同的性质和值的大小。

### 3.3.2　平面问题有限差分方程

对于平面问题，将具体的计算对象用四边形单元划分成有限差分网格，每个单元可以用两种方式再划成四个常应变三角形单元(见图 3-7)，先对每个三角形单元作计算，叠加平均后获得该四边形单元的平均应力或应变值。三角形单元的有限差分公式用

高斯散度定理的一般形式推导得出

$$\int_s n_i f \,\mathrm{d}s = \int_A \frac{\partial f}{\partial x_i}\mathrm{d}A \tag{3-63}$$

式中：$\int_s$为绕闭合面积边界积分；$n_i$为对应表面 $s$ 的单位法向量；$f$ 为标量、矢量或张量；$x_i$为位置矢量；$\mathrm{d}s$ 为增量弧长；$\int_A$表示对整个面积 $A$ 积分。

在面积 $A$ 上，定义 $f$ 的梯度平均值为

$$\left\langle \frac{\partial f}{\partial x_i} \right\rangle = \frac{1}{A}\int_A \frac{\partial f}{\partial x_i}\mathrm{d}A \tag{3-64}$$

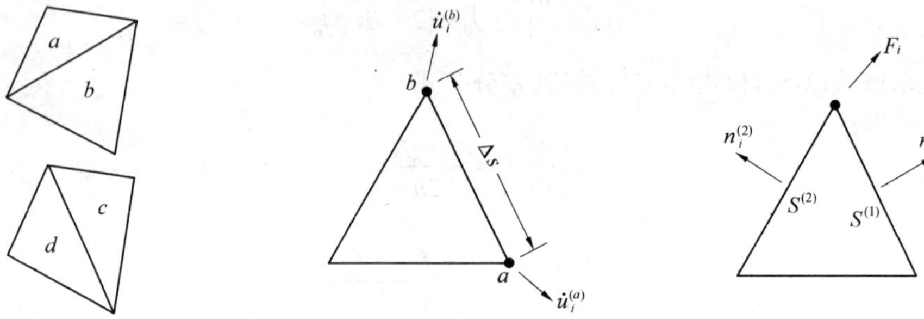


(a)重叠的四边形单元　(b)典型的有速度矢量的三角形单元　(c)节点力矢量

**图 3-7　有限差分单元示意图**

将式(3-63)代入式(3-64)，得

$$\left\langle \frac{\partial f}{\partial x_i} \right\rangle = \frac{1}{A}\int_s n_i f \,\mathrm{d}s \tag{3-65}$$

对一个三角形子单元，式(3-65)的有限差分形式为

$$\left\langle \frac{\partial f}{\partial x_i} \right\rangle = \frac{1}{A}\sum_s \langle f \rangle n_i \Delta s \tag{3-66}$$

式中：$\Delta s$ 是三角形的边长，求和是对三角形的三个边进行；$\langle f \rangle$的值取该边的平均值。

平面问题有限差分法基于物体运动与平衡的基本规律。最简单的例子是物体质量 $m$、加速度 $\mathrm{d}\dot{u}/\mathrm{d}t$ 与施加力 $F$ 的关系，这种关系随时间而变化。牛顿定律描述的运动方程为

$$m\frac{\mathrm{d}\dot{u}}{\mathrm{d}t} = F \tag{3-67}$$

当几个力同时作用于该物体时，如果加速度趋于零，即 $\sum F = 0$ (对所有作用力求和)，式(3-67)也表示该系统处于静力平衡状态。对于连续介质，式(3-67)可写成如下广义形式

$$\rho\frac{\mathrm{d}\dot{u}}{\mathrm{d}t} = \frac{\partial \sigma_{ij}}{\partial x_i} + \rho g_i \tag{3-68}$$

式中：$\rho$ 为物体的质量密度；$\dot{u}$ 为速度；$t$ 为时间；$x_i$ 为坐标矢量分量；$g_i$ 为重力加速度

(体力)分量；$\sigma_{ij}$ 为应力张量分量。

式(3-68)中，下标 $i$ 表示笛卡儿坐标系中的分量，表达式中有重复指标时意味着对其进行求和。

利用式(3-66)，将 $f$ 替换成单元每边平均速度矢量，这样，单元的应变速率 $\dot{e}_{ij}$ 可以用节点速度的形式表述

$$\frac{\partial \dot{u}_i}{\partial x_i} \cong \frac{1}{2A}\sum_s \left(\dot{u}_i^{(a)} + \dot{u}_i^{(b)}\right) n_j \Delta s \tag{3-69}$$

$$\dot{e}_{ij} = \frac{1}{2}\left[\frac{\partial \dot{u}_i}{\partial x_j} + \frac{\partial \dot{u}_j}{\partial x_i}\right] \tag{3-70}$$

式中，$(a)$和$(b)$是三角形边界上两个连续的节点。注意到，如果节点间速度按线性变化，式(3-69)平均值与精确积分是一致的。通过式(3-69)和式(3-70)，可以求出应变张量的所有分量。

根据力学本构定律，可以由应变速率张量获得新的应力张量

$$\sigma_{ij} := M\left(\sigma_{ij}, \dot{e}_{ij}, k\right) \tag{3-71}$$

式中：$M(\ )$表示本构定律的函数形式；$k$ 为历史参数，取决于特殊本构关系；:=表示“由……替换”。

通常，非线性本构定律以增量形式出现，因为在应力和应变之间没有单一的对应关系。当已知单元旧的应力张量和应变速率(应变增量)时，可以通过式(3-71)确定新的应力张量。

在一个时步内，单元的有限转动对单元应力张量有一定的影响。对于固定参照系，此转动使应力分量有如下变化

$$\sigma_{ij} := \sigma_{ij} + \left(\omega_{ik}\sigma_{kj} - \omega_{kj}\sigma_{ik}\right)\Delta t \tag{3-72}$$

式中

$$\begin{cases} \omega_{ik} = \dfrac{1}{2}\left(\dfrac{\partial \dot{u}_i}{\partial x_k} - \dfrac{\partial \dot{u}_k}{\partial x_i}\right) \\ \omega_{kj} = \dfrac{1}{2}\left(\dfrac{\partial \dot{u}_k}{\partial x_j} - \dfrac{\partial \dot{u}_j}{\partial x_k}\right) \end{cases} \tag{3-73}$$

在大变形计算过程中，先通过式(3-72)进行应力校正，然后利用本构定律式(3-71)计算当前时步的应力。

计算出单元应力后，可以确定作用到每个节点上的等价力。在每个三角形子单元中的应力如同在三角形边上的作用力，每个作用力等价于作用在相应边端点上的两个相等的力。每个角点受到两个力的作用，分别来自各相邻的边(见图 3-7)。因此

$$F_i = \frac{1}{2}\sigma_{ij}\left(n_j^{(1)}S^{(1)} + n_j^{(2)}S^{(2)}\right) \tag{3-74}$$

由于每个四边形单元有两组两个三角形，在每组中对每个角点处相遇的三角形节

点力求和，然后将来自这两组的力进行平均，得到作用在该四边形节点上的力。

在每个节点处，对所有围绕该节点四边形的力求和 $\sum F_i$，得到作用于该节点的纯粹节点力矢量。该矢量包括所有施加的荷载作用以及重力引起的体力 $F_i^{(g)}$

$$F_i^{(g)} = g_i m_g \tag{3-75}$$

式中，$m_g$ 是聚在节点处的重力质量，定义为联结该节点的所有三角形质量和的三分之一。

如果四边形区域不存在(如空单元)，则忽略对 $\sum F_i$ 的作用；如果物体处于平衡状态，或处于稳定的流动(如塑性流动)状态，在该节点处的 $\sum F_i$ 将视为零。否则，根据牛顿第二定律的有限差分形式，该节点将被加速

$$\dot{u}_i^{(t+\Delta t)} = \dot{u}_i^{(t-\Delta t/2)} + \sum F_i^{(t)} \frac{\Delta t}{m} \tag{3-76}$$

式中，上标表示确定相应变量的时刻。对大变形问题，将式(3-76)再次积分，可确定出新的节点坐标

$$\dot{x}_i^{(t+\Delta t)} = \dot{x}_i^{(t)} + \dot{u}_i^{(t+\Delta t/2)} \Delta t \tag{3-77}$$

注意到式(3-76)和式(3-77)都是在时段中间，所以中间差分公式的一阶误差项消失。速度产生的时刻，与节点位移和节点力在时间上错开半个时步。

### 3.3.3 显式有限差分算法——时间递步法

我们期望对问题能找出一个静态解，然而在有限差分公式中包含有运动的动力方程。这样，可以保证在被模拟的物理系统本身是非稳定的情况下，有限差分数值计算仍有稳定解。对于非线性材料，物理不稳定的可能性总是存在的，例如围岩的突然垮塌。在实际问题中，系统的某些应变能转变为动能，并从力源向周围扩散。

有限差分方法可以直接模拟这个过程，因为惯性项包括在其中——动能产生与耗散。相反，不含有惯性项的算法必须采取某些数值手段来处理物理不稳定。尽管这种做法可有效防止数值解的不稳定，但所取的“路径”可能并不真实。

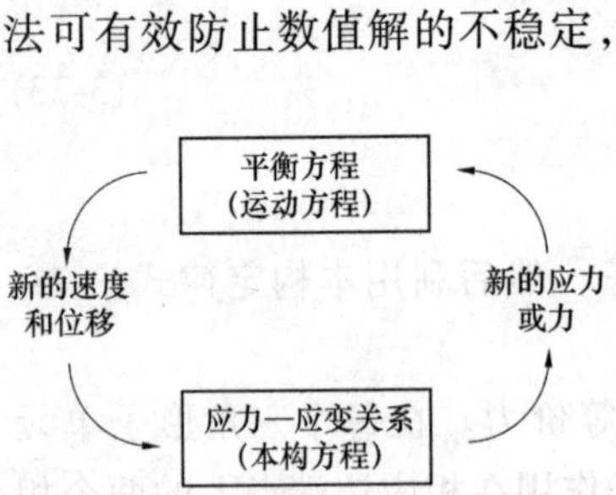


**图 3-8 显式有限差分法计算流程**

图 3-8 是显式有限差分法计算流程。计算过程首先调用运动方程，由初始应力和边界力计算出新的速度和位移。然后，由速度计算出应变率，进而获得新的应力或力。每个循环为一个时步，图 3-8 中的每个图框是通过那些固定的已知值，对所有单元和节点变量进行计算更新。例如，从已计算出的一组速度，计算出每个单元的新的应力。该组速度被假设为“冻结”在框图中，即新计算出的应力不影响这些速度。这样做似乎不尽合理，因为如果应力发生某些变化，将对相邻单元产生影响并使它们的速度发生改变。然而，如果选取的时步非常小，乃至在此时步间隔内实际信息不能从一个单元传递到另一个单元(事实上，所有材料都有传播信息的某种最大速度)，因为每个循环只

占一个时步，对“冻结”速度的假设得到验证——相邻单元在计算过程中的确互不影响。当然，经过几个循环后，扰动可能传播到若干单元，正如现实中产生的传播一样。

显式算法的核心概念是计算“波速”总是超前于实际波速。所以，在计算过程中的方程总是处在已知值为固定的状态。这样，尽管本构关系具有高度非线性，但显式有限差分数值法从单元应变计算应力过程中无需迭代过程，这比通常用于有限元程序中的隐式算法有着明显的优越性，因为隐式有限元在一个解算步中，单元的变量信息彼此沟通，在获得相对平衡状态前，需要若干次迭代循环。显式算法的缺点是时步很小，这就意味着要有大量的时步。因此，对于病态系统——高度非线性、大变形、物理不稳定等问题，显式算法是最好的。而在模拟线性、小变形问题时，效率不高。

由于显式有限差分法无需形成总体刚度矩阵，因此可在每个时步通过更新节点坐标的方式，将位移增量加到节点坐标上，以材料网格的移动和变形模拟大变形。这种处理方式称之为拉格朗日算法，即在每步过程中，本构方程仍是小变形理论模式，但在经过许多步计算后，网格移动和变形结果等价于大变形模式。

用运动方程求解静力问题，还必须采用机械衰减方法来获得非惯性静态解或准静态解，通常采用动力松弛法，在概念上等价于在每个节点上联结一个固定的“黏性活塞”，施加的衰减力大小与节点速度成正比。

如前所述，显式解法程序并不是无条件地处于稳定状态，为此要求：当前的计算速度必须大于信息传播的最大速度；选择的时步必须比某一临界时步小。

离散为单元尺寸是 $\Delta x$ 的弹性固体的稳定条件是

$$\Delta t = \frac{\Delta x}{C} \tag{3-78}$$

式中，$C$ 为信息传播的最大速度，可以近似地认为是 $p$ 波的波速 $C_p$，表达式为

$$C_p = \sqrt{\frac{K + 4G/3}{\rho}} \tag{3-79}$$

式中：$K$ 为体积模量；$G$ 为剪切模量。

对单一的质量——弹簧单元体而言，它的稳定条件是

$$\Delta t < 2\sqrt{\frac{m}{k}} \tag{3-80}$$

式中：$m$ 为质量；$k$ 为弹簧刚度。

对于一个由固体材料和任意弹簧组成的交错的质量——弹簧综合系统而言，临界时步与系统的最小固有周期 $T_{\min}$ 有关

$$\Delta t < \frac{T_{\min}}{\pi} \tag{3-81}$$

## 3.4　国外大型通用数值分析软件介绍

本节介绍几个国外通用的数值计算分析软件，以便对国外大型商业数值计算分析

软件有一个基本的了解。

## 3.4.1 国外大型通用数值分析软件的特点

(1)功能强大。一般都可进行多种物理场分析，如结构分析、温度场分析、电磁场分析、流场分析、多场耦合分析等。

(2)具有丰富的材料库。可以处理多种材料，如金属、土壤、岩石、塑料、橡胶、木材、陶瓷、混凝土、复合材料等。

(3)具有多种自动网格划分技术，自动进行单元形态、求解精度的检查及修正。

(4)具有强大的后处理及图像显示功能。

(5)具有与多种 CAD 系统直接连接的接口。

(6)具有良好的用户开发环境。

(7)具有良好的培训和维护能力。

(8)技术成熟，已推向市场多年，版本不断更新。

## 3.4.2 国外几个著名的通用数值分析软件介绍

### 3.4.2.1 ADINA 软件

ADINA 软件是美国 ADINA R&D 公司研究开发的完全商品化的工程有限元分析软件，可进行线性、非线性、静力、动力、屈曲、热传导、压缩等固体力学分析、不可压缩流体动力学分析及流–固耦合分析。ADINA 软件为固体、桁架、梁、管道、金属板、壳体和缝隙提供了多样化和通用的有限单元，可供选择的材料本构模型有金属、土壤与岩石、塑料、橡胶、织物、木材、陶瓷和混凝土等，并为建模和后处理的所有任务提供了一个完全交互式的图形用户界面[14,15]。

### 3.4.2.2 ANSYS 软件

ANSYS(Analysis System)软件是美国 ANSYS 公司的产品，该软件是融结构、流体、电磁场、声场和耦合场分析于一体的大型通用有限元分析软件，已在土木工程、石油化工、航空航天、机械制造、电子、地矿、生物医学等众多领域中使用。

该软件主要包括三个部分：前处理模块、分析计算模块和后处理模块。前、后处理模块提供了强大的实体建模、网格划分及计算结果的显示或输出功能。分析计算模块包括结构分析（可进行线性分析、非线性分析和高度非线性分析）、流体动力学分析、电磁场分析、声场分析、压电分析以及多物理场的耦合分析，可模拟多种物理介质的相互作用，具有灵敏度分析及优化分析能力。软件提供了 100 种以上的单元类型，用来模拟工程中的各种结构和材料。ANSYS 还提供了参数化设计语言 APDL(ANSYS Parametric Design Language)，使用户较容易地控制计算流程、获得内部计算数据及数据的输入输出等[16]。

### 3.4.2.3 MSC.MARC 软件

MARC 软件原为美国 MARC 公司的产品，该公司创建于 1967 年，它的创始人是美国著名的布朗大学教授，有限元分析的先驱者 Pedro Marcel。1999 年 6 月，美国 MSC 公司收购了 MARC 公司，相应地将该软件更名为 MSC.MARC 软件。

该软件提供了丰富的结构单元、连续单元和特殊单元的单元库，几乎每种单元都具有处理大变形几何非线性、材料非线性和包括接触在内的边界条件非线性以及组合的高度非线性的超强能力。MARC 的结构分析材料库提供了模拟金属、非金属、聚合物、岩土、复合材料等多种线性和非线性复杂材料行为的材料模型。采用具有高数值稳定性、高精度和快速收敛的高度非线性问题求解技术，可以进行各种线性和非线性结构分析。对温度场、流场、电场以及磁场，也提供了相应的分析求解能力，并具有模拟多种耦合场的分析能力。

为了满足高级用户的特殊需要和进行二次开发，MSC.MARC 提供了方便的开放式用户环境，在 MSC.MARC 软件的原有功能的框架下，用户能够极大地扩展 MARC 有限元软件的分析能力[17]。

#### 3.4.2.4　ALGOR 软件

ALGOR 软件是美国 ALGOR 公司针对微机平台而开发的有限元分析软件，它的早期版本是在 SAP5 源程序的基础上，添加了 ViziCAD 图像处理软件开发而成的。ALGOR 基本的分析功能包括结构、流体、热、电磁分析以及目前主流有限元分析软件中最为便捷的多物理场耦合分析：流–固耦合分析和热–结构耦合分析。由于 ALGOR 软件是从 SAP 软件基础上开发出来的，其很好地继承了 SAP 的元件化思想，对于同一个模型，不需要重新修改几何模型和网格划分，便可以很方便地在不同分析类型之间切换。

ALGOR 软件的六面体网格自动剖分功能在当前的有限元分析软件中独树一帜，能够对复杂的三维实体快速生成高质量的六面体网格。可以输入输出通用格式的 CAD 数据，可以输入输出 NASTRAN、ANSYS、ABAQUS 等软件的数据文件，使得 ALGOR 软件成为建模方式最为灵活、计算结果能够得到最广泛验证的软件。

#### 3.4.2.5　MSC.NASTRAN 软件

作为世界 CAE 工业标准及最流行的大型通用结构有限元分析软件，MSC.NASTRAN 的分析功能覆盖了绝大多数工程应用领域，已成功应用于我国的宇航、汽车、电子、运输、机械等工业部门。MSC.NASTRAN 的主要功能模块有：基本分析模块(含静力、模态、屈曲、热应力、流固耦合及数据库管理等)，动力学分析模块，热传导模块，非线性分析模块，设计灵敏度分析及优化模块，超单元分析模块，气动弹性分析模块，DMAP 用户开发工具模块及高级对称分析模块。可进行静力分析、屈曲分析、动力分析、非线性分析、热传导分析、空气动力弹性及颤振分析、气–固耦合分析、设计敏感度及优化分析、复合材料分析等[18]。

针对实际工程应用，MSC.NASTRAN 提供了 70 余种单元，并采用 MSC 自行开发的“单元派生技术”，通过变换单元缺省参数获得新的单元，所有这些单元可满足 MSC.NASTRAN 各种分析功能的需要，且保证求解的高精度和高可靠性。

#### 3.4.2.6　ABAQUS 软件

ABAQUS 是一套功能强大的工程分析有限元软件，可以模拟典型工程材料的性能，其中包括金属、橡胶、高分子材料、复合材料、钢筋混凝土、可压缩超弹性泡沫材料以及土壤和岩石等地质材料。作为通用的分析工具，ABAQUS 除了能解决大量结构(应力/位移)问题，还可以分析其他工程领域的许多问题，例如热传导、质量扩散、热－电耦合分析、声学分析、岩土力学分析(流体渗透/应力耦合分析)及压电介质分析[19]。

### 3.4.2.7 FLAC$^{3D}$软件

FLAC$^{3D}$(Fast Lagrangian Analysis of Continua in 3Dimensions)是由美国 Itasca Consulting Group Inc 开发的三维显式有限差分法程序，它可以模拟岩土或其他材料的三维力学行为。FLAC$^{3D}$ 是一种显式有限差分程序，它的基本原理同于离散元，但它却能像有限元法那样适用于多种材料模式与边界条件的非规则区域的连续问题求解。FLAC$^{3D}$ 有如下特点：①采用混合离散化方法模拟塑性破裂与塑性流动，比采用有限元法更合理；②采用动态运动方程求解，使 FLAC$^{3D}$ 在处理不稳定问题时不会遇到数值困难；③采用显式解法，不需要存储刚度矩阵，与普通隐式解法相比，大大节约了内存空间和计算时间；④FLAC$^{3D}$ 运动总方程的显式时间逼近解法对于岩土体的渐进破坏与失稳，以及大变形分析较为适用。因此，其可以准确地模拟材料的屈服、流体的流动、软化直至大变形，尤其在材料的弹塑性分析、大变形分析以及流－固耦合分析等领域有其独到的优点[20]。

在岩土工程中，涉及到很多岩体与结构的相互作用，由于结构材料形式各异、性质各不相同，所以岩体与结构的相互作用一直都是岩体数值模拟中的一大难题。FLAC$^{3D}$ 提供了丰富而功能强大的结构单元模型，如梁单元、锚索单元、桩单元、壳单元、土工格栅单元、衬砌单元等，这些结构单元功能成为 FLAC$^{3D}$ 软件的一大亮点。FLAC$^{3D}$带有专门的程序设计语言 FISH，用它可以构造新的模型、实现新的功能[21]。

## 参 考 文 献


[1] 朱伯芳.有限单元法原理及应用[M]. 2 版. 北京：中国水利水电出版社，1998.

[2] 王勖成. 有限单元法[M]. 北京：清华大学出版社，2003.

[3] 徐芝纶. 弹性力学简明教程[M]. 北京：高等教育出版社，1981.

[4] Crouch S L, Sterfield A M. Boundary element methods in solid mechanics[M]. George Allen and Ulnwin, 1983.

[5] Stewart I J. A static relaxation method for the analysis of excavations in discontinuous rock[A]. Design and Performance of Underground Excavations[C], Commbrige, 1984：149-154.

[6] 焦玉勇，葛修润，等. 三维离散单元法及其在滑坡分析中的应用[J]. 岩土工程学报，2000，22(1)：101-104.

[7] 张强勇，李术才，焦玉勇，岩体数值分析方法与地质力学模型试验原理及工程应用[M].北京：中国水利水电出版社，2005.

[8] Shi G H, Goodman R E, Tinucci J. Application of block theory to simulated joint trace maps[M]. Fundamentals of Rock Joints. Stephansson O.(ed), Lulea: Centak Publishers. 1985, 367-383.

[9] Shi G H. Discontinuous deformation analysis-A new numerical model for the statics and dynamics of block systems[D]. Ph. D thesis, Dept. of Civil Engng. University of California. Berkeley, 1988.

[10] 石根华.数值流行方法与非连续变形分析[M]. 裴觉民，译. 北京：清华大学出版社，1997.
[11] 陆培炎，史永胜. 岩土力学数值分析与解析方法[M]. 广州：广东科学技术出版社，1998.
[12] 康清梁，钢筋混凝土有限元分析[M]. 北京：中国水利水电出版社，1996.
[13] 蔡美峰，何满潮，刘东燕. 岩石力学与工程[M]. 北京：科学出版社，2002.
[14] BATHE K J. ADINA/ADINAT 使用手册[M]. 赵兴华，译. 北京：机械工业出版社，1986.
[15] 岳戈，陈权，等. ADINA 应用基础与实例详解[M]. 北京：人民交通出版社，2008.
[16] 王国强. 实用工程数值模拟技术及其在 ANSYS 上的实践[M]. 西安：西北工业大学出版社. 1999.
[17] 陈火红，尹伟奇，薛小香. MSC.MARC 二次开发指南[M]. 北京：科学出版社，2004.
[18] 张永昌.MSC.NASTRAN 有限元分析理论基础与应用[M]. 北京：科学出版社，2004.
[19] Hibbitt，Karlsson，Sorensen，Inc. ABAQUS Theory Manual[M]. Pawtucket：Hibbitt，Karlsson &Sorensen，Inc，2006.
[20] 刘波，韩彦辉. FLAC$^{3D}$ 原理、实例与应用指南[M]. 北京：人民交通出版社，2005.
[21] Itasca Consulting Group Inc.FLAC$^{3D}$ (Version2.1) users manual [R]. USA：Itasca Consulting Group Inc., 1997.

# 第 4 章　隧洞支护结构设计模型及原理

地下结构物的计算理论，是随着地面结构物计算理论的发展而发展的。实际上在一定时期里，地下结构物仅作为一种特殊的地面结构物来分析。随着人们对地层与结构物间作用关系认识的逐步深入，才形成了以地层和结构相互作用为特点的地下结构计算理论，其发展大致可分为七个阶段：刚性结构阶段，弹性结构阶段，假定抗力阶段，弹性地基梁阶段，连续介质阶段，数值方法阶段，极限和优化阶段[1]。

隧洞支护及衬砌结构是最常见的一种地下结构物，由于其设计方案不但影响隧洞施工安全及长期使用功能，还影响隧洞工程总体的投资，故长期以来支护及衬砌结构设计理论就为各国科研人员所关注和研究。目前，隧洞支护结构设计的进展主要体现在：设计理念由过去将围岩当做荷载、靠支护体系被动承载的传统设计思想发展到强调及时稳定和加固围岩、围岩是隧洞的主要承载结构的现代设计思想；岩土压力理论从过去只考虑主动岩土压力而忽视被动抗力对结构的有利作用，到今天将地层与结构统一为受力整体，进而采用连续介质理论计算支护内力；支护结构从过去的刚性结构方案，到今天采用锚喷、减薄衬砌厚度的柔性方案；计算方法由过去的解析方法发展到借助于计算机和监测技术的数值分析法和反馈设计法；随着岩石力学的发展，支护结构设计模型也日益丰富，除对早期的经验类比模型、荷载结构模型的进一步完善，还提出了地层结构模型、收敛限制模型等。本章介绍了目前支护结构设计中常用的设计模型及原理。

## 4.1　隧洞支护结构设计模型

### 4.1.1　支护结构设计模型

由于支护的重要作用以及对隧洞建造成本的重大影响，各国都对支护结构的设计理论进行了大量研究。国际隧道协会(ITA)通过对各国地下结构设计模型的汇总，将隧洞结构设计模型分为 4 种[2]：

(1)连续体或不连续体模型。地层可模拟为均质或异质的、各向同性的或各向异性的、二维的或三维的弹塑性介质。衬砌既可模拟为具有抗弯刚度的梁单元，也可模拟为连续体。计算采用解析解(弹性、塑性、黏弹性等)和数值解。

(2)基础梁模型(又称为作用－反作用模型)。作用的地层压力由给出的荷载表示，而地层抵抗变形的被动反作用则用 Winkler 地基模型模拟。

(3)收敛－约束模型。通过确定隧洞径向向内位移与支护反力的相互作用特性曲线，以及表示衬砌结构受力变形的支护限制线，取两者的交点作为支护抗力值并依此设计衬砌结构。

(4)经验方法(工程类比法)。该方法是把已建隧洞工程中取得的成功经验转用到相似的新隧洞工程上，如隧洞的初步支护很多是由经验来选择的。

我国工程技术人员根据我国地下结构设计的特点，将隧洞设计模型也分为 4 种[1, 3]：①经验类比模型；②荷载结构模型；③地层结构模型；④收敛限制模型。其中荷载结构模型认为地层对结构的作用只是产生作用在地下结构上的荷载(包括主动的地层压力和被动的地层抗力)，依此计算衬砌在荷载作用下产生的内力和变形。地层结构法认为支护与地层一起构成受力变形的整体，并可按连续介质力学原理来计算衬砌及周边地层的内力和变形。因此，上述两种分类从本质上讲是相同的。

### 4.1.2　支护结构设计的基本问题

就支护结构设计而言，要想获得满意的设计效果，必须合理地解决以下问题：

(1)确定作用在支护结构上的荷载大小及组成。

作用于支护上的荷载有水荷载、围岩压力、自重、施工荷载等，必须明确应考虑哪些荷载组合及相应荷载参数。对于深埋隧洞，围岩压力及水压力对支护稳定影响最大。围岩压力的大小和分布是一个非常复杂的问题，必须明确采用何种方法或理论来估算围岩压力。外水压力的大小取决于隧洞围岩的水文地质条件以及衬砌本身的透水性，这增加了确定该值的难度。

(2)确定支护结构的力学模型。

支护结构的力学模型包括支护本体模型、结构与地层作用模型。对于支护本体模型，支护本体可用壳、刚架、梁等表示，目前使用最多的是梁模型。而在采用有限元法计算支护本体的内力时，则存在采用何种单元模型来使计算结果更精确而计算量又不剧增的问题。

隧洞埋于地下，因此需明确支护结构与地层之间如何作用。在假定抗力法模型中，通过假设地层对结构的抗力符合某种分布形式来简化计算过程，但主观成分居多。局部共同作用弹性地基梁模型则采用 Winkler 假定确定地层抗力，但计算中一般将抗力系数作为常量，仍存在如何解决圆周方向抗力系数不同及非线性等问题。连续体模型根据材料本构关系及变形协调自动计入了地层抗力作用，但接触面上力的作用方式(如是否有剪应力、数值计算时如何设置接触面单元等)还需明确。

管片衬砌结构是由预制管片拼装而成的，衬砌内存在众多接缝，管片间力的传递与管片拼装方式、连接方式、止水材料性能等因素有关。目前，设计中多将管片接缝视为铰，由于影响接缝传力性能的因素很多，因而铰刚度的确定非常困难，设计中常需通过大型试验并结合经验类比来确定，这种局限性和经验性势必影响计算结果的准确性。因此，对于管片衬砌结构，还存在着明确管片间力如何传递及构造简便、合理的管片接缝模型等问题。

## 4.2　设计模型原理

### 4.2.1　荷载结构模型

该模型认为围岩对支护结构的作用只是产生作用在结构上的荷载(包括主动的围岩

压力和被动的弹性抗力)，仿效地面结构的计算模式，用一般结构力学的方法计算支护结构在荷载作用下产生的内力和变形。荷载结构模型中最关键的问题是荷载(包括主动的荷载和被动的荷载)如何处理，就对其处理的模式大致可分为三种：①主动荷载模式(见图 4-1(a))；②主动荷载+被动荷载模式(见图 4-1(b))；③实际荷载模式(见图 4-1(c))。

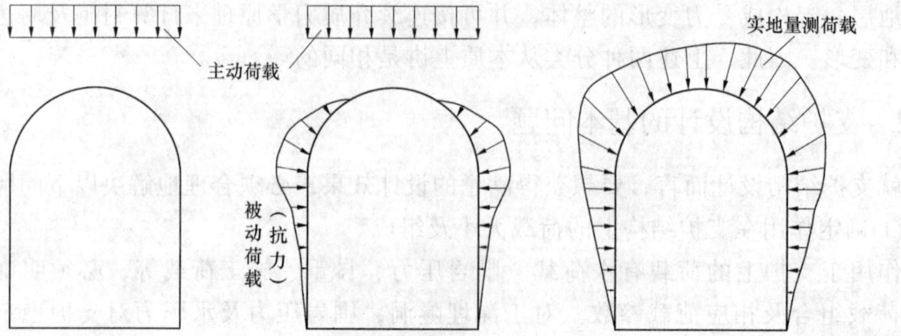


(a)主动荷载　(b)主动荷载+被动荷载　(c)实际荷载(围岩形变荷载)

**图 4-1　荷载模式**

第一种模式是在早期地下洞室支护及衬砌设计中采用的模式，完全借鉴了地面结构物设计理论，仅考虑作用于衬砌上的主动荷载，忽视了衬砌结构与周围岩体相互作用而产生的被动荷载，故与衬砌结构实际的受力状态不相符。

第二种模式是目前设计中最常采用的，其考虑了结构和围岩之间的相互作用，即围岩对衬砌的约束作用——围岩抗力，局部地体现了隧洞支护作为地下结构的受力特点。因此，它是第一种模式的进一步发展。为了保证围岩约束抗力的存在，就必须保证结构与围岩之间的紧密接触。

第三种模式是当前正在发展着的，其考虑围岩的变形压力。荷载通过实地量测或计算获得。实地量测荷载基本反映了结构与围岩全面的相互作用特征。因此，荷载结构模型同样也可以反映围岩与支护体系的相互作用。采用第三种模式时，在计算中有两种情况：

(1)结构与围岩牢固接触的情况。在接触面上不仅有径向荷载，还有切向荷载存在(见图 4-2)，切向荷载的存在可以减小荷载分布的不均匀程度，从而大大减小结构中的弯矩。例如，喷混凝土支护就属于这种情况。

(2)结构与围岩松散接触的情况。在接触面上只能传递径向荷载(见图 4-1(c))，一般具有回填层的现浇混凝土衬砌或管片衬砌都符合这种情况。

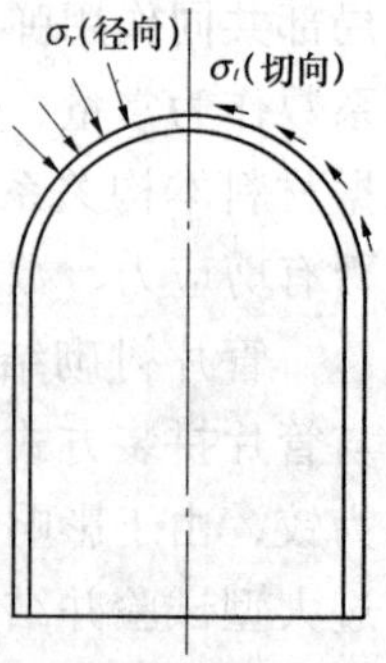


**图 4-2　变形压力的特征**

传统的结构力学计算方法是将衬砌视为弹性地基上的梁板结构，作用在衬砌上的荷载是破坏拱以下的岩体重量和内外水压力。对圆形断面，顶拱的法向位移为离开围岩方向，故假定顶拱两侧各 45°范围内无抗力，在其余 270°范围内假设抗力按某种规律分布。对其他形状的断面，顶拱的抗力形状也采用类似的假设。这种计算方法因假定抗力图形，即使衬砌离开围岩也计入了负的抗力，因而必将引入可观的计算误差。

随着计算机和计算理论的发展，为了克服传统结构力学方法的上述缺点，将衬砌结构计算转化为求解非线性常微分方程组的边值问题(即边值法)，用初参数求解。对衬砌上的弹性抗力不作任何假定，而由计算机进行迭代计算自动求出抗力分布。

在荷载结构模型中，衬砌结构可采用梁、板或壳单元进行模拟。在分析管片衬砌结构时，计算模型应考虑环块间接缝(接头)对其力学性能的影响，目前多采用铰模型模拟管片间接缝传力效应[4-8]。表 4-1 列出了用于管片衬砌结构计算分析的主要荷载结构模型特性。

**表 4-1　管片衬砌结构计算分析的主要荷载结构模型特性**

| 模型名称 | 接头及抗力基本假定 | 模型特点及适用性 |
|---|---|---|
| 自由变形弹性均质圆环 | 接头和管片为等刚度的均质圆环；<br>忽略地层的被动抗力 | 模型对结构作了较大简化，与实际情况偏离较远，仅当衬砌环的刚度较大且周围岩土能够提供的弹性抗力很小时，采用该模型计算结果才与实际情况偏差较小，故一般只有在饱和黏土中修建分块数少(如四至六块)的中小直径隧洞且在正常使用阶段才适合 |
| 假定抗力的均质圆环 | 接头和管片为等刚度的均质圆环；<br>考虑地层的被动抗力，被动抗力按假定分布作用 | 模型不能反映管片衬砌接头对管片内力的影响，尽管考虑了地层的被动抗力，但因假定抗力分布形式，即使衬砌离开围岩也计入了负的抗力，必将引入可观的计算误差。工程中一般采用这种计算模型计算衬砌正常使用阶段的结构受力 |
| 多铰圆环 | 接头转动刚度为零，铰接；<br>考虑被动抗力，被动抗力按假定分布作用 | 模型能反映管片衬砌接头对管片内力的影响，但假定管片间为完全铰结与实际情况不符。此外，假定抗力分布形式也将使结果引入可观的计算误差。由于多铰圆环为非静定结构，仅当岩体稳定、具有较大的抗剪能力，并能够提供足够的地层抗力时多铰圆环可以成为静定结构。这种模型在淤泥质软土中一般不太适用 |
| 弹性铰圆环 | 用弹簧模拟块间、环间接头部分；<br>考虑被动抗力，被动抗力按假定分布作用 | 模型对于接头的假定介于均质圆环与多铰圆环之间，认为结构既不是刚接，也不是完全铰接，从而更加接近实际中的接头性能。但接头弹簧刚度的取值困难，且假定抗力分布形式将使结果引入可观的计算误差。适用于分析易产生较大变形的通缝拼装管片衬砌结构 |
| 弹性地基梁圆环 | 接头和管片为等刚度的均质圆环或用接头效应系数折减；<br>用弹簧力模拟被动抗力 | 模型中将管片模拟为梁构架，可反映管片衬砌接头对管片内力的影响，能够较准确地模拟衬砌与围岩的相互作用。但接头效应折减系数的取值受人为因素影响较大，将影响计算结果的准确性。可用于分析通缝及错缝拼装管片衬砌结构 |
| 梁－弹簧模型和梁－接头不连续模型 | 将环间、块间连接视为弹簧连接；<br>用弹簧力模拟被动抗力 | 模型中将管片模拟为梁构架(直架或曲梁)，可较真实地反映接头对管片内力的影响，能够较准确地模拟衬砌与围岩的相互作用。梁－弹簧模型较难模拟接头的张开位移。梁－接头不连续模型能够模拟螺栓的连接作用及接缝处变形的不连续性。但接头弹簧刚度的取值困难。两模型均可用于分析通缝及错缝拼装管片衬砌结构 |
| 平板壳－弹性铰－地基系统模型和壳－弹簧设计模型 | 将环间、块间连接视为弹簧连接；<br>用弹簧力模拟被动抗力 | 模型中将管片模拟为平板壳或壳，为三维计算模型，可以较为真实地反映管片衬砌的实际受力状况，可较好地评估错缝拼装效应。但接头弹簧刚度的取值困难，且较难模拟接头的张开位移。可用于分析通缝及错缝拼装管片衬砌结构 |
| 平板壳－接缝元－地基系统模型 | 用反映接缝材料力学及几何特性的接缝元模拟环间、块间接头；<br>用弹簧力模拟被动抗力 | 模型中将管片模拟为平板壳，接头用接缝元进行模拟，为三维计算模型。采用分层组合模式计算单元刚度，可反映衬砌中钢筋分布对衬砌刚度的影响，还可反映衬垫、止水、混凝土、螺栓等材料变化对接缝传力性态的影响，因而模型可以较为真实地反映管片衬砌的实际受力状况，较好地评估错缝拼装效应以及接缝的张开位移。可用于分析通缝及错缝拼装管片衬砌结构 |

荷载结构模型是目前设计中使用最多的一种模型，采用这种计算模型，计算方法简单，工作量小，具有明确的受力概念及清楚的安全系数评价方法。但该模型方法本身还存在着以下不足：

(1)该计算方法仅能求得衬砌应力，而不能求出围岩的应力，无法对围岩稳定进行分析，难以从理论上研究围岩的加固措施。

(2)该计算方法通常沿用传统支护结构原理，即认为结构上方的岩层最终要塌落，作用在支护结构上的荷载就是上方塌落岩体的重量。这种思路不是积极地去防止围岩坍塌，而是消极地构筑衬砌来承受预定的坍塌荷载，因此常使衬砌断面过大。而一般情况下，岩层由于支护的限制并不会塌落，作用于支护上的荷载是由于围岩向支护方向产生变形而受到支护支撑产生的。这种情况下作用在支护结构上的荷载是未知的，应用荷载结构模型就存在一定困难。从这一点上讲，荷载结构模型更适用于围岩出现松动压力的情况。

(3)把支护结构视为一个在荷载作用下的位于弹性地基上的结构，是现行计算方法的基本出发点，因此弹性抗力系数对支护结构的受力影响明显。但弹性抗力系数受多种因素的影响，难以准确确定，这表现在：在初始荷载作用下，围岩发生弹塑性变形，弹性抗力系数不完全是围岩的特征值，它受到承载面大小和形状以及荷载大小的影响；隧洞周边不同位置围岩的松弛程度是不同的，受此影响，弹性抗力系数在底部附近最大，在顶拱部最小；弹性抗力系数还直接受到施工方法的影响，对围岩扰动程度越小，弹性抗力系数值越高。

### 4.2.2　地层结构模型

地层结构模型把地下结构与地层作为一个受力变形的整体，按照连续或非连续介质力学原理来计算地下结构以及周围地层的变形。不仅计算出衬砌结构的内力和变形，而且计算出周围地层的应力。充分体现了周围地层与地下结构的相互作用，但是由于周围地层以及地层与结构相互作用模拟的复杂性，地层结构法目前尚处于发展阶段。它包括如下内容：地层合理化模拟、结构模拟、施工过程模拟，以及施工过程中地层与结构相互作用的模拟等。

该模型的计算方法通常有解析法和数值法两类。解析法是利用围岩与支护之间的力或位移协调条件，由平衡方程、几何方程、物理方程等得出简单洞形条件下围岩与支护结构的弹性、弹塑性及黏弹性解。数值法是将带有边值条件的常微分方程离散为线性代数方程组，采用适当的求解方法解方程组，获得基本未知量，进而根据几何方程和物理方程，求出研究范围内的其他未知量。

岩体具有非连续、非均质、非线性以及随时间而变化的性质，支护材料同样存在非均质、非线性等特性，这使得许多实际工程问题无法用解析方法简单地求解。但是解析法计算结果可以提供一些规律性结论，这是非常重要和有益的。相比之下，数值法具有较广泛的适应性。它不仅能模拟岩体的复杂力学与结构特性，而且能方便地分析各种边值问题和施工过程，并对工程进行预测和预报。因此，数值分析方法是解决地下工程问题的有效工具之一。目前较为常用的方法有有限元法、有限差分法、边界元法、离散元法、不连续变形方法、数值流行方法等。各种方法的原理见本书第 3 章的相关内容。

### 4.2.3　收敛限制模型

该模型方法是伴随着锚喷等柔性支护的应用和新奥法的发展，将弹塑性理论和岩石力学应用到地下工程中，进一步解释围岩和支护相互动态作用过程的一种理论和方法[9]。收敛限制模型原理可用图 4-3 中的几条曲线来说明。图中横坐标是洞室内壁(也是支护外缘)的径向位移 $u_r$；图中上半部的纵坐标是洞室内壁在围岩原始应力作用下施加于支护上的径向压应力 $\sigma_r$，或支护施加于洞壁的反力 $P_i$；图中下半部的纵坐标为时间 $t$。

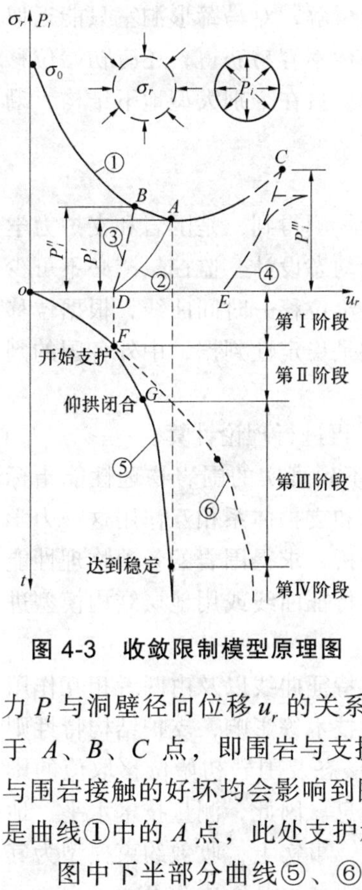


**图 4-3　收敛限制模型原理图**

图中曲线①代表洞室内壁径向位移 $u_r$ 与内壁径向压力 $\sigma_r$ 的关系曲线，即围岩特征曲线。此曲线由三段不同曲率的线形组成。起点 $\sigma_0$ 表示洞室开挖前的原始应力状态。洞室开挖后，先经过一段直线段，为弹性变形阶段；释放的应力增长到一定阶段，周边会出现塑性变形，径向位移增长加快，呈曲线形态；由于塑性区域不断扩大，在塑性区范围内出现松弛压力，叠加结果使曲线向上翘曲。这是松软地层典型状态下拱部的围岩特征曲线，如果围岩的强度高，不产生塑性变形，或塑性区范围很小，不发生松弛应力，则不会出现曲线和翘曲。曲线②～④是不同支护时间、不同支护刚度时，支护反力 $P_i$ 与洞壁径向位移 $u_r$ 的关系曲线，即支护特征曲线。曲线①分别与曲线②～④相交于 A、B、C 点，即围岩与支护的平衡点。可见，支护安设时间、支护本身的刚度及其与围岩接触的好坏均会影响到围岩的稳定性和支护所受地压力的大小。最理想的平衡点是曲线①中的 A 点，此处支护承受的地压力最小，又能保持围岩的稳定。

图中下半部分曲线⑤、⑥则是位移时态曲线。图中曲线⑤是洞壁位移 $u_r$ 随时间变化的曲线，这条曲线可以通过监控量测得到，所以更为直观。这条曲线反映四个阶段的位移状态：第Ⅰ阶段是围岩无约束自由变形阶段，变形速度由于没有阻抗而比较快；第Ⅱ阶段从初期支护开始起作用至支护底部仰拱形成，洞壁位移由于有支护阻力而减缓；第Ⅲ阶段从支护形成封闭结构开始，支护阻力增加使位移速度大大降低，线形趋于平缓；最后位移趋于稳定，不再增长，进入第Ⅳ阶段。通常围岩位移量测都在初期支护内表面若干点之间量测其相对距离的改变，因而第一次量测之前的位移值常常得不到。这是必然会有、又容易被忽视的围岩位移，应想法弥补。如果支护安设时间过晚，则位移—时间曲线因受不到支护阻力将以较快速度增长，如曲线⑥。当位移超过 A 点的位移值后，由于洞壁松动范围的增加，很有可能坍塌，即便不立即坍塌也可能因洞壁压力加大而使支护破坏。位移—时间曲线⑤、⑥可供施工人员判别围岩和支护变形是否趋于稳定，是一种非常重要的信息，它可以实际量测得到，因而收敛限制法被国际隧协归纳为以测试为依据的实用法。

收敛限制模型原理主要通过三个途径应用于隧洞设计与施工实践[10]。

(1)计算特征曲线交汇点判别隧洞稳定性。

找到围岩特征曲线与支护特征曲线的交汇点，得出支护与围岩保持平衡时的位移和支护抗力，将其与允许位移和支护的极限承载力相比较，即可得知该支护体系的安全状况。用弹塑性理论求围岩特征曲线只有圆形洞室才有解析解，对马蹄形洞室只能近似地转换成圆形。另外，围岩的原始应力状态和物理性能指标不容易获得，还有初始位移值不易确定等，使得这种方法在一般衬砌设计中难以应用。只在个别大型地下结构，勘测资料齐全时才好应用。

(2)利用监控量测位移数据判别隧洞稳定性。

洞室位移的时态曲线(见图 4-3 的下半部)可以由实际量测得到，是围岩和支护力学行为信息的直接反映，可将此信息反馈到设计施工中进行动态设计。监控量测必不可少的项目是隧洞周边位移和拱顶下沉的量测，由量测结果绘出位移—时间曲线，根据位移值和位移速率判别围岩和支护体系的稳定状况。关键问题是稳定性判据，中外各国的判别方法各有不同，有允许相对位移法、位移速率限制法等。

(3)利用测得的位移反分析围岩物理性能指标和荷载，再进行理论计算。

用特征曲线或用其他模型进行衬砌计算时都苦于得不到真实的围岩物理性能指标和支护所受的荷载，而实测得到的支护位移状况则是围岩和支护体系相互作用这一力学行为的真实体现。故可利用监控量测得到的信息进行反分析，求得围岩的各项物理性能指标和作用在支护上的荷载，再利用这些指标和荷载绘制特征曲线或用地层结构模型进行支护系统受力和变形分析。

在收敛限制模型中，关键是合理地确定围岩及支护的特征曲线以及由两者相互作用所决定的最佳平衡条件。围岩特征曲线受围岩性状、施工技术等影响，支护结构特性则受材料、构造等影响，最佳平衡条件则受两者特征曲线形态及围岩初始位移取值的影响，为此需要通过测量并结合地层结构模型等获取相关信息。因此，测量技术水平、地层结构模型的合理性等将决定着该方法计算结果的准确性。事实上，收敛约束模型为其他三种模型的整合搭建了一个技术平台，使它们各适其位、各得其所成为可能。

### 4.2.4 经验类比模型

这里所指的经验类比模型即常说的工程类比法，主要是在工程勘察划分围岩级别的基础上，依据工程断面尺寸，结合已建类似工程经验及相关规范，来确定支护方式的方法。工程类比设计方法通常分直接对比法和间接类比法两种。直接对比法一般根据围岩地质条件、洞室埋深、工程的形状与尺寸及施工条件等，将设计工程和上述条件与该工程基本相同的已建工程进行对比，由此确定支护类型及参数。间接类比法一般是根据现行规范，按照围岩分类结果确定各种参数。

采用类比设计方法，应充分研究其设计的类似性及妥当性。类比设计的类似性，一般应按表 4-2 所列项目进行研究。而类比设计的妥当性，可按表 4-3 所列项目进行研究[11]。

工程类比法的设计原则是：①以已建工程的经验和实践为依据，进行综合分析比较，要搞清所设计工程的基本条件，不能生搬硬套；②分清围岩破坏是属于整体稳定性问题还是局部稳定性问题；③最终确定的支护参数还要接受监控设计的指导，必要时应进行修正。

**表 4-2 类似性研究的项目**

| 项目 | | 注意点 |
|---|---|---|
| 围岩条件 | 围岩级别 | 特殊围岩 |
| | 地形、埋深 | 埋深、不稳定的偏压地形、其他特殊的围岩性质(冲积低地等不整合面、断层等) |
| | 地质、土质的构成和性质 | 地层名称、地质年代、成层构造、层组、层相、固结程度、渗透性、地下水位等 |
| 洞室功能及断面形状 | | 水工及交通洞的差异、洞室形状及尺寸 |
| 水压 | | 防水型、排水型 |
| 对周围影响的限制 | | 限制值 |
| 周边已建及在建工程 | | 种类、位置关系、规模等 |
| 抗震 | | 研究条件(震级、地震波形状等) |

**表 4-3 妥当性研究的项目**

| 项目 | 注意点 | 妥当性研究的量测值 |
|---|---|---|
| 开挖工法 | 分部尺寸、一次掘进长度 | 掌子面稳定性、地表面下沉、邻近结构物位移等 |
| 掌子面稳定对策 | 设计方法、施工方法、预测方法等 | |
| 地下水对策 | | |
| 周围影响对策 | | |
| 超前支护 | | |
| 初期支护 | 设计方法、施工方法等 | 地表面下沉、净空位移、拱顶下沉、喷混凝土应力、衬砌应力、使用开始后有无变异等 |
| 二次衬砌及仰拱 | | |

目前，工程类比法在我国甚至世界隧洞及地下工程的设计领域中仍占据重要地位，我国已成功修建的长达 14.295 km 的大瑶山隧道，以及秦岭特长隧道(长 18.46 km)，在结构设计中都毫不例外地以工程类比法为主。另外，主要根据经验总结而创立的新奥法在预设计阶段，支护参数大都采用工程类比的经验方法来确定，即便是依据监控量测资料来进行施工方法和支护参数的设计变更，经验方法仍起决定作用。工程类比设计方法的关键在于建立正确的围岩分类，以及既有工程资料的积累和整理。现行围岩分类本身带有很大的人为因素，仍是一个定性为主的分类，因而工程类比也只是依据局部有限的经验进行类比。

以围岩分类为技术基础的工程类比法，简便实用，但这种类比是定性的，不能定量显示当工程结构条件如隧洞截面形状及尺寸、围岩形状、埋深、支护类型及参数等改变时，围岩稳定性的变化。为此，国内学者提出了典型类比分析法，该方法是将典型工程的地质条件及相应的施工条件对围岩变形的影响，类比应用于同一围岩类别的隧洞围岩稳定性分析的方法[12]。典型工程指的是有充分的现场原位测试资料，其成功经验为同行所公认，在同一围岩类别中有良好代表性的隧洞工程。类比应用的途径是：以典型工程原位测试资料(洞周位移除外，留做检验基准)作输入数据；岩石力学数值分析程序反馈修正后，其洞周位移分析结果应与典型工程实测值尽可能地接近，修正后的程序可供同一围岩类别隧洞工程初步设计应用。由此可见，典型类比分析法建立在工程类比法、监控量测法、力学分析法基础之上，实质是一种经验性假设，其有效性是由大量的工程验证初步检验和确认的。典型类比分析法也存在一些不足的方面，如其用途限定在隧洞开挖与支护过程中的围岩稳定性概略分析预测，目前只适用于锚喷支护阶段末期(二次支护之前)，即从动态过程中凝固的一个相对稳定的特定时刻，典型类比分析法无法推测围岩达到稳定状态所需的时间。

由于地下结构的设计受到各种复杂因素的影响，而这些因素的影响规律还没有完全被人们所认识，故理论计算的结果常与工程实际有较大的不符。即使内力分析采用了比较严密的理论，其计算结果往往也需要用经验类比来加以判断和补充，因此经验类比模型在隧洞支护结构设计中仍占有重要的地位。

## 参考文献

[1] 刘建航，侯学渊. 盾构法隧道[M]. 北京：科学出版社，1991.

[2] Working Group No.2, International Tunnelling Association. Guidelines for the design of shield tunnel lining[J]. Tunnelling and Underground Space Technology， 2000， 15(3):303-331.

[3] 张厚美，吕国梁. 圆形隧道衬砌结构计算模型综述[J]. 世界隧道，2002 (2)：1-6

[4] 朱合华，崔茂玉，杨金松. 盾构衬砌管片的设计模型与荷载分布的研究[J]. 岩土工程学报，2000，22(2)：190-194.

[5] 朱合华，陶履彬. 盾构隧道衬砌结构受力分析的梁—弹簧系统模型[J]. 岩土力学，1998，19(2): 26-32.

[6] 胡志平，罗丽娟，蔡志勇. 盾构隧道管片衬砌的平板壳—弹性铰—地基系统模型[J]. 岩土力学，2005，26(9)：403-1408.

[7] 朱伟，黄正荣，梁精华. 盾构衬砌管片的壳—弹簧设计模型研究[J]. 岩土工程学报，2006，28(8)：940-947.

[8] 黄正荣. 基于壳—弹簧模型的盾构衬砌管片受力特性研究[D]. 南京：河海大学，2007.

[9] 张素敏，宋玉香，朱永全. 隧道围岩特征曲线数值模拟与分析[J]. 岩土力学，2004，25(3)：455-458.

[10] 张素敏，朱永全，景诗庭. 收敛约束原理在隧道位移稳定性判据中的应用[J]. 铁路标准设计，2004 (8)：38-40.

[11] 关宝树. 隧道工程设计要点集[M]. 北京：人民交通出版社，2003.

[12] 李世辉. 隧道支护设计新论—典型类比分析法的应用和理论[M]. 北京：科学出版社，1999.

# 第 5 章　隧洞衬砌设计中的荷载计算方法

作用于支护或衬砌结构上的荷载大小及组成是设计支护和衬砌结构时最为关心的问题，除自重荷载外，作用于衬砌上的荷载主要有围岩压力、水压力及隧洞施工过程中的荷载，对于水工隧洞，围岩压力及水压力通常是长期作用在衬砌上的荷载。目前确定围岩压力的方法主要有三种：一是实测，该方法切合实际，但受量测设备和技术水平的制约；二是理论计算，该方法至今尚不够完善；三是经验分析，该方法是在大量实际资料和一定理论分析的基础下，按围岩分类提出经验公式，作为确定围岩压力的依据。目前，我国多采用第三种方法计算围岩压力并辅以第一、二种方法进行验算。对于深埋隧洞，水压力往往成为影响衬砌结构设计的主要因素之一。在设计中既可以将围岩压力和外水压力分算，也可以考虑二者的耦合作用，进行水—岩合算。对于采用一般模筑方法构筑的衬砌及管片衬砌，衬砌与围岩常不能紧密结合在一起，从最不利工况及渗流连续性角度考虑，可以认为，围岩与衬砌间存在的结合界面是非连续的，宜采用水—岩分算的方法计算；而对于喷混凝土衬砌等，衬砌与隧洞围岩基本是密贴的，用水—岩合算的方法比较合理。

## 5.1　荷载形式及分类

作用于衬砌上的荷载，按其性质可分为主动荷载和被动荷载。

主动荷载是主动作用于结构并引起结构变形的荷载。按其作用状况又可分为主要荷载和附加荷载。主要荷载是指长期及经常作用于结构上的荷载，有围岩压力、回填土或砾石荷载、衬砌自重、预应力及稳定渗流情况下的地下水压力等；附加荷载是指非经常作用于结构上的荷载，有温度作用、施工荷载及地震力等。计算荷载时应根据上述两类荷载同时存在的可能性进行组合，并选择相应的安全系数验算衬砌结构强度。

被动荷载是因结构变形压缩围岩而引起的围岩被动抵抗力，即弹性抗力，它对结构变形起到约束作用，只产生在被围岩约束的那部分衬砌周边上，其分布规律和范围一般按工程类比法确定，精确值可以通过数值计算确定。

## 5.2　围岩压力

### 5.2.1　围岩压力分类

围岩压力是指洞室开挖后因围岩应力重分布引起的开挖空间周围岩体和支护或衬砌变形、破坏的作用力，它包括由地应力引起的围岩应力以及围岩变形受阻而作用在支护或衬砌结构上的总作用力，也称为地层压力。围岩压力是开挖地下洞室后围岩变形和应力重新分布的一种物理现象。根据围岩压力的成因和特征，可将围岩压力分为松动压力、变形压力、膨胀压力和冲击压力四类[1]。

#### 5.2.1.1 松动压力

由开挖面松动或塌落的岩体以重力形式直接作用在支护上的压力称为松动压力。这种压力直接表现为荷载的形式，其分布特点是洞顶上的压力特别大，而两侧稍小，底部一般没有。松动压力可采用松散介质极限平衡理论或块体极限平衡理论进行计算分析。产生松动压力的原因有地质因素和施工因素两方面，松动压力通常由下述三种情况形成：

(1)在整体稳定的岩体中，可能出现个别松动掉块的岩石对支护造成的落石压力。

(2)在松散、破碎和完整性很差的岩层中开挖洞室，隧洞顶部和两侧片帮冒落对支护造成的散体压力，如图 5-1 所示。

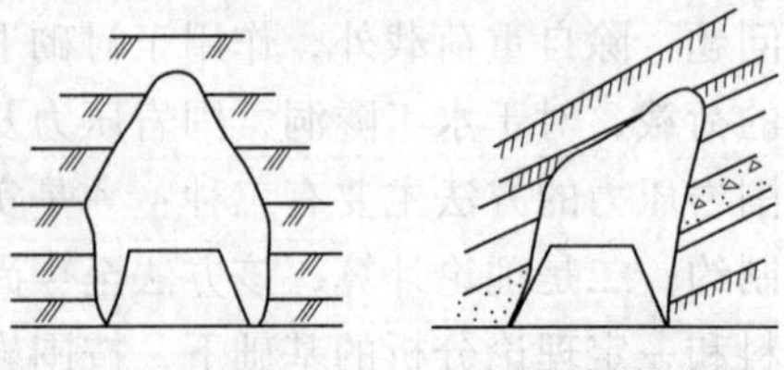

(a)水平岩层　　(b)缓倾斜岩层

**图 5-1　松散岩层中围岩塌落情况**

(3)在节理发育的裂隙岩体中，围岩某些部位的岩体沿软弱面发生剪切破坏或拉坏，形成局部塌落的松动压力，如图 5-2 所示。

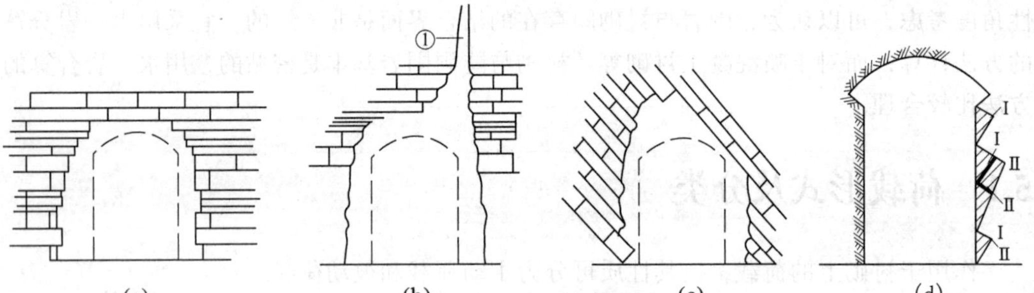


(a)　(b)　(c)　(d)

①—沿节理发育的溶槽，泥质充填；Ⅰ、Ⅱ—节理裂隙

**图 5-2　坚硬岩层围岩崩塌情况**

施工程序对松动压力的发展也有决定性的影响。爆破是引起岩层松动的主要原因，松动区的大小受钻孔布置、炸药种类和装药量所控制，如目前工程中采用的光面爆破技术，通过控制钻孔精度、优化钻孔分布及采用先进的爆破材料，可大大降低围岩中原有裂缝的扩大及新裂缝的产生，并极大地减少了掘进超挖数量，节省了衬砌材料，提高了施工进度。

在破碎岩层中，松动压力的大小与临时支护的种类关系密切。洞室施工中单纯采用木格栅及钢架等临时支撑，往往不可能与围岩保持紧贴，因而无法对围岩起到有效的约束作用，围岩将可能进一步破坏、松动，导致松动压力的增大。采用喷射混凝土作为临时支护措施，则具有突出的优点，因为其可与围岩保持密贴，有效约束围岩的变形，及时控制围岩的松动和破坏。隧洞掘进的新奥法的中心思想，就是在爆破围岩表面暴露后，立即喷射一层薄混凝土，然后再进行出渣等其他工序，以减少围岩的变形和松动。这种施工方法既有利于施工安全，又可简化永久性支护结构，具有综合性的经济效果。此外，地下水的影响、空气中的潮气以及温度差作用都会加剧围岩的松动，导致松动压力的增加。

#### 5.2.1.2　变形压力

变形压力是围岩变形受到与之密贴的支护如锚喷支护、回填灌浆后的管片衬砌等的抑制而产生的。岩体开挖引起了岩体内应力的重分布，是产生变形压力的原因。变形压力按其成因可进一步分为以下几种情况：

(1)弹性变形压力。当采用紧跟开挖面进行支护或衬砌的施工方法时，由于存在着开挖面的空间效应，支护或衬砌受到一部分围岩的弹性变形作用，由此而形成的变形压力称为弹性变形压力。

(2)塑性变形压力。围岩塑性变形而使支护及衬砌受到的压力称为塑性变形压力。研究表明，塑性变形压力的分布情况取决于侧压力系数 $\lambda$ (水平地应力与垂直地应力比值)的数值，当 $\lambda=1$或围岩处于潜塑状态时，压力为来自四周的均布压力；当 $\lambda>1$时，地应力以构造应力为主，此时衬砌受到的压力主要来自洞两侧围岩的变形；$\lambda<1$时，地应力以自重应力为主，衬砌主要受来自洞拱腰至侧壁间的围岩变形压力作用。

(3)流变压力。围岩的流变性质是指围岩产生显著的随时间增长而增加的变形。流变压力具有显著的时间效应，对支护及衬砌的作用将随时间而增加，其大大增加了支护及衬砌设计的难度。

变形压力可通过弹塑性理论及流变理论进行分析。

#### 5.2.1.3　膨胀压力

含有蒙脱石、伊利矿、高岭土等亲水性矿物的岩体具有遇水膨胀的性质，此时围岩表现为顶板悬垂、两帮突出以及底板隆起，但不失其整体性。由围岩膨胀崩解而引起的压力称为膨胀压力。

关于膨胀压力产生的原因，目前认为主要是岩石本身的物理力学特性和地下水的影响。实际资料表明，发生膨胀的岩石，绝大多数是含有黏土质且具有较大塑性的岩土，这种岩体的骨料一般很细小(0.005 mm 以下)，呈鳞片状。在骨料之间满布相互贯联的毛细孔隙，因而具有很强的吸水能力。当吸水以后，由于鳞片间毛细管的弯液面作用，鳞片间距离发生变化或者位置改变，结果表现为体积膨胀。洞室开挖引发地应力重分布，从而对岩体的原状结构有很大扰动，并且由于自由面的形成，改变了洞室附近地下水的运动规律，在压力差作用下，地下水更容易向洞室空间渗透和运动。上述因素增加了地下水对具有膨胀性质围岩的影响，使其更容易产生膨胀现象。

因此，在这种塑性较大的岩体中开挖洞室时，应特别注意地下水的因素，采取相应的排水措施。同时要做到：快速开挖，及时支撑，及时衬砌，使岩体性质及应力状态不致过多变化。

实际上，膨胀压力也是一种变形压力，只是引起变形的原因是亲水性矿物组成的围岩吸水膨胀而已。从现象上看，它与流变压力有相似之处，但两者的机理完全不同，对它们的处理方法也各不相同。对这种压力目前研究得很不够，还无法进行理论计算。

#### 5.2.1.4　冲击压力

冲击压力是指岩爆引起的压力，是围岩积累了大量的弹性变形能之后突然释放所产生的压力。对这种压力目前还无法计算。

一般来说，在较深的地层中，岩体比较坚硬完整，如花岗岩、片麻岩、斑岩、闪长岩、辉绿岩、石灰岩、硬煤等，容易发生岩爆现象。但在很软弱的岩石中，当弹性变形能还不太大时便会使岩石产生流动，即不能积聚很大的应变能，所以很软弱的岩石中较少发生岩爆现象。

### 5.2.2 影响隧洞围岩压力的因素

影响隧洞围岩压力的因素很多，归纳起来，可分为地质因素和工程因素两方面。地质因素系自然属性，是影响围岩压力的内在因素；工程因素则是改变隧洞围岩稳定状态、影响围岩压力的外部条件。

#### 5.2.2.1 地质因素

由于岩体是由各类结构面切割而成的岩块所组成的组合体，因此岩体的强度和变形往往由软弱结构面所控制。影响隧洞围岩压力的地质因素主要有以下几点：

(1)岩体的完整性或破碎程度。就对围岩变形及压力的影响程度来说，岩体的完整性往往重于岩体的坚固性。

(2)各类结构面，特别是软弱结构面的产状、分布和性质，包括充填情况、充填物的性质等。

(3)地下水的活动状况。

(4)对于软弱岩层，其岩性、强度值也是一项重要的因素。

在坚硬完整的岩层中，隧洞围岩一般处于弹性状态，仅有弹性变形或不大的塑性变形，且变形在开挖过程中已经完成。因此，这种地层中不会出现塑性变形压力。支护的作用仅仅是为了防止围岩掉块和风化。

裂隙发育、弱面结合不良及岩性软弱的岩层，围岩将会出现较大的塑性区，支护及衬砌的作用是抑制围岩的变形及塑性区的发展、防止围岩风化和崩塌，此时支护及衬砌结构上会作用较大的塑性变形压力或松动压力。岩体处于初始潜塑状态时支护及衬砌结构上会出现极大的塑性变形压力。

#### 5.2.2.2 工程因素

影响隧洞围岩压力的主要工程因素有洞室的形状和尺寸、支护及衬砌结构的形式和刚度、隧洞的埋置深度或覆盖层厚度及施工中的技术措施等。

1)洞室的形状和尺寸

通常认为圆形或椭圆形截面隧洞中产生的围岩压力较小，而矩形或梯形则较大，因为对于矩形或梯形洞室顶部容易出现拉应力，而在两边转角处又有较大的应力集中。但究竟何种洞形较好，应视地质情况而定。例如，若地压均匀来自洞室四周，圆形较好；若地压来自顶部方向，高拱形较好；若地压来自两侧，则宜采用平拱形。此外，洞室形状不变情况下围岩压力通常随着洞室跨度增大而增大。

2)支护及衬砌结构的形式和刚度

在不同的围岩压力下，支护具有不同的作用，例如：在松动压力作用下，支护主要是承受松动或塌落岩体的自重，起着承载结构的作用；在塑性变形压力下，支护主要用来限制围岩的变形，起着维持围岩稳定的作用。在通常情况下，支护同时具有上述两种作用。根据支护的工作机理，可将目前采用的支护形式划分为两类：一种称为外部支护，一种称为内承支护(自承支护)。外部支护如各种形式的混凝土衬砌，它承受松动或塌落岩体自重所产生的荷载，在密实回填的情况下，将承担围岩变形压力，起到维持围岩稳定的作用。内承支护是通过化学或水泥灌浆、锚杆、喷混凝土等方式加固围岩，通过增强围岩自身的承载能力，防止围岩松动，降低围岩变形，从而增强围岩的稳定性。

隧洞开挖后，围岩应力产生重分布，径向变形随之产生。同时，随着塑性区的扩大，围岩所要求的支护反力也随之减小。所以，采用喷混凝土支护或柔性支护结构能充分利用围岩的自承能力，使围岩压力减小。但是，支护的柔性不能太大，因为当塑性区扩展到一定程度时出现塑性破裂，C、$\varphi$值相应地降低，围岩松动，这时，塑性变形压力就转化为松动压力，且可能达到很大的数值。支护刚度不仅与材料和截面尺寸有关，而且还与支护的形式有关。实践表明，封闭型的支护比非封闭型的支护具有更大的刚性。对于有底鼓现象的洞室，尤宜采用封闭型支护。

3)隧洞的埋置深度或覆盖层厚度

隧洞的埋置深度对围岩压力有显著的影响。对于浅埋隧洞，围岩压力形式主要为松动压力，压力随着隧洞埋置深度的增加而增加。对于深埋隧洞，围岩压力以变形压力为主，岩体应力状态与隧洞埋置深度紧密相关，特别是埋深很大时，岩体还可能出现潜塑性状态，因此隧洞的埋置深度影响着围岩压力大小及分布形态。

4)施工中的技术措施

施工中的技术措施得当与否，对隧洞围岩压力有很大的影响。

采用钻爆法开挖对围岩的稳定很不利，尤其是对地质条件较差的围岩，爆破的扰动很大，易造成岩体松动甚至塌方，在支护及衬砌上形成过大的围岩压力。因此，在隧洞施工中应严格控制爆破用药量，提倡采用光面爆破、预裂爆破等先进的爆破技术。与钻爆法相比，采用掘进机开挖可减小对围岩的扰动，围岩的损伤破坏范围大大减小，因而造成的围岩压力相对较小。

不论何种围岩，在隧洞开挖后的暴露时间均不宜过长。从另一个方面讲，就是要修筑永久性衬砌并使之能提供所需的支护力的时间不宜过迟。按照一般现浇混凝土衬砌的修筑方法，从开挖到做完衬砌并使之具有一定的强度，往往需要较长的时间，这将使衬砌承受较大的松动围岩压力，导致衬砌结构设计厚度的增加。而采用喷射混凝土技术来支护围岩，可缩短围岩的暴露时间，能充分利用围岩自身的承载能力，及时抑制围岩的变形，防止其变形过大而产生较大的松动压力。

衬砌背后的超挖部分如在施工时回填不密实，将使围岩得不到很好的支护而继续松动，严重时会造成围岩坍塌，引起围岩压力的增加并导致衬砌裂损。

此外，成洞的开挖顺序和方法，超欠挖情况，即对设计的洞形、幅员尺寸改变的情况，洞室的几何轴线与主构造线或软弱结构面的组合关系，相邻洞室的间距等均对围岩压力有很大的影响。

由于影响围岩压力的因素众多，设计和施工中应采取合理的工程措施，通过充分利用有利的地质因素、避免和削弱不利的地质因素来影响和控制地质条件的变化与发展，以达到保持围岩稳定、降低围岩压力的目的。

### 5.2.3 松动压力计算理论

对于在裂隙岩体中因岩体节理面和软弱面与隧洞临空面形成的局部不稳定岩块塌落造成的松动压力，可采用块体极限平衡方法计算。以下主要介绍因围岩片帮冒顶所造成的松动压力的计算方法。根据对松动区域界定方式的不同，可将目前对这类松动压力的计算方法分为两类：一类是基于洞顶上面松散地层的应力传递的计算方法，另一类是基于有界破裂区的计算方法。

#### 5.2.3.1 基于洞顶上面松散地层的应力传递的计算方法

该方法认为在松散地层中挖洞后，洞顶下沉及下沉岩柱两侧摩擦力的存在，使顶部岩体卸载，而两侧岩层加载。在基于这一假定的计算方法中，目前应用较广泛的是岩柱理论和太沙基公式[2]。

1)*岩柱理论*

对于埋置深度极浅的隧洞，或采用明挖法施工时，通常采用岩柱理论进行计算，认为作用在隧洞支护上的压力等于上覆岩层的全部重量，即

$$q = \gamma H \tag{5-1}$$

式中：$q$ 为作用在隧洞顶部的围岩压力；$\gamma$ 为岩体容重；$H$ 为隧洞埋置深度。

式(5-1)显示围岩压力与隧洞跨度大小无关，而仅与隧洞埋置深度有关。但实践表明，埋置深度稍大时，按此式算得的围岩压力大于实际压力，因此必须考虑岩柱的应力传递。

如图 5-3 所示，考虑到隧洞两侧的岩体也可能下滑，需将可能滑动的岩柱宽度较隧洞宽度适当增大。按挡土墙理论可确定侧向滑裂面与垂直线的夹角为$\left(45° - \dfrac{\varphi}{2}\right)$，这里$\varphi$为岩体的内摩擦角。由图 5-3 中的几何关系可得

$$a_1 = a + h\tan\left(45° - \frac{\varphi}{2}\right) \tag{5-2}$$

式中：$a$ 为洞室半跨宽；$h$ 为洞室高。

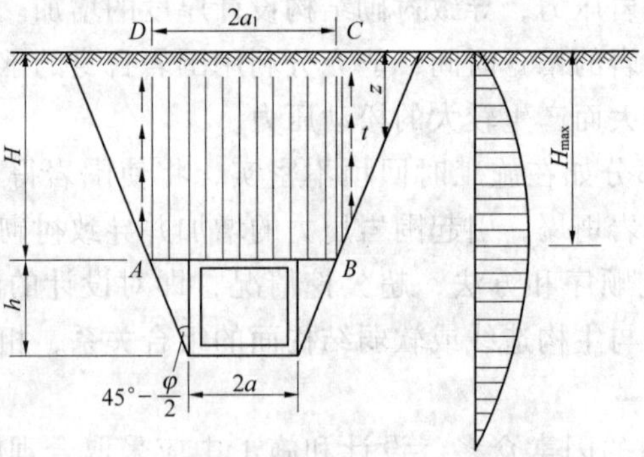


图 5-3 考虑摩擦力和黏聚力的岩柱计算简图

认为作用在隧洞支护上的围岩压力等于岩柱 $ABCD$ 的重力减去两侧滑动面上的摩擦力

和黏聚力。如图 5-3 所示，作用在岩柱侧面距地面深度 $z$ 处的摩擦力与黏聚力的合力为

$$t = 2C + 2\left[\gamma z \tan^2\left(45° - \frac{\varphi}{2}\right) - 2C\tan\left(45° - \frac{\varphi}{2}\right)\right]\tan\varphi \tag{5-3}$$

式中，$C$ 为围岩黏聚力。

将式(5-3)沿深度积分得岩柱侧面的总摩擦力与黏聚力的合力为

$$T = \int_0^H t\mathrm{d}z = \gamma H^2 k_1 + 2CH\left(1 - 2k_2\right) \tag{5-4}$$

其中

$$k_1 = \tan^2\left(45° - \frac{\varphi}{2}\right)\tan\varphi$$

$$k_2 = \tan\left(45° - \frac{\varphi}{2}\right)\tan\varphi$$

因此，作用在隧洞顶部的围岩压力 $q$ 为

$$q = \frac{2\gamma a_1 H - T}{2a_1} = \gamma H\left[1 - \frac{H}{2a_1}k_1 - \frac{C}{a_1\gamma}\left(1 - 2k_2\right)\right] = k\gamma H \tag{5-5}$$

其中

$$k = 1 - \frac{H}{2a_1}k_1 - \frac{C}{a_1\gamma}\left(1 - 2k_2\right)$$

通过对式(5-5)中 $H$ 求导，可确定最大围岩压力的埋置深度 $H_{\max}$ 为

$$H_{\max} = \frac{a_1}{k_1}\left[1 - \frac{C}{a_1\gamma}\left(1 - 2k_2\right)\right] \tag{5-6}$$

实践证明，当 $H \geqslant 2H_{\max}$ 时，隧洞顶部仍有围岩压力存在，而按式(5-5)计算则为零，因此式(5-5)只适用于 $H \leqslant 2H_{\max}$ 的浅埋情况。而且当 $\varphi > 30°$ 时，$\varphi$ 越大，按式(5-5)计算所得的围岩压力也越大，这也与实际情况不符。

作用于洞顶和洞底的侧向围岩压力可按下式计算

$$e_1 = q\tan^2\left(45° - \frac{\varphi}{2}\right) \tag{5-7}$$

$$e_2 = e_1 + \gamma h\tan^2\left(45° - \frac{\varphi}{2}\right) \tag{5-8}$$

式中，$e_1$、$e_2$ 分别为洞顶、洞底侧向围岩压力。

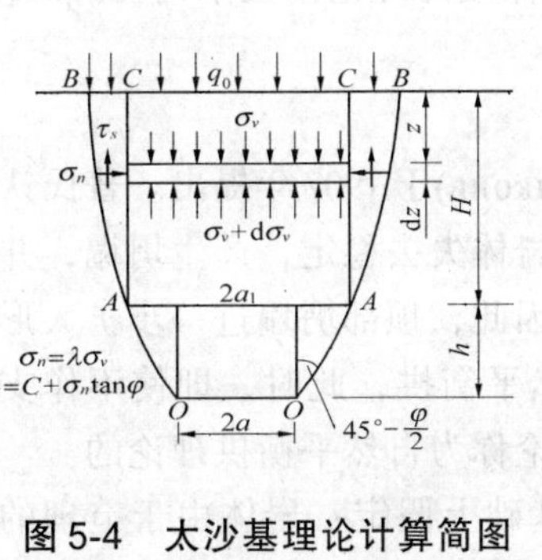


图 5-4　太沙基理论计算简图

2)太沙基公式

太沙基(Terzaqhi)认为，隧洞开挖后，岩体将沿图 5-4 中的 $OAB$ 曲面滑动，作用在隧洞顶部的压力等于滑动岩体产生的重力减去滑移面上摩擦力的垂直分量。由于推算 $OAB$ 曲面不易，即使推算出来，以后的计算也变得很复杂，为推导简单起见，太沙基又进一步假定 $OAC$ 面滑动，其中 $OA$ 段滑裂面与垂直线的夹角为 $\left(45° - \frac{\varphi}{2}\right)$，$AC$

段滑裂面为垂直面，此外假定滑动体中任意水平面上的垂直压力 $\sigma_v$ 为均布。按图 5-4，对于距地面深度 $z$ 处、厚度为 dz 的滑动单元体，由垂直方向平衡条件得

$$2\gamma a_1 \mathrm{d}z = 2a_1 \mathrm{d}\sigma_v + 2C\mathrm{d}z + 2\lambda\sigma_v \tan\varphi \mathrm{d}z \tag{5-9}$$

式中：$\lambda$为侧压力系数；$C$ 为围岩黏聚力。

化简后为

$$\frac{\mathrm{d}\sigma_v}{\mathrm{d}z} = \gamma - \frac{C}{a_1} - \lambda\sigma_v \frac{\tan\varphi}{a_1} \tag{5-10}$$

将边界条件 $z=0$ 、$\sigma_v = q_0$ 及 $z=H$ 、$\sigma_v = q$ 分别代入上式后求解过程，即可获得隧洞顶部的围岩压力 $q$ 为

$$q = \frac{\gamma a_1 - C}{\lambda \tan\varphi}\left(1 - \mathrm{e}^{-\lambda n \tan\varphi}\right) + q_0 \mathrm{e}^{-\lambda n \tan\varphi} \tag{5-11}$$

其中

$$a_1 = a + h\tan\left(45° - \frac{\varphi}{2}\right), \quad n = \frac{H}{a_1} \tag{5-12}$$

式中，$q_0$ 为地表均布荷载强度。

式(5-11)结果显示，隧洞埋深较浅时，松动压力与埋深有关；埋深大时，公式中指数项趋于零而与埋深无关，即

$$q = \frac{\gamma a_1 - C}{\lambda \tan\varphi} \tag{5-13}$$

作用于洞顶和洞底的侧向围岩压力仍按式(5-7)和式(5-8)计算。

实践表明，浅埋时利用式(5-11)所算得的围岩压力与实际相差较小，而深埋时则误差较大。因为深埋时，实际上覆岩体的破裂面已不再是沿着整个岩柱的侧面，而是形成一个封闭的拱形曲面，即所谓形成平衡拱，因而将太沙基公式应用到深埋的隧洞必然有较大的误差。

#### 5.2.3.2 基于有界破裂区的计算方法

该方法基于无应力体(坍塌体)的设想，即假定洞顶上面围岩有一个有界的破裂区，并以区内的岩体自重作为隧洞支护上的荷载。为了确定破裂区的范围，必须首先对破裂区的边界线作出假定，如认为是抛物线、半椭圆形等，此外，还有采用弹塑性区的分界面作为破裂区的边界线。普氏压力拱理论、Kommerell 岩体破碎理论以及卡柯(Caquot)塑性松动理论都属于这一类计算方法[1-3]。

1)普氏压力拱理论

该理论为俄国科学家普罗托奇雅阔诺夫(M.M.протодвяконв)于 1907 年提出。普氏认为，围岩为具有一定黏聚力的松散体，隧洞开挖后，顶部岩体失去稳定，产生坍塌，并形成自然拱。随之，隧洞两侧由于应力集中而逐渐破坏。因此，顶部坍塌进一步扩大形成塌落拱。当坍塌到一定程度之后，岩体会形成一个自然平衡拱，此时，即使不作支护，洞室的顶部也将保持自我平衡。因此，也有将普氏理论称为自然平衡拱理论的。

为便于从理论上进行计算，普氏在自然平衡拱理论基础上假定：岩体由于节理的切割，经开挖后形成松散岩体，但仍具有一定的黏聚力；洞室开挖后，洞顶岩体将形成

一自然平衡拱，在洞室的侧壁处，沿与侧壁夹角为$\left(45°-\dfrac{\varphi}{2}\right)$的方向产生两个滑动面，其计算简图如图 5-5 所示，而作用在洞顶支护上的围岩压力仅是自然平衡拱内的岩体自重；采用坚固系数 $f_j$ 来表征岩体的强度；形成的自然平衡拱的洞顶岩体只能承受压应力而不能承受拉应力。

普氏假设压力拱形状为二次抛物线形，如图 5-6 所示。在压力曲线上任取一点 $M(x,y)$，根据形成的自然平衡拱的洞顶岩体不能承受拉应力的假定，则所有外力对 $M$ 点的弯矩应为零，即

$$\sum M=0 \qquad Ty-\frac{Qx^2}{2}=0 \tag{5-14}$$

式中：$Q$ 为拱轴线上部岩体的自重所产生的均布荷载；$T$ 为平衡拱拱顶截面的水平推力；$x$、$y$ 分别为 $M$ 点的 $x$、$y$ 轴坐标。

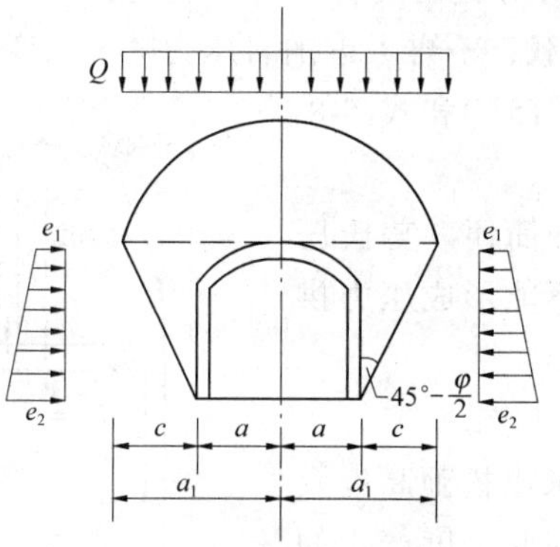


**图 5-5　普氏理论围岩压力计算简图**

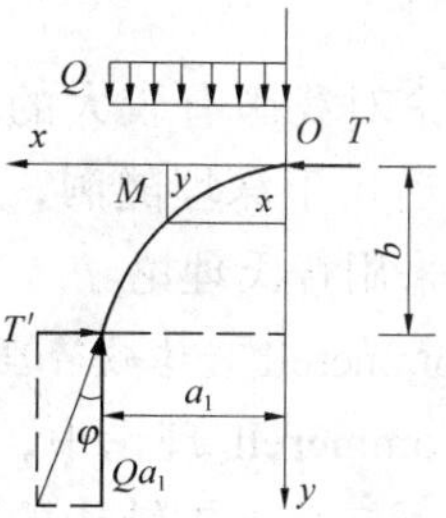


**图 5-6　自然平衡拱计算简图**

上述方程中有两个未知量，还需建立一个方程才能求解。由静力平衡方程可知，上述方程中的水平推力 $T$ 与作用在拱脚的水平推力 $T'$数值相等、方向相反，即

$$T=T' \tag{5-15a}$$

由于拱脚很容易产生水平位移而改变整个拱的内力分布，因此普氏认为拱脚的水平推力 $T'$ 必须满足下列要求

$$T'\leqslant Qa_1 f_j \tag{5-15b}$$

式中，$f_j$ 为岩石坚固系数，又称普氏系数。普氏根据不同的岩性给出了相应的普氏系数，或按 $R_c/10$ ($R_c$ 为岩石抗压强度，MPa)确定普氏系数。

即作用在拱脚处的水平推力必须要小于或者等于垂直反力所产生的最大摩擦力，以便保持拱脚的稳定。此外，出于安全考虑，普氏又将最大摩擦力降低了一半值，即令

$$T'=Qa_1 f_j/2 \tag{5-15c}$$

将式(5-15c)代入原方程式(5-14)可得压力拱曲线方程为

$$y = \frac{x^2}{a_1 f_j} \tag{5-16}$$

显然，压力拱曲线方程是一条抛物线。根据式(5-16)可求得拱线上任意一点的高度。当$x = a_1$，$y = b$时，可得

$$b = \frac{a_1}{f_j} \tag{5-17}$$

式中：$b$为压力拱的矢高，即自然平衡拱的最大高度；$a_1$为自然平衡拱最大跨度，如图 5-5 所示，按式(5-2)计算。

普氏认为作用在深埋松散岩体中洞室顶部的围岩压力，仅为拱内岩体的自重。据此，洞顶最大围岩压力可按下式进行计算

$$q = \gamma b = \frac{\gamma a_1}{f_j} \tag{5-18}$$

根据式(5-16)可很方便地得出任意点拱高所对应的围岩压力。但是，在工程中通常为了方便，将洞顶的最大围岩压力作为均布荷载，不再考虑围岩压力随$x$的变化。

作用于洞顶和洞底的侧向围岩压力仍按式(5-7)和式(5-8)计算。

该理论对我国有较大的影响，且应用十分简便。普氏压力拱理论适用于深埋隧洞，隧洞上方的岩层不能形成压力拱时，不能采用普氏理论。

2) Kommerell 岩体破碎理论

在 Kommerell 理论中，首先按下述方法求出松弛高度及形状。设可挠性支护结构的顶部挠度为 $w$，则此挠度产生的空隙为$w\Delta x$(见图 5-7)。设此空隙由松弛范围$z\Delta x$所填充，则下式成立

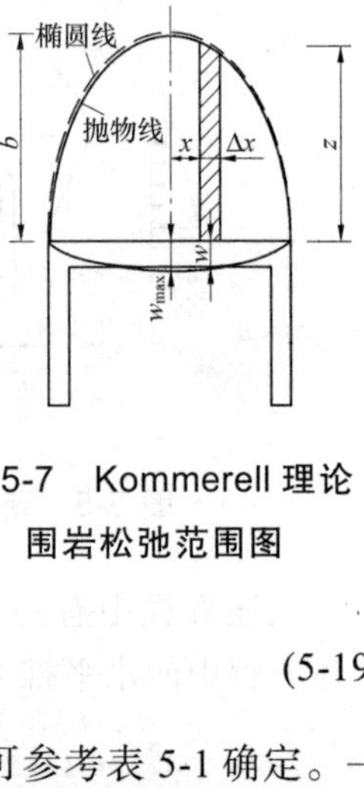


图 5-7 Kommerell 理论围岩松弛范围图

$$w\Delta x = \left(\frac{e}{100}\right) z\Delta x \Rightarrow z = \frac{100w}{e} \tag{5-19}$$

式中，$e$为孔隙率，通常称为松弛率(%)，其值视地质条件而异，可参考表 5-1 确定。一般说，确切地确定$e$值是很困难的，这也是该理论的一个缺点。

表 5-1 不同围岩松弛率

| 围岩性状 | 软弱土体 | 中等固结土体 | 固结土体 | 软岩 | 硬岩 |
|---|---|---|---|---|---|
| $e$ (%) | 1 ~ 3 | 3 ~ 5 | 6 ~ 8 | 8 ~ 12 | 8 ~ 15 |

如视支护结构的顶板为一简支梁，则在对称荷载作用下，其挠度曲线近似一抛物线。这样，式(5-19)中的 $w$ 可视为抛物线，围岩松弛边界线也是一个抛物线，则松弛范围如图 5-7 所示，最大挠度 $w_{max}$ 发生在顶板中央，因而高度$b$可由下式确定

$$b = 100\frac{w_{max}}{e} \tag{5-20}$$

Kommerell 近似地把抛物线按椭圆处理，并按式(5-2)和式(5-19)求出松弛宽度和高度(见图 5-8)。此时，垂直压力 $q$ 则为松弛范围内岩体自重，即

$$q = \gamma b\left(1-\frac{4x^2}{a_1^2}\right)^{1/2} \tag{5-21}$$

式中，$x$ 为距洞轴线的水平距离。

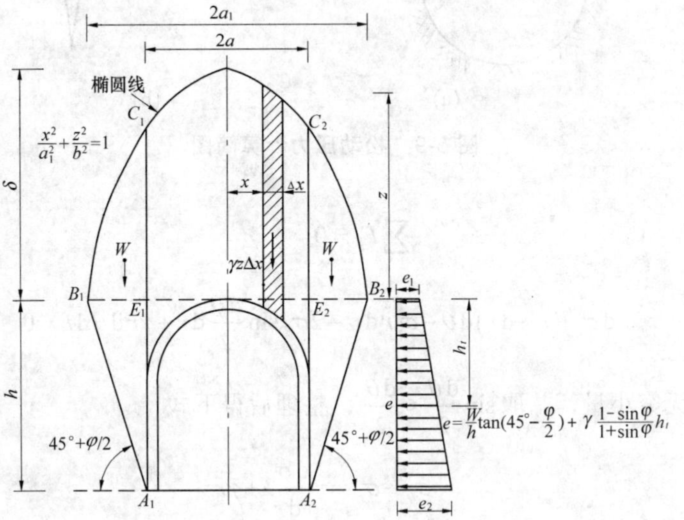


图 5-8　Kommerell 理论围岩压力计算简图

对于侧压力，则以 $B_1E_1C_1$、$B_2E_2C_2$ 部分的岩体自重 $W$ 作用在楔形岩体 $A_1B_1E_1$、$A_2B_2E_2$ 上，按土压力理论求解。设总侧压力为 $P_H = P_{H1} + P_{H2}$（$P_{H1}$ 为上覆荷载项，$P_{H2}$ 为楔形岩体自重项)，则按 Rankine 理论知

$$P_{H1} = W\tan\left(45°-\frac{\varphi}{2}\right),\quad P_{H2} = \frac{\gamma h^2}{2}\frac{1-\sin\varphi}{1+\sin\varphi} \tag{5-22}$$

$P_{H1}$ 是按压强 $e_1$ 均布的侧压力；$P_{H2}$ 在顶板处为零，在底部为 $e_2 - e_1$，呈直线分布。因此，距顶板 $h_t$ 处的侧压力 $e$ 可按下式计算

$$e = \frac{W}{h}\tan\left(45°-\frac{\varphi}{2}\right)+\gamma\frac{1-\sin\varphi}{1+\sin\varphi}h_t \tag{5-23}$$

3)卡柯(Caquot)塑性松动理论

卡柯认为，洞室开挖后，由于地应力释放而致支撑力的不足，可能在半径为 $R_p$ 的塑性圈内导致岩体的松动和削弱，塑性圈内的岩体自重即为作用在支护上的围岩压力。假定塑性圈与弹性岩体脱离，在塑性圈边界上，岩体不作应力传递，塑性圈内的应力服从莫尔－库仑准则。

在塑性区的洞顶部取一单元体，单元体的受力情况如图 5-9 所示。根据静力平衡条件可得如下方程

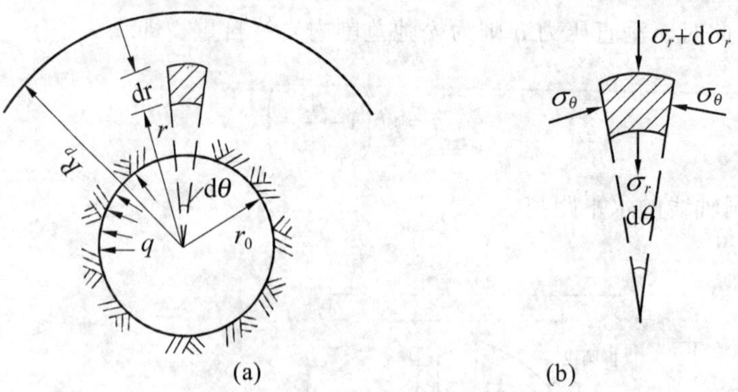


图 5-9　松动压力计算简图

$$\sum F_r = 0 \tag{5-24a}$$

$$(\sigma_r + \mathrm{d}\sigma_r)(r + \mathrm{d}r)\mathrm{d}\theta - \sigma_r r\,\mathrm{d}\theta - 2\sigma_\theta \sin\frac{\mathrm{d}\theta}{2}\mathrm{d}r + \gamma r\,\mathrm{d}\theta\,\mathrm{d}r = 0 \tag{5-24b}$$

略去二阶无穷小量，并取 $\sin\frac{\mathrm{d}\theta}{2} \approx \frac{\mathrm{d}\theta}{2}$，整理后得下式

$$\sigma_\theta - \sigma_r = r\frac{\mathrm{d}\sigma_r}{\mathrm{d}r} + \gamma r \tag{5-24c}$$

式中：$\gamma$ 为塑性区内岩体重力密度；$\sigma_r$ 为径向应力；$\sigma_\theta$ 为环向应力。

莫尔–库仑准则采用以下表达形式

$$\sigma_\theta - \sigma_r = (\sigma_r + C\cot\varphi)(\xi - 1) \tag{5-24d}$$

$$\xi = \frac{1+\sin\varphi}{1-\sin\varphi} \tag{5-24e}$$

将式(5-24d)代入式(5-24c)得

$$r\frac{\mathrm{d}\sigma_r}{\mathrm{d}r} + \gamma r = (\sigma_r + C\cot\varphi)(\xi - 1) \tag{5-24f}$$

$$\frac{\mathrm{d}(\sigma_r + C\cot\varphi)}{\mathrm{d}r} - \frac{\xi-1}{r}(\sigma_r + C\cot\varphi) = -\gamma \tag{5-24g}$$

求解上述微分方程得

$$\sigma_r = \frac{\gamma}{\xi-2}r + Ar^{\xi-1} - C\cot\varphi \tag{5-24h}$$

由边界条件确定积分常数 $A$。

设塑性区半径为 $R_p$，由假定知在塑性区边界上径向应力为 0，故有

$$0 = \frac{\gamma}{\xi-2}R_p + AR_p^{\ \xi-1} - C\cot\varphi \tag{5-24i}$$

由此得

$$A = C\cot\varphi\left(\frac{1}{R_p}\right)^{\xi-1} - \frac{\gamma}{\xi-2}\left(\frac{1}{R_p}\right)^{\xi-2} \tag{5-24j}$$

代入原式(5-24h)有

$$\sigma_r = C\cot\varphi\left[\left(\frac{r}{R_p}\right)^{\xi-1} - 1\right] + \frac{\gamma r}{\xi-2}\left[1 - \left(\frac{r}{R_p}\right)^{\xi-2}\right] \tag{5-24k}$$

当 $r = r_0$ 时，由式(5-24k)可确定作用于支护上的松动压力，即

$$q = C\cot\varphi\left[\left(\frac{r_0}{R_p}\right)^{\xi-1} - 1\right] + \frac{\gamma r_0}{\xi-2}\left[1 - \left(\frac{r_0}{R_p}\right)^{\xi-2}\right] \tag{5-25}$$

式(5-25)即为通常所称的卡柯公式。

当岩体中开挖一个以 $r_0$ 为半径的洞室后，在上述公式中，作为表示岩体强度的 $C$ 、$\varphi$值可视为一个常数。由式(5-25)可知，塑性松动压力在很大程度上取决于塑性圈半径的大小，当塑性圈半径为 $r_0$ 时，即在无塑性圈的情况下，$q = 0$。随着 $R_p$ 的增大，$q$ 也将随之增大。综观卡柯公式推导的整个过程可知，塑性松动压力的计算是一个近似的计算，由在洞顶岩体中建立的单元体应力进行计算是偏于保守的，假设在塑性圈边界上的应力为零的条件，也不尽合理。另外，在实际应用卡柯公式评价塑性松动压力时，塑性圈半径 $R_p$ 可按后面的理论公式求得。随着工程测试技术的不断提高，利用超声波在岩体中的传播特性，求得塑性圈的半径，再利用式(5-25)计算塑性松动压力也是常用的方法，且更符合工程的实际情况，计算结果也更趋于合理。

## 5.2.4　变形压力计算理论

### 5.2.4.1　变形压力弹性解

当采用紧跟开挖面进行支护的施工方法时，由于存在着开挖面的空间效应而使支护受到一部分围岩的弹性变形作用，由此形成的变形压力称为弹性变形压力。视衬砌为厚壁圆筒，按弹性力学法可求得作用于衬砌上的压力，计算公式为

$$q = \frac{P}{2}\left[(1+\lambda)(1-\varsigma) + (1-\lambda)(1-2\beta-3\delta)\cos 2\theta\right] \quad (0 \leqslant \theta \leqslant 2\pi) \tag{5-26a}$$

$$\varsigma = \frac{2G}{2G+K_c r_0} \quad K_c = \frac{2G_c\left(r_0^2-r_1^2\right)}{r_0\left[\left(1-2\mu_c\right)r_0^2+r_1^2\right]} \quad G = \frac{E}{2(1+\mu)} \quad G_c = \frac{E_c}{2\left(1+\mu_c\right)} \tag{5-26b}$$

$$\beta = 2\frac{GZ + G_c\left(r_0^2-r_1^2\right)^3}{GZ + G_c\left(3\chi+1\right)\left(r_0^2-r_1^2\right)^3} \tag{5-26c}$$

$$\delta = -\frac{GZ + G_c\left(\chi+1\right)\left(r_0^2-r_1^2\right)^3}{GZ + G_c\left(3\chi+1\right)\left(r_0^2-r_1^2\right)^3} \tag{5-26d}$$

$$Z = r_0^6\left(\chi_c+3\right)+3r_0^4r_1^2\left(3\chi_c+1\right)+3r_0^2r_1^4\left(\chi_c+3\right)+r_1^6\left(3\chi_c+1\right) \tag{5-26e}$$

$$\chi = 3-4\mu \quad x_c=3-4\mu_c \tag{5-26f}$$

式中：$E$、$\mu$ 分别为围岩的弹性模量和泊松比；$E_c$、$\mu_c$ 分别为衬砌的弹性模量和泊松比；$G$、$G_c$ 分别为围岩和衬砌的剪切模量；$\lambda$ 为侧压力系数；$r_0$、$r_1$ 分别为衬砌的外半径和内半径；$P=\gamma H$ 为原岩应力，其中 $H$ 为隧洞埋深。

隧洞掘进过程中，由于开挖面的约束，开挖面附近的围岩应力不能立即全部释放，因此，开挖面附近的围岩应力和变形将随着隧洞纵轴方向而变化。这种现象称为开挖面的空间效应。开挖面附近的围岩应力属于三维应力问题。由于三维问题的复杂性，可采用数值分析方法求解开挖面附近的应力和位移。工程应用中通常采用等效初始应力的方法，即认为释放的一部分初始应力引起洞壁位移和二次应力，未释放的一部分初始应力不引起洞壁位移和保留原有应力。

释放的等效初始应力可根据洞壁的位移确定。通常释放的等效初始应力可表示为 $aP$，$a$ 为释放荷载系数，可通过查实测或数值计算所得的洞壁位移与掌子面关系曲线确定，亦可按下式计算

$$a = a_0+\left(1-a_0\right)\left[1-\exp\left(-L/g\right)\right] \tag{5-27}$$

$$g=\frac{1-a_0}{\left(\mathrm{d}a/\mathrm{d}L\right)_{L=0}} \tag{5-28}$$

式中：$a_0$ 为开挖面上的释放荷载系数；$L$ 为所求界面与开挖面的距离；$g$ 可由数值计算得到，一般 $g\approx 0.7r_0$。

当求开挖面附近作用于支护上的围岩压力时，只需用等效初始应力 $aP$ 代替式(5-26a)中的 $P$ 即可。

#### 5.2.4.2 变形压力弹塑性解

由于围岩塑性变形(有时还包括一部分弹性变形)而使支护受到的压力称为塑性变形压力，这是最常见的一种围岩变形压力。

隧洞开挖后，其周围原始地应力场遭到破坏，围岩应力将重分布，临空面处围岩处于双向受力状态，而伴随着岩层与临空面间距离的增大，围岩将逐步过渡恢复到三向受力状态。伴随着围岩应力的重分布，围岩出现一定的变形，因此围岩变形发展的过程实质上是围岩应力不断调整的过程。如果围岩应力处处小于岩体强度，围岩仍处于弹性状态。如果围岩局部区域的应力超过岩体强度，则岩体物理性能状态改变，围岩进入塑性或破坏状态。围岩的塑性或破坏状态大体可归为两种情况：一是围岩局部区域的拉应力达到了抗拉强度，产生局部受拉分离破坏；二是局部区域的剪应力达到岩体抗剪强度，从而使这部分围岩进入塑性状态。围岩内塑性区的出现，一方面使应力不断地向围岩深部转移，另一方面又不断地向洞内方向变形并逐渐解除塑性区的应力。

J.Talober、H.Kastner 等给出了弹塑性围岩中的应力图形，如图 5-10 所示。与开挖前的初始应力相比，围岩中的塑性区应力可分为两部分：塑性区外圈是应力高于初始应力的区域，它与围岩弹性区中应力升高部分合在一起称做围岩承载区；塑性区内圈应力低于初始应力的区域称做松动区。松动区内应力和强度都有明显下降，裂隙扩张增多，容积

扩大，出现了明显的塑性滑移，这时没有足够的支护抗力就不能使围岩维持平衡状态。

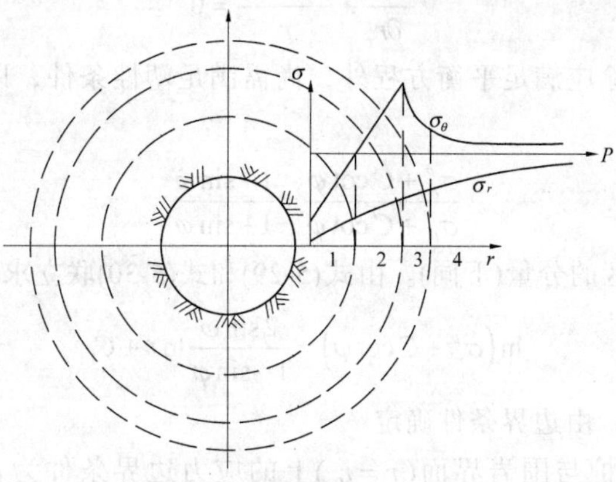


1～2—塑性区；3～4—弹性区；1—松动区；2～3—承载区；4—初始应力区

**图 5-10　弹塑性围岩应力状态图**

需要指出的是，在围岩塑性区中，表征围岩力学特性的 $C$、$\varphi$、$E$ 及 $\mu$ 值将随塑性区深度的变化而变化，靠近洞壁处围岩破坏最严重，该处围岩的 $C$、$\varphi$、$E$ 值相对较低，$\mu$ 值较大。而随着塑性区向弹性区延伸，围岩的 $C$、$\varphi$、$E$ 值逐渐增大，$\mu$ 值逐渐减小。因此，在围岩应力与变形的计算中应考虑塑性区物理性能参数 $C$、$\varphi$、$E$ 及 $\mu$ 值的变化。

采用解析法可以解决的实际工程问题十分有限，目前，主要获得轴对称条件下均质围岩压力的弹塑性解析解。对于非轴对称问题，目前尚无精确的解析解，一般采用近似的计算方法。但是，通过对解析解的分析，往往可以获得一些规律性的认识，这是非常重要和有益的。以下给出基于不同岩体强度理论求得的围岩压力解析解[2]。

1)基于莫尔–库仑强度理论的围岩压力弹塑性解[2]

轴对称条件下，均质围岩应力及变形均仅是 $r$ 的函数，而与 $\theta$ 无关，且塑性区为一等厚圆环，假设塑性区 $C$、$\varphi$ 值为常数。岩体在塑性区内应满足塑性条件与塑性平衡方程，在弹性区内应满足平衡方程和弹性条件，在弹性区与塑性区交界处既要满足弹性条件又要满足塑性条件。计算简图如图 5-11 所示。

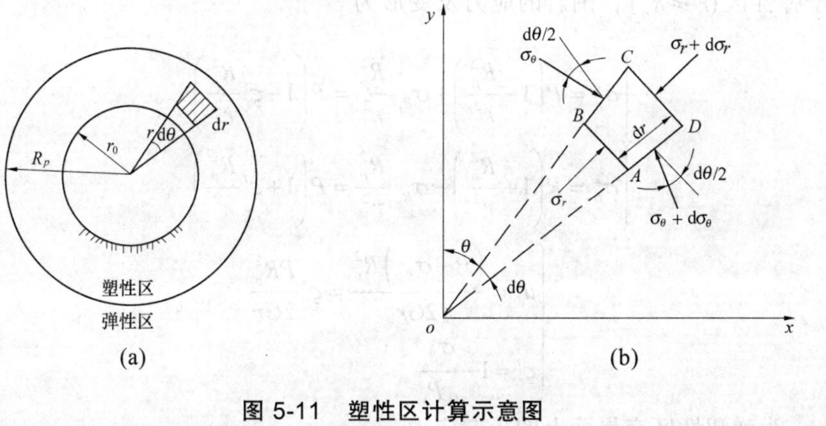


**图 5-11　塑性区计算示意图**

对于轴对称问题，当不考虑体力时，平衡方程为

$$\frac{\partial \sigma_r}{\partial r} + \frac{\sigma_r - \sigma_\theta}{r} = 0 \tag{5-29}$$

在塑性区，应力除应满足平衡方程外，尚需满足塑性条件，以莫尔–库仑强度准则为塑性条件

$$\frac{\sigma_r^p + C\cot\varphi}{\sigma_\theta^p + C\cot\varphi} = \frac{1-\sin\varphi}{1+\sin\varphi} \tag{5-30}$$

角标 $p$ 表示塑性区的分量(下同)。由式(5-29)和式(5-30)联立求解，得

$$\ln\left(\sigma_r^p + C\cot\varphi\right) = \frac{2\sin\varphi}{1-\sin\varphi}\ln r + C_1 \tag{5-31}$$

式中，$C_1$为积分常数，由边界条件确定。

当有支护时，支护与围岩界面($r = r_0$)上的应力边界条件为 $\sigma_r^p = P_i$， $P_i$ 为支护抗力。依此条件解得积分常数值为

$$C_1 = \ln\left(P_i + C\cot\varphi\right) - \frac{2\sin\varphi}{1-\sin\varphi}\ln r_0 \tag{5-32}$$

将式(5-32)代入式(5-31)和式(5-30)，即得塑性区应力，有

$$\begin{cases} \sigma_r^p = \left(P_i + C\cot\varphi\right)\left(\dfrac{r}{r_0}\right)^{\frac{2\sin\theta}{1-\sin\theta}} - C\cot\varphi \\ \sigma_\theta^p = \left(P_i + C\cot\varphi\right)\left(\dfrac{1+\sin\theta}{1-\sin\theta}\right)\left(\dfrac{r}{r_0}\right)^{\frac{2\sin\theta}{1-\sin\theta}} - C\cot\varphi \end{cases} \tag{5-33}$$

由式(5-33)可知，塑性应力将随 $C$、$\varphi$及 $P_i$的增大而增大，而与原岩应力 $P$ 无关。若令塑性区半径为 $R_p$，则当 $r=R_p$时，由塑性区和弹性区交界面上的应力协调条件，有

$$\begin{cases} \sigma_r^e = \sigma_r^p = \sigma_{R_p} \\ \sigma_\theta^e = \sigma_\theta^p \end{cases} \tag{5-34}$$

式中，角标 $e$ 表示弹性区的分量。

对于弹性区 ($r \geqslant R_p$)，围岩的应力及变形为

$$\begin{cases} \sigma_r^e = P\left(1-\dfrac{R_p^2}{r^2}\right) + \sigma_{R_p}\dfrac{R_p^2}{r^2} = P\left(1-\varsigma'\dfrac{R_p^2}{r^2}\right) \\ \sigma_\theta^e = P\left(1+\dfrac{R_p^2}{r^2}\right) - \sigma_{R_p}\dfrac{R_p^2}{r^2} = P\left(1+\varsigma'\dfrac{R_p^2}{r^2}\right) \end{cases} \tag{5-35}$$

$$\begin{cases} u^e = \dfrac{\left(P-\sigma_{R_p}\right)R_p^2}{2Gr} = \varsigma'\dfrac{PR_p^2}{2Gr} \\ \varsigma' = 1 - \dfrac{\sigma_{R_p}}{P} \end{cases} \tag{5-36}$$

式中， $\sigma_{R_p}$ 为弹塑性区交界面上的径向应力。

由式(5-35)可得

$$\sigma_r^e + \sigma_\theta^e = 2P \tag{5-37}$$

因而在弹塑性界面 ($r = R_p$) 上也有

$$\sigma_r^p + \sigma_\theta^p = 2P \tag{5-38}$$

将式(5-38)代入塑性条件式(5-30)，整理后即得 $r = R_p$ 处的应力

$$\begin{cases} \sigma_r = P(1-\sin\varphi) - C\cos\varphi = \sigma_{R_p} \\ \sigma_\theta = P(1+\sin\varphi) + C\cos\varphi = 2P - \sigma_{R_p} \end{cases} \tag{5-39}$$

式(5-39)表明弹塑性界面上的应力是一个取决于 $C$、$\varphi$及 $P$ 值的函数，而与 $P_i$ 无关。

将 $r = R_p$ 代入式(5-33)，并考虑式(5-39)，得塑性区半径 $R_p$ 与 $P_i$ 的关系式

$$P_i = (P + C\cot\varphi)(1-\sin\varphi)\left(\frac{r_0}{R_p}\right)^{\frac{2\sin\varphi}{1-\sin\varphi}} - C\cot\varphi \tag{5-40}$$

由平衡条件知支护抗力与围岩压力 $q$ 大小相等，故轴对称条件下围岩压力计算公式为

$$q = (P + C\cot\varphi)(1-\sin\varphi)\left(\frac{r_0}{R_p}\right)^{\frac{2\sin\varphi}{1-\sin\varphi}} - C\cot\varphi \tag{5-41}$$

式(5-41)为修正的芬纳(R.Fenner)公式，由公式可知，$q$ 越小，则 $R_p$ 越大。图 5-12 为 $P_i$~$R_p$ 关系示意图，在围岩稳定的前提下，扩大塑性区半径 $R_p$，就可降低为维持围岩极限平衡状态所需的支护抗力 $P_i$，从而充分发挥围岩的自承能力。但必须指出，围岩的这种作用是有限的，当 $P_i$ 降低到一定值后，塑性区再扩大，围岩就要出现松动塌落。刚出现松动塌落时的围岩压力称为最小围岩压力(见图 5-12 中 $P_{i\min}$)，若支护不及时，此后围岩压力就要大大增加。

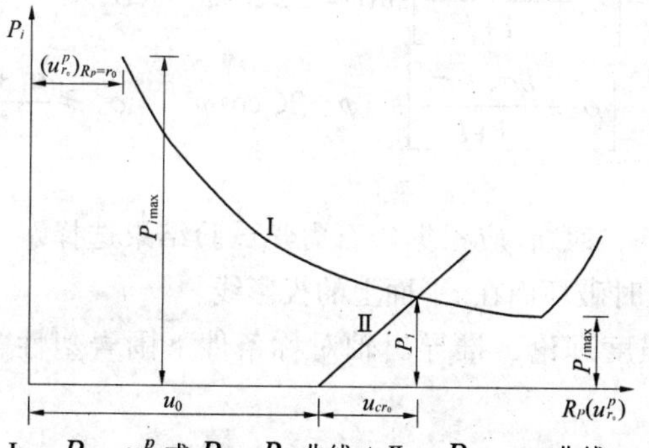


I — $P_i \sim u_{r_0}^p$ 或 $P_i \sim R_p$ 曲线；II — $P_i \sim u_{cr_0}$ 曲线；

$(u_{r_0}^p)_{R_p=r_0}$ —刚出现塑性区时洞壁径向位移

**图 5-12　$P_i \sim R_p$ 曲线**

若假设松动区边界上切向应力为原岩应力，则松动区半径 $R_l$ 计算公式为

$$R_l = r_0\left[\frac{(P + C\cot\varphi)(1-\sin\varphi)}{(P_i + C\cot\varphi)(1+\sin\varphi)}\right]^{\frac{1-\sin\varphi}{2\sin\varphi}} = R_p\left(\frac{1}{1+\sin\varphi}\right)^{\frac{1-\sin\varphi}{2\sin\varphi}} \tag{5-42}$$

在用芬纳公式计算围岩压力时，必须知道塑性区半径 $R_p$ 的大小，$R_p$ 值需要通过实测或假定得到。

圆形隧洞围岩压力计算公式还可由洞壁的塑性位移 $u_{r_0}^p$ 来确定，其表达式为

$$q=\left(P+C\cot\varphi\right)\left(1-\sin\varphi\right)\left(\frac{Mr_0}{4Gu_{r_0}^p}\right)^{\frac{\sin\varphi}{1-\sin\varphi}}-C\cot\varphi \tag{5-43}$$

式中：$G$ 为围岩剪切模量；$M=2P\sin\varphi+2C\cos\varphi$。

如果不考虑衬砌前岩体开挖的应力释放，且不考虑衬砌的破坏，按弹性力学中的厚壁筒理论，根据衬砌与岩体接触面的变形协调关系可得作用于衬砌上的围岩压力与洞壁塑性位移 $u_{r_0}^p$ 的另一表达式

$$q=\frac{2G_c\left(r_0^2-r_1^2\right)}{r_0\left[\left(1-2\mu_c\right)r_0^2+r_1^2\right]}u_{r_0}^p \tag{5-44}$$

由式(5-43)与式(5-44)可求得不考虑衬砌前岩体开挖应力释放条件下作用于衬砌上的围岩压力。

2)基于统一强度理论的围岩压力弹塑性解

统一强度理论是俞茂宏在双剪强度理论的基础上于 1991 年提出的，之后，他又于 2007 年将所提的统一强度理论扩展为包括线性和非线性的普遍形式的统一强度理论，使该理论将众多的屈服准则和破坏准则包容于其中，可以适用于更多的材料[4,5]。

在莫尔–库仑强度理论中，未考虑中间主应力 $\sigma_2$ 对岩石强度的影响，统一强度理论考虑到作用在应力单元体上的所有剪应力及其相应的正应力对材料屈服或破坏的不同影响，并充分考虑了中间主应力 $\sigma_2$ 在不同应力条件下对材料屈服或破坏的影响。其一般数学表达式为[6]

$$\begin{cases}F=\sigma_1-\dfrac{b\sigma_2+\sigma_3}{1+b}+\left[\sigma_1+\dfrac{b\sigma_2+\sigma_3}{1+b}\right]\sin\varphi=2C\cos\varphi & \sigma_2\leqslant\dfrac{\sigma_1+\sigma_3}{2}+\dfrac{\sigma_1-\sigma_3}{2}\sin\varphi\\ F'=\dfrac{b\sigma_2+\sigma_1}{1+b}-\sigma_3+\left[\sigma_3+\dfrac{b\sigma_2+\sigma_1}{1+b}\right]\sin\varphi=2C\cos\varphi & \sigma_2\geqslant\dfrac{\sigma_1+\sigma_3}{2}+\dfrac{\sigma_1-\sigma_3}{2}\sin\varphi\end{cases} \tag{5-45}$$

式中，$b$ 为统一强度理论参数，应根据岩石力学试验结果选择。图 5-13 给出了不同 $b$ 值时破坏面在π平面上的投影线。

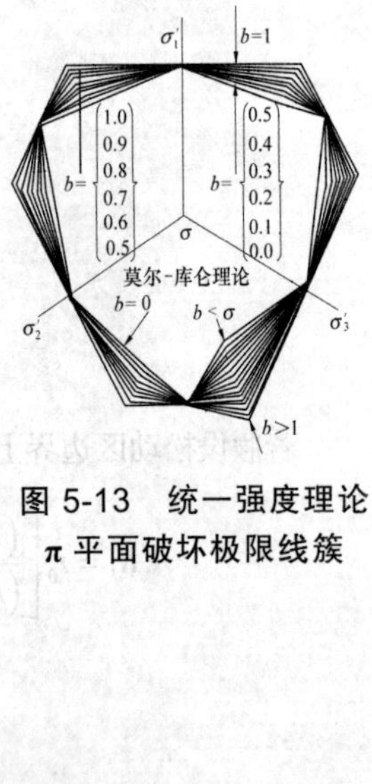

图 5-13　统一强度理论π平面破坏极限线簇

范文等基于统一强度理论，推导出轴对称条件下围岩塑性变形压力计算公式[7]

$$q=\left(1-\sin\varphi_t\right)\left(P+C_t\cot\varphi_t\right)\left(\frac{r_0}{R_p}\right)^{\frac{2\sin\varphi_t}{1-\sin\varphi_t}}-C_t\cot\varphi_t \tag{5-46}$$

$$\sin\varphi_t=\frac{2\left(1+b\right)\sin\varphi}{2\left(1+b\right)+mb\left(\sin\varphi-1\right)} \tag{5-47}$$

$$C_t = \frac{2(1+b)C\cos\varphi}{\left[2(1+b)+mb(\sin\varphi-1)\right]\cos\varphi_t} \tag{5-48}$$

式中，$C_t$、$\varphi_t$ 分别为统一黏聚力和内摩擦角，当材料达到塑性状态时，$m \to 1$。

当 $b=0$ 时，统一强度理论公式即变换为莫尔–库仑强度公式，式(5-46)即为芬纳公式。同样，采用该公式计算围岩压力时仍需先确定塑性区半径。若已知洞壁位移 $u$，则可采用下式计算围岩压力

$$q = (1-\sin\varphi_t)(P + C_t\cot\varphi_t)\left(\frac{r_0\sin\varphi_t(P+C_t\cot\varphi_t)}{2Gu}\right)^{\frac{\sin\varphi_t}{1-\sin\varphi_t}} - C_t\cot\varphi_t \tag{5-49}$$

因此，可根据实测围岩位移，采用式(5-49)确定作用于衬砌上的围岩压力。

根据岩石力学性质和实际工程情况，合理确定统一强度理论参数 $b$，可较准确地评估围岩压力的大小，依此合理地选择支护结构。计算结果显示，取不同的 $b$ 值对塑性圈半径影响不大，但对围岩压力影响较大。

3)基于非线性强度理论的裂隙岩体隧洞围岩压力弹塑性解

Hoek-Brown 经验准则具有非线性特性，能较好地反映岩体的强度特性，因而得到广泛应用。Hoek-Brown 经验准则将节理化岩体视为均匀连续介质，通过参数 $m$、$s$、$\alpha$ 和 $\sigma_c$ 来反映岩性和岩体结构特性，并认为如果节理岩体中的应力状态满足 Hoek-Brown 经验准则，岩体将屈服或破坏，有关该准则的介绍见本书第 2 章的相关内容。

宋建波等借鉴芬纳公式的推导过程，采用 Hoek-Brown 强度准则推导了圆形隧洞支护压力的计算公式[8]

$$q = \frac{m_r\sigma_c}{4}\left[2\sqrt{\frac{P - M\sigma_c + s_r\sigma_c/m_r}{m_r\sigma_c}} + \ln\left(\frac{r_0}{R_p}\right)\right]^2 - \frac{s_r}{m_r}\sigma_c \tag{5-50}$$

$$M = \frac{1}{2}\sqrt{\left(\frac{m}{4}\right)^2 + \frac{mP}{\sigma_c} + s} - \frac{m}{8} \tag{5-51}$$

式中：$r_0$、$R_p$ 分别为隧洞开挖半径和塑性区半径；$\sigma_c$ 为岩块单轴抗压强度；$P$ 为原岩应力；$m_r$、$s_r$ 为岩体完全塑性时的经验参数。

采用式(5-50)计算围岩压力时仍需先确定塑性区半径。若已知洞壁位移 $u$，则可采用下式计算围岩压力

$$q = \left[\sqrt{P - M\sigma_c + s_r\sigma_c/m_r} - \frac{\sqrt{m_r\sigma_c}}{4}\ln\left(\frac{2uG}{M\sigma_c r_0}\right)\right]^2 - \frac{s_r}{m_r}\sigma_c \tag{5-52}$$

以上各压力计算公式均未考虑围岩塑性破坏区岩体的自重，因此不能完全反映围岩作用于衬砌上的压力。研究表明，岩体自重对洞室帮壁和顶、底板中围岩的应力和变形的影响程度并不相同。帮壁的应力和变形在很大程度上不受塑性圈岩体自重的影响，而在顶、底板中则不容忽略岩体自重的作用。因而，Hoek 于 1980 年提出了对顶、底板

支护压力的粗略修正方法，并认为这种粗略的简化能够对破碎岩体自重的影响做出合理的估计，其修正公式为

顶板：
$$q' = q + \gamma\left(R_p - r_0\right) \tag{5-53}$$

底板：
$$q' = q - \gamma\left(R_p - r_0\right) \tag{5-54}$$

式中：$q'$ 为考虑岩体自重修正后的支护压力；$q$ 为计算的支护压力，可由式(5-52)计算。

但是 Hoek-Brown 经验准则没有考虑中间主应力的影响。昝月稳等综合统一强度理论和强度准则的优点，提出了以下岩体非线性统一强度准则[9]

$$\begin{cases} F = \left[\sigma_1 - \dfrac{1}{1+b}\left(b\sigma_2 + \sigma_3\right)\right] - \sigma_c\left[\dfrac{m}{(1+b)\sigma_c}\left(b\sigma_2 + \sigma_3\right) + s\right]^{\alpha} = 0 & (F \geqslant F') \\ F' = \left[\dfrac{1}{1+b}\left(\sigma_1 + b\sigma_2\right) - \sigma_3\right] - \sigma_c\left[\dfrac{m}{\sigma_c}\left(\sigma_3 + b\sigma_2\right) + s\right]^{\alpha} = 0 & (F < F') \end{cases} \tag{5-55}$$

式中：$b$ 为中间主应力参数；$M$、$S$ 为经验参数；$\alpha$ 的取值范围一般为 $0 < \alpha \leqslant 1.0$，对于完整岩石，$\alpha$ 取为 0.5。

周小平等根据非线性统一强度准则确定了瞬时摩擦角，进而获得了节理岩体圆形隧洞围岩滑动区和支护压力的封闭形式的理论解[10]。

需要指出的是，采用解析法仅能得出一定条件下的围岩变形压力，对于复杂的情况，可借助数值模型进行分析，具体方法见第 9 章。

## 5.2.5 工程技术规范采用方法简介

### 5.2.5.1 《铁路隧道设计规范》（TB 10003—2005）采用方法[11]

计算深埋隧道衬砌时，围岩压力按松散压力考虑，垂直压力 $q$ 计算公式为

$$q = \gamma h_q \tag{5-56}$$

$$h_q = 0.45 \times 2^{S-1}\omega \tag{5-57}$$

式中：$h_q$ 为荷载等效高度，m；$\gamma$ 为围岩重度，kN/m$^3$；$S$ 为围岩级别；$\omega$ 为宽度影响系数，$\omega = 1 + i(B-5)$；$B$ 为隧道宽度，m；$i$ 为隧道宽度每增减 1 m 时的围岩压力增减率，当 $B<5$ m 时，取 $i$=0.2，当 $B>5$ m 时，取 $i$=0.1。

围岩水平均布压力按表 5-2 所列方法计算。

表 5-2 围岩水平均布压力计算

| 围岩级别 | Ⅰ～Ⅱ | Ⅲ | Ⅳ | Ⅴ | Ⅵ |
|---|---|---|---|---|---|
| 水平均布压力 | 0 | $<0.15q$ | $(0.15\sim0.30)q$ | $(0.30\sim0.50)q$ | $(0.50\sim1.00)q$ |

### 5.2.5.2 《公路隧道设计规范》(JTG D70—2004)采用方法[12]

该规范规定Ⅰ～Ⅲ级围岩中的深埋隧道，围岩压力以变形压力为主，其值可按释放荷载计算。

Ⅳ～Ⅵ级围岩中的深埋隧道，围岩压力为松散荷载时，其垂直压力和水平压力的

计算方法与《铁路隧道设计规范》(TB10003—2005)中所给公式相同。

浅埋和深埋隧道的分界，按荷载等效高度值，并结合地质条件、施工方法等因素综合判定。在矿山法施工的条件下，Ⅳ～Ⅵ级围岩取浅埋隧道分界深度 $H_p = 2.5h_q$（$h_q$ 为荷载等效高度，见式(5-57)，Ⅰ～Ⅲ级围岩取 $H_p = 2h_q$。

对于浅埋隧道，埋深 $H$(为洞顶至地面的距离)小于或等于荷载等效高度 $h_q$ 时，荷载视为垂直均布压力，为

$$q = \gamma H \tag{5-58}$$

侧向压力 $e$ 按均布考虑时其值为

$$e = \gamma\left(H + \frac{1}{2h}\right)\tan^2\left(45 - \frac{\varphi_c}{2}\right) \tag{5-59}$$

式中：$h$ 为隧道高度，m；$\varphi_c$ 为围岩计算摩擦角(°)。

埋深大于 $h_q$ 小于等于 $H_p$ 时，作用于支护上的垂直均布荷载

$$q = \gamma H\left(1 - \frac{H}{B}\lambda\tan\theta\right) \tag{5-60}$$

$$\lambda = \frac{\tan\beta - \tan\varphi_c}{\tan\beta\left[1 + \tan\beta\left(\tan\varphi_c - \tan\theta\right) + \tan\varphi_c\tan\theta\right]} \tag{5-61}$$

$$\tan\beta = \tan\varphi_c + \sqrt{\frac{\left(\tan^2\varphi_c + 1\right)\tan\varphi_c}{\tan\varphi_c - \tan\theta}} \tag{5-62}$$

式中：$B$ 为隧道宽度，m；Ⅰ～Ⅲ级围岩取 $\theta = 0.9\varphi$，Ⅳ级围岩取 $\theta = (0.7 \sim 0.9)\varphi$，Ⅴ级围岩取 $\theta = (0.5 \sim 0.7)\varphi$，Ⅵ级围岩取 $\theta = (0.3 \sim 0.5)\varphi$，$\varphi$ 为围岩内摩擦角(°)。

#### 5.2.5.3　《水工隧洞设计规范》(SL 279—2002)采用方法[13]

该规范给出了下列经验公式计算薄层状及碎裂散体结构的围岩压力

$$q = S_v \gamma B \tag{5-63}$$

$$e = S_h \gamma h \tag{5-64}$$

式中：$q$、$e$ 分别为垂直均布围岩压力和水平均布围岩压力；$S_v$ 为垂直方向围岩压力系数，取值为 0.2～0.3；$S_h$ 为水平方向围岩压力系数，取值为 0.05～0.10；$B$、$h$ 分别为隧洞开挖宽度和高度。

该规范还规定：对于不能形成稳定拱的浅埋隧洞，宜按洞室顶拱的上覆岩体重力作用计算围岩压力；对于块状、中厚层至厚层状结构的围岩，可根据围岩中不稳定块体的作用力来确定围岩压力；对于采取了初期支护或加固措施的围岩，其后期作用于衬砌上的压力可不计或少计。

## 5.3　水压力

水压力可分为外水压力和内水压力，外水压力是和水工有压隧洞中内水压力相对而言的，铁路、公路隧道一般不存在内水压力，其衬砌水荷载与外水压力指的是同一概

念，作用对象均为衬砌。当衬砌材料(如混凝土)具有一定的渗透性、隧洞衬砌和围岩结合紧密时，可以认为，地下水的渗流运动是连续的，不仅存在于岩体渗流场中，同时也存在于衬砌中，可以理解为一种体积力。当衬砌与围岩结合不紧密、衬砌不透水或渗透性极小时，地下水从围岩中渗出，充填衬砌与围岩间空隙，地下水压力将直接作用于衬砌的外表面，应视水压力为边界力。

## 5.3.1 外水压力

### 5.3.1.1 理论公式

采用图 5-14 所示的简化计算模型确定作用于衬砌上的水压力。

假定围岩为各向同性均匀连续介质，隧洞为圆形，地下水头很高，设为 $H_e$，水流为稳定流，其运动规律服从 Darcy 定理，水在水头下降的瞬间就释放出来，并假定隧洞的排水是通过衬砌均匀渗水实现的。这时根据无限含水层中井的理论[14]，可推导出隧洞中无内水压时地下水排放量 $Q$ 和衬砌外水压力 $P_e$ 以及注浆圈外的渗透水压 $P_g$ 的计算公式，即

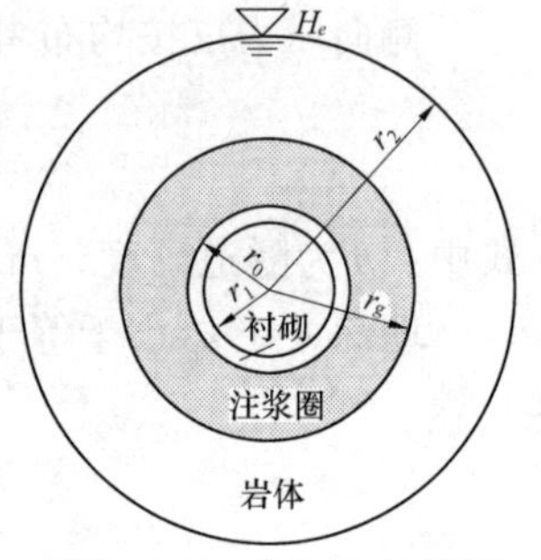


**图 5-14 简化计算模型**

$$Q=\frac{2\pi H_e k_r}{\ln\frac{r_2}{r_g}+\frac{k_r}{k_g}\ln\frac{r_g}{r_0}+\frac{k_r}{k_s}\ln\frac{r_0}{r_1}} \tag{5-65}$$

$$P_e=\gamma h_1=\frac{\gamma H_e\ln(r_0/r_1)}{\ln\frac{r_0}{r_1}+\frac{k_s}{k_r}\ln\frac{r_2}{r_g}+\frac{k_s}{k_g}\ln\frac{r_g}{r_0}} \tag{5-66}$$

$$P_g=\gamma h_g=\frac{\gamma H_e\ln(r_2/r_g)}{\ln\frac{r_2}{r_g}+\frac{k_r}{k_g}\ln\frac{r_g}{r_0}+\frac{k_r}{k_s}\ln\frac{r_0}{r_1}} \tag{5-67}$$

式中：$r_0$ 为衬砌外径；$r_1$ 为衬砌内径；$r_g$ 为注浆圈半径；$r_2$ 为远场距离，等于 $H_e$；$k_s$ 为衬砌渗透系数；$k_g$ 为注浆圈渗透系数；$k_r$ 为岩体渗透系数；$h_1$、$h_g$ 分别为衬砌和注浆加固圈外的水头。

由式(5-65)～式(5-67)计算结果可知，采取完全封堵措施(即 $Q$=0 情况)不能发挥注浆加固圈对渗透水压的衰减作用，只有在考虑衬砌的排水性能即采取排水措施时才能发挥注浆加固圈对渗透水压的衰减作用。对岩体注浆有助于减小隧洞排放外水量，注浆后仍然要在衬砌背后设置地下水排导系统，并且在衬砌结构设计时仍要考虑衬砌外水压力[15]。

### 5.3.1.2 数值分析

采用理论方法仅能得出理想情况下的外水压力计算公式，对于复杂问题，可通过数值分析研究地下水对隧洞衬砌的作用。大型商用软件 FLAC$^{3D}$ 可模拟地下水在围岩及衬砌中的渗流过程，渗流计算中采用如下控制微分方程[16]：

(1)平衡方程。

对于小变形，流体质点平衡方程为

$$-q_{i,i}+q_v=\frac{\partial \varsigma}{\partial t} \tag{5-68}$$

式中：$q_{i,i}$为渗流速度，$i$=1,2,3,；$q_v$为体积流源强度；$\varsigma$为单位体积孔隙介质的流体体积变化量；$t$为时间。

对于饱和岩体，有

$$\frac{\partial \varsigma}{\partial t}=\frac{1}{M}\frac{\partial p}{\partial t}+\alpha\frac{\partial \varepsilon}{\partial t} \tag{5-69}$$

式中：$p$为孔隙压力；$M$为 Biot 模量；$\alpha$为有效应力的 Biot 系数；$\varepsilon$为体积应变。

(2)传导方程。

流体的传导由 Darcy 定律描述，对于均质、各向同性固体和流体，其密度为常量，该方程可表示为

$$q_i=-k\left[p-\rho_f x_i g_i\right] \tag{5-70}$$

式中：$k$ 为介质的渗透系数；$\rho_f$为流体密度；$g_i$ ($i=1,2,3$)为加速度向量；$x_i$ ($i$=1,2,3)为坐标向量。

(3)本构方程。

体积应变的改变引起流体孔隙压力的变化，反过来，孔隙压力的变化也会导致体积应变的发生。孔隙介质本构方程的增量形式为

$$\Delta\breve{\sigma}_{ij}+\alpha\frac{\partial p}{\partial t}\delta_{ij}=H_{ij}^{*}(\sigma_{ij},\Delta\varepsilon_{ij}) \tag{5-71}$$

式中：$\Delta\breve{\sigma}_{ij}$为应力增量；$H_{ij}^{*}$为给定函数；$\sigma_{ij}$为总应力；$\Delta\varepsilon_{ij}$为应变增量；$\delta_{ij}$为 Kronecker 符号。

(4)相容方程。

应变率和速度梯度之间的关系为

$$\xi_{ij}=\frac{1}{2}\left[v_{i,j}+v_{j,i}\right] \tag{5-72}$$

式中：$v_{i,j}$为介质中某点的速度；$\xi_{ij}$为介质中某点的应变率；$i,j$=1,2,3。

在渗流计算中有四种类型的边界条件，它们分别是：①给定孔隙水压力；②给定边界外法线方向流速分量；③透水边界；④不透水边界。不透水边界为程序默认边界，透水边界采用如下形式给出

$$q_n=h(p_b-p_e) \tag{5-73}$$

式中：$q_n$为边界外法线方向流速分量；$h$为渗漏系数；$p_b$为边界面处的孔隙水压力；$p_e$为渗流出口处的孔隙水压力。

在衬砌上打排水孔是水工隧洞常用的排水方式，本书作者采用 FLAC$^{3D}$ 软件研究了排水孔布置对作用于衬砌上外水压力的影响。

模型的边界条件为：两侧边界为不透水边界，上下边界为透水边界，无衬砌时隧洞开挖边界为透水边界，有衬砌时衬砌内侧为透水边界。

工程中可采用排水子结构方法或将排水孔作为网格中给定水头的节点等方法模拟排水孔排水效果，前一种方法受网格疏密的影响较小，且计算精度较高，后一种方法仅

在单元较密时才能保证计算的精度。结合 FLAC$^{3D}$ 软件的特点，选用后一种方法模拟排水孔排水降压效应。排水孔布置方式见表 5-3，数值计算结果见图 5-15。

**表 5-3　排水孔布置方式**

| 编　号 | 方式 1 | 方式 2 | 方式 3 |
|---|---|---|---|
| 分布形式 | 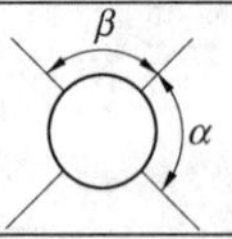 | 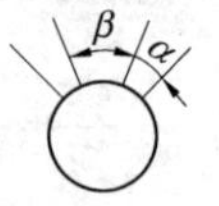 | 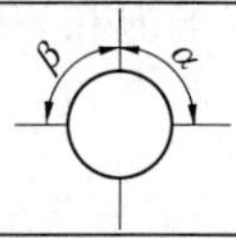 |
| 说　明 | $\alpha$、$\beta$ 分别为 90° | $\alpha$、$\beta$ 分别为 22.5° 和 45° | $\alpha$、$\beta$ 分别为 90° |

数值计算结果表明，三种排水孔布置方式中，方式 3 排水降压效果最佳，方式 2 排水降压效果最差，方式 1 的排水降压效果与方式 3 相近。图 5-15 显示，与方式 1 和方式 3 相比，采用方式 2 布置排水孔时无法有效地降低作用于衬砌底部的外水压力，因此其降压效果较差。

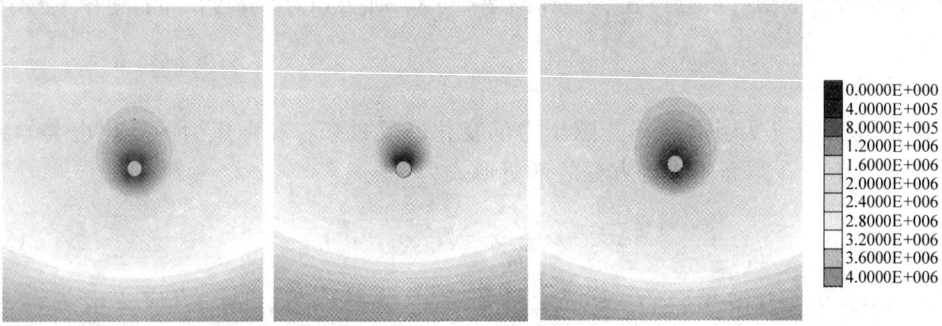


(a)方式 1　(b)方式 2　(c)方式 3

**图 5-15　各排水孔布置方式下局部围岩孔隙水压力分布图**

图 5-16 显示不同排水孔深对外水压力的影响，由图可见，当排水孔打穿衬砌时排水降压效果最明显。此后随着排水孔深的增加，作用于衬砌上的外水压力近似呈线性降低。

此外，也利用数值模型计算了注浆范围对外水压力的影响，由图 5-17 可见，作用于衬砌上的最大外水压力与注浆圈厚度成反比，注浆范围越大，作用于衬砌上的外水压力越小。计算结果显示，通过增加注浆圈厚度降低外水压力的效果并不显著，特别是外水头较低时。若地下水位较高，单纯增加注浆圈厚度来降低外水压力对衬砌作用的效果有限，应将注浆与各种排水方法相结合，达到降低外水压力对衬砌作用和减少渗透量的双重目的。

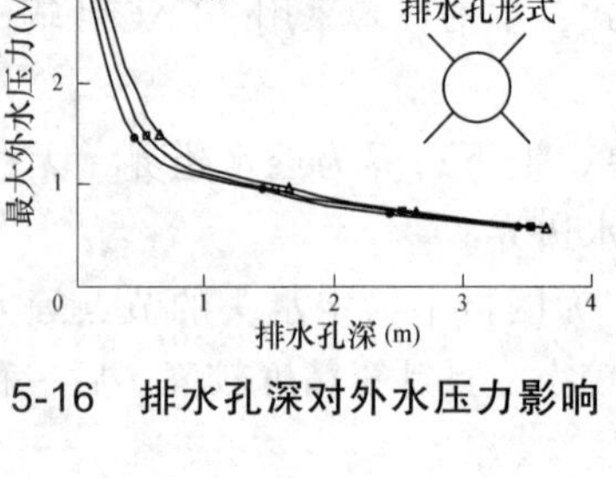


**图 5-16　排水孔深对外水压力影响**

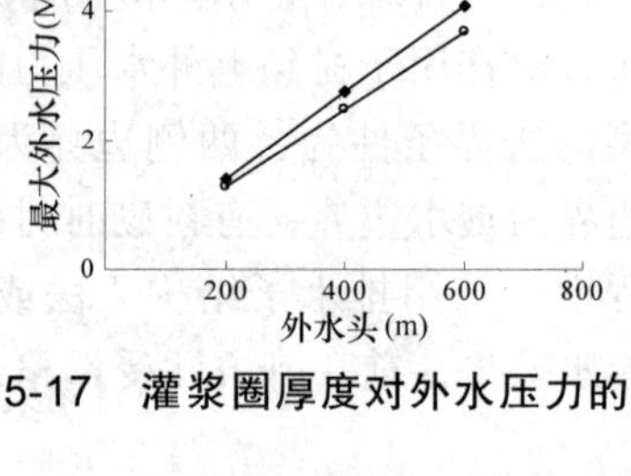


**图 5-17　灌浆圈厚度对外水压力的影响**

#### 5.3.1.3　经验公式

外水压力受围岩的渗透系数、岩层结构、地质构造、渗流类型、衬砌形式、补给水源、排水或出水点等因素影响，其值很难准确确定。数值分析上可采用渗流数值分析来确定外水压力，但由于围岩的水文地质参数较难确定、计算工作量较大等，这种计算通常只在重要工程或重要洞段的结构计算中使用，工程中更多的是采用经验公式计算外水压力。我国《水工隧洞设计规范》(SL 279—2002)[13]中给出下式计算作用于衬砌上的外水压力

$$P_e = \beta\gamma_w H_e \tag{5-74}$$

式中：$P_e$为作用在衬砌外表面的地下水压力；$\beta$为外水压力折减系数，取值见表 5-4；$\gamma_w$为水的重度；$H_e$为作用在衬砌上的外水头，内水外渗时取内水压力。

表 5-4　SL 279—2002 规定外水压力折减系数 $\beta$ 值

| 级别 | 地下水活动状态 | $\beta$ 值 |
|---|---|---|
| 1 | 洞壁干燥或潮湿 | 0 ~ 0.20 |
| 2 | 沿结构面有渗水或滴水 | 0.10 ~ 0.40 |
| 3 | 沿裂隙或软弱结构面有大量滴水、线状流水或喷水 | 0.25 ~ 0.60 |
| 4 | 严重滴水，沿软弱结构面有小量涌水 | 0.40 ~ 0.80 |
| 5 | 严重股状流水，断层等软弱带有大量涌水 | 0.65 ~ 1.00 |

注：当有内水组合时，$\beta$ 应取较小值；当无内水组合时，$\beta$ 应取较大值。

外水压力折减系数受多种因素的影响，设计时应视具体工程地质情况综合分析确定。国内一些单位根据工程经验提出了不同的外水压力折减系数取值方法，参见表 5-5 和表 5-6[17]。

表 5-5　按 $k_r / k_s$ 确定外水压力折减系数 $\beta$ 值

| $k_r / k_s$ | 0 | ∞ | 500 | 50 ~ 500 | 5 ~ 10 | 1 |
|---|---|---|---|---|---|---|
| $\beta$ 值 | 0 | 1 | 1 | 0.86 ~ 0.94 | 0.3 ~ 0.6 | 0.03 ~ 0.08 |

注：$k_r$ 为岩体渗透系数；$k_s$ 为衬砌渗透系数。

表 5-6　天生桥二级电站外水压力折减系数 $\beta$ 值

| 级别 | 隧洞岩体水文地质条件 | $\beta$ 值 |
|---|---|---|
| 1 | 潮湿渗水洞段 | 0.1 ~ 0.3 |
| 2 | 渗水、滴水洞段 | 0.3 ~ 0.5 |
| 3 | 滴水、脉状涌水洞段 | 0.5 ~ 0.8 |
| 4 | 管道涌水及大量涌水洞段 | 0.8 ~ 1.0 |

张有天建议无内压时作用于衬砌上的外水压力按下式计算[18]

$$P_e = \beta_1\beta_2\beta_3\gamma_w H_e \tag{5-75}$$

式中：$\beta_1$为初始渗流场隧洞轴线处外水压力修正系数；$\beta_2$为考虑衬砌与围岩渗透系数相对值时对外水压力的修正系数；$\beta_3$为考虑排水设施时对外水压力的修正系数。

外水压力修正系数$\beta_1$的取值与隧洞所在山体中的位置、山体的地形及地质条件有关，取值参见表 5-7。修正系数$\beta_2$即为式(5-74)中的$\beta$，但张有天建议对规范中取值进行修订，表 5-8 给出了$\beta_2$建议值。张有天根据引滦入津隧洞及万家寨引黄南干线 7 号隧洞的实践经验，建议在排水钻孔深 2～3 m 的条件下，修正系数$\beta_3$可按表 5-9 选用。

**表 5-7　外水压力修正系数 $\beta_1$ 建议值**

| 序号 | 隧洞条件 | $\beta_1$值 |
|---|---|---|
| 1 | 山体雄厚的傍山隧洞 | 0.7～1.0 |
| 2 | 山脊下的隧洞 | 0.5～0.8 |
| 3 | 穿过孤立山体的隧洞 | 0.3～0.6 |
| 4 | 岩溶发育山体中的隧洞 | 0.1～0.5 |
| 5 | 穿过沟谷底部或有承压水地层中的隧洞 | 1.05～1.25 |

注：隧洞穿过有承压水地层时，特别是向斜地层，$\beta_1 \geqslant 1$，外水压力按实测值采用。

**表 5-8　外水压力修正系数 $\beta_2$ 建议值**

| 洞段地下水活动状态 | 吕荣值(Lu) | $\beta_2$值 |
|---|---|---|
| 洞壁干燥 | <0.5 | 0～0.15 |
| 沿结构面有滴水 | 0.5～1.0 | 0.10～0.35 |
| 沿结构面有大量滴水 | 1.0～3.0 | 0.30～0.55 |
| 沿结构面有线状流水 | 3.0～10.0 | 0.50～0.85 |
| 沿结构面有股状流水 | >10.0 | 0.80～1.00 |

注：吕荣值较小或衬砌混凝土施工质量较差时$\beta_2$取小值，若采取特殊防渗措施，如进行高压固结灌浆，吕荣值可予以降低。

**表 5-9　沿隧洞周边钻排水孔时外水压力修正系数 $\beta_3$ 建议值**

| 沿洞轴线孔距 | $D/3$ | $D$ | $2D$ |
|---|---|---|---|
| 沿顶拱布置 1 排孔 | 0.3～0.5 | 0.5～0.7 | 0.7～0.9 |
| 沿洞周均匀布置 4 排孔 | 0.15～0.25 | 0.25～0.35 | 0.35～0.45 |

注：$D$为隧洞直径。直径大者，$\beta_3$取最大值。若隧洞不可能每年放水检查并清洗排水孔，则$\beta_3$应采用最大值。

对于高内水压力隧洞的外水压力问题，张有天建议[18]，当内水水头$H_i$高于地下水位静水头时，内水外渗只改变渗流场，一般对地下水位影响很小。若未设排水设施，即$\beta_3=1$，则作用于衬砌外的水头为

$$H_e=(1-\beta_2)H_i \tag{5-76}$$

当内水作用下衬砌出现裂缝，$\beta_2 \to 0$时，则$H_e=H_i$，即外水压力接近内水压力。

## 5.3.2　内水压力

分析有压隧洞内水压力对衬砌的作用理论目前主要有两种，即面力理论和体力理论。面力理论假定衬砌不透水，将内水压力作为面力来考虑；体力理论认为衬砌透水，内水压力作为体力考虑。体力理论与面力理论在计算概念上最大的区别是体力理论可以不服从衬砌与围岩变形相容条件，即衬砌可以与围岩脱离。而衬砌若与围岩脱离，则衬砌受力只与衬砌的内、外水压差相关。

理论与实践均表明，当内水压力达到一定数值时，水工压力隧洞的钢筋混凝土衬砌必然开裂，开裂之后内水必然外渗。只要围岩透水性不是很强，在衬砌外缘必然作用有外水压力，且这个外水压力与洞内内水压力相差不大，特别是对于厚重、密实的围岩，衬砌所消耗的渗流水头将是很小的。

广州抽水蓄能电站(简称广蓄)在设计过程中曾做过比尺为 1∶2 的模型试验，模拟原分岔洞的一个分岔在高内水压力作用下钢筋混凝土衬砌受力变形的特点，以论证分岔洞钢筋混凝土衬砌工作的可靠性。模型洞内共布置有 12 个观测断面，最大试验水压力达 5.9 MPa。通过试验，发现了一个重要的现象：衬砌开裂后，半数以上的应变计拉应变减小，钢筋计拉应力减小，隧洞变形呈负增长，裂缝缝宽减小。上述现象表明，衬砌开裂后，内水沿混凝土裂缝外渗至围岩局部地带而对衬砌工作状态形成特殊的影响。混凝土衬砌将大部分内水压力传给围岩。对于高内水压力作用下的钢筋混凝土衬砌，最危险的工况是内水外渗后洞内放空速度过快，裂缝闭合使外渗的内水反渗受阻而形成分布不均匀的高外水压力的作用情况[19]。

天荒坪抽水蓄能工程(Ⅰ、Ⅱ类围岩为主，衬砌混凝土 R250，径厚比 0.062 5)和广蓄一、二期工程(Ⅰ、Ⅱ类围岩为主，衬砌混凝土 R300，径厚比 0.065 2)水工压力隧洞的实测资料显示，当隧洞内水压力大于 1.2 ~ 1.5 MPa 时，受混凝土的极限拉伸应变限制，隧洞混凝土衬砌将完全开裂成为透水衬砌，衬砌内外的水压差很小，衬砌内的钢筋应力也很小。内水压力均直接传递到围岩上，使围岩成为隧洞内水压力的承载结构，广蓄二期工程根据一期工程的运行观测结果，大幅度削减了衬砌配筋量，并采用单层钢筋，天荒坪工程隧洞衬砌亦采用单层配筋。

曹克明通过分析认为：采用钢筋混凝土衬砌的高压隧洞设计的重点宜放在围岩上；如隧洞埋深较大、岩体强度较高，在围岩渗透系数小于 $10^{-7}$ m/s 时，对于内水压力为 650 m 水头、内径为 8.5 m 的高压隧洞，配构造钢筋即可满足要求[20]。

因此，对于高内水压力作用下的钢筋混凝土衬砌隧洞，环向拉应力超过混凝土抗拉强度后衬砌开裂，对于内水外渗，此时体力理论与实际情况较符合，采用这一理论进行衬砌结构设计，可降低衬砌的配筋量。当内水压力较小时，实际工程中更多采用面力理论进行衬砌结构设计。此时内水压力 $P_i$ 计算公式为

$$P_i = \gamma_w H_i \tag{5-77}$$

式中：$\gamma_w$ 为水的重度；$H_i$ 为内水水头。

## 5.4 弹性抗力

隧洞衬砌是埋置于岩体(地层)中的一种结构，因此衬砌结构的计算是一个岩体加结构的问题，不能单纯地按独立结构进行分析计算，必须考虑岩体与结构之间的共同作用。岩体抗力或称弹性抗力，是岩体抵抗衬砌向围岩方向变形的能力，亦即围岩对衬砌的反作用力。目前，弹性抗力的确定方法有两种：一种是考虑岩体抗力与岩体位移无关，将其认为是与作用荷载相平衡的反作用力，一般预先对其分布形状进行假定；另一种则考虑岩体抗力从属于岩体的位移，如 Winkler(1867)的假定等。前一种方法类似于围岩压力的处理，后一种方法一般是假设围岩为理想的弹性体，衬砌相当于作用在弹性地基上的板，根据弹性地基反力与变位成正比的假定，可得弹性抗力的计算公式如下：

$$P = k\delta \tag{5-78}$$

式中：$P$ 为岩体的弹性抗力，$\mathrm{N/cm^2}$；$\delta$ 为岩体受力面的法向变位，cm；$k$ 为岩体的抗力系数，$\mathrm{N/cm^3}$，表示作用在 1 $\mathrm{cm^2}$ 面积岩体上，使该面积的岩层沿力方向位移 1 cm 所需的力。

岩体的变位 $\delta$ 值与隧洞的截面形式和尺寸、衬砌厚度、荷载大小等因素有关。影响岩体抗力系数的因素很多，其中主要有岩石的物理力学特性及其成层条件、隧洞的截面尺寸等。岩体越坚硬、整体性越好时，抗力系数越大。荷载平行于岩层层理时的抗力系数大于荷载垂直于岩层层理时的抗力系数。对于未被破坏的岩层，荷载的大小对抗力系数值的影响较小，而对于裂隙发育的岩层及非岩性地层，则抗力系数值随荷载的增加而减小。同时理论分析及试验资料还表明，抗力系数值随着隧洞截面尺寸的加大而减小。

通常是采用工程类比法或现场试验来确定抗力系数 $k$ 值。过去在计算不同跨径时的岩体弹性抗力系数时，一般采用下列关系式

$$k = \frac{100k_0}{r_0} \tag{5-79}$$

$$k_0 = \frac{E}{100(1+\mu)} \tag{5-80}$$

式中：$k$ 为已知洞径的岩体实际抗力系数，$\mathrm{N/cm^3}$；$r_0$ 为圆形隧洞截面开挖半径，cm，对于非圆形隧洞，则 $r_0$ 近似采用 $B/2$，$B$ 为截面开挖宽度；$k_0$ 为单位岩体抗力系数，即半径等于 100 cm 时的圆形隧洞的岩体抗力系数，$\mathrm{N/cm^3}$；$E$ 为岩体弹性模量，$\mathrm{N/cm^2}$；$\mu$ 为岩体的泊松比。

由于式(5-79)的关系仅对于圆形隧洞在受均布内水压力时才是合理的，而非圆形隧洞及其他荷载作用下的洞周应力是很不均匀的，如果仍采用均匀内水压力作用下的圆形隧洞的换算方法，显然是不合理的。因此，有关资料建议，对于无压隧洞的岩体抗力系数采用单一的 $k$ 值，如表 5-10 所示。表中所列 $k$ 值适用于 5 ~ 10 m 跨径的无压隧洞，对于跨径较大的隧洞，$k$ 值可适当降低，而跨径较小的隧洞，$k$ 值可相应提高[21]。

**表 5-10　无压隧洞岩体抗力系数**

| 岩石坚硬程度 | 代表岩石的名称 | 节理裂隙多少或风化程度 | 岩石抗力系数 $k$ (N/cm$^3$) |
|---|---|---|---|
| 坚硬岩石 | 石英岩、花岗岩、流纹斑岩、安山岩、玄武岩、厚层矽质灰岩等 | 节理裂隙少，新鲜<br>节理裂隙不太发育，微风化<br>节理裂隙发育，弱风化 | 2 000~5 000<br>1 200~2 000<br>500~1 200 |
| 中等坚硬岩石 | 砂岩、石灰岩、白云岩、砾岩等 | 节理裂隙少，新鲜<br>节理裂隙不太发育，微风化<br>节理裂隙发育，弱风化 | 1 200~2 000<br>800~1 200<br>200~800 |
| 较软岩石 | 砂页岩互层、黏土质岩石、致密的泥灰岩等 | 节理裂隙少，新鲜<br>节理裂隙不太发育，微风化<br>节理裂隙发育，弱风化 | 500~1 200<br>200~500<br>＜200 |
| 松软岩石 | 严重风化及十分破碎的岩石、断层、破碎带等 | | ＜100 |

在我国的铁路、公路隧道设计规范中，则按围岩级别给出了弹性抗力系数的标准值，见表 5-11[11,12]。

**表 5-11　各级围岩的弹性抗力系数标准值**

| 围岩级别 | Ⅰ | Ⅱ | Ⅲ | Ⅳ | Ⅴ | Ⅵ |
|---|---|---|---|---|---|---|
| 抗力系数 $k$(N/cm$^3$) | 1 800~2 800 | 1 200~1 800 | 500~1 200 | 200~500 | 100~200 | <100 |

需要指出的是，通常在松散地层中，围岩的弹性抗力系数指标很小，其对衬砌变形的约束作用亦很小，此时可忽略弹性抗力对衬砌的作用，衬砌结构的稳定主要依赖沿衬砌周边分布的围岩压力及自身的刚度。但在岩质隧洞中，围岩对衬砌的约束变形作用则非常显著，因此应慎重确定弹性抗力系数值，以便能合理地体现围岩弹性抗力对衬砌的作用。

# 5.5　施工荷载

## 5.5.1　灌浆压力

对于现浇混凝土衬砌及管片衬砌结构，回填灌浆必不可少，故把握灌浆压力的大小及分布十分重要。对于管片衬砌，在灌浆压力作用下，可能出现面板破损、封顶管片偏入隧洞内而造成接头破损、局部管片变形过大等现象，因此应对灌浆压力作用下衬砌的局部应力和变形进行校核。《水工隧洞设计规范》(SL 279—2002)中规定，非预应力灌浆对衬砌的不利影响，应通过施工措施及构造措施解决。现浇钢筋混凝土衬砌及管片衬砌的灌浆压力一般为 0.2 ~ 0.5 MPa[13]。

### 5.5.2 掘进机推进力

护盾式掘进机在硬岩中行进通常是依靠紧撑在洞壁上的支撑板(或称为撑靴)提供的反力来实现。而在软弱岩体中，岩体无法承担支撑板传来的强大压力，此时掘进机向前行进的推力主要是靠沿护盾尾部周边分布的千斤顶支撑在管片上获得，即掘进机的前进要依靠管片作为“后座”。这种情况下，掘进机千斤顶推力通常是施工过程中对管片影响最大的荷载，并可能成为影响管片衬砌设计的最主要荷载。各千斤顶顶力之和就是掘进机的总推力，在计算推力时，一定要考虑周全，总推进力必须大于各种推进阻力的总和，否则掘进机无法向前推进。推进阻力主要包括盾体与外部岩体的摩擦力、刀具切削岩体时的贯入阻力、掘进机正面的围岩压力、管片与盾尾间的摩擦阻力、变向阻力及后续设备的牵引力等。各种阻力及计算公式如下：

(1)盾体周边与岩体之间的摩擦力 $F_1$

$$F_1 = \mu_1(\pi DLP_m + W) \tag{5-81}$$

式中：$L$ 为盾壳总长度，即刀盘长度、主机盾壳长度及尾盾长度三者之和，m；$\mu_1$ 为盾壳与岩体的摩擦系数；$D$ 为盾壳直径；$P_m$ 为作用在盾壳上的平均围岩压力，kPa；$W$ 为与 $L$ 相对应的掘进机重量，kN。

(2)掘进机刀具切削岩体的贯入阻力 $F_2$

$$F_2 = ltK_pP_m \tag{5-82}$$

式中：$l$ 为工作面周边长度，m；$t$ 为刃脚贯入深度，m；$K_p$ 为被动围岩压力系数。

(3)掘进工作面正面阻力 $F_3$

$$F_3 = P_f\pi D^2/4 \tag{5-83}$$

式中：$P_f$ 为工作面正面压力，kPa。

(4)管片与盾尾之间的摩擦阻力 $F_4$

$$F_4 = \mu_2 G_2 \tag{5-84}$$

式中：$\mu_2$ 为盾壳与管片间的摩擦系数；$G_2$ 为成环管片重量，kN。

(5)变向阻力(曲线施工、纠偏等因素的阻力) $F_5$

$$F_5 = RS \tag{5-85}$$

式中：$R$ 为单位面积地层抗力，kPa；$S$ 为抵抗板在推进方向的投影面积，$m^2$。

(6)后方台车的牵引阻力 $F_6$

$$F_6 = \mu_3 G_1 \tag{5-86}$$

式中：$\mu_3$ 为台车车轮与钢轨之间的摩擦系数；$G_1$ 为后方台车重量，kN。

所需总推力为

$$\sum F = F_1 + F_2 + F_3 + F_4 + F_5 + F_6 \tag{5-87}$$

所需总推力也可由以上的 $F_1 + F_2 + F_3 + F_4$ 总和再乘以 2 来估算。

千斤顶推力属临时荷载，其对管片的影响程度与千斤顶数量、分布形式、行程等因素相关。千斤顶油缸轴心通常设计分布在管片的中心圆上，但由于不可避免地存在偏心距和偏心角，千斤顶推力可使管片环内产生过大应力，因此设计中必须予以充分注意。

如日本在盾构管片设计中考虑 1 cm 的偏心量验算千斤顶推力下管片衬砌的承载能力。

## 参 考 文 献

[1] 沈明荣. 岩体力学[M]. 上海：同济大学出版社，1999.

[2] 徐干成，白洪才，郑颖人，等. 地下工程支护结构[M]. 北京：中国水利水电出版社，2002.

[3] 樗木武. 隧道力学[M]. 关宝树，麦倜曾，译. 北京：中国铁道出版社，1983.

[4] YU M H，HE L N. A new model and theory on yield and failure of materils under the complex stress state[C] // JONO M，INOUE T ed.Mechanical Behaviour of Materials(ICM–6). Oxford：Pergamon Press，1991：841-846.

[5] 俞茂宏. 线性和非线性的统一强度理论[J]. 岩石力学与工程学报，2007，26(4)：662-669.

[6] 俞茂宏. 岩土类材料的统一强度及其应用[J]. 岩土工程学报，1994，16(2)：1-9.

[7] 范文，俞茂宏，孙萍，等. 硐室形变围岩压力弹塑性分析的统一解[J]. 长安大学学报(自然科学版)，2003(3).

[8] 宋建波，张倬元，于远忠，等. 岩体经验强度准则及其在地质工程中的应用[M]. 北京：地质出版社，2002.

[9] 昝月稳，俞茂宏，王思敬. 岩石的非线性统一强度准则[J]. 岩石力学与工程学报，2002，21(10)：1435-1441.

[10] 周小平，张永兴. 基于非线性强度理论的裂隙岩体圆形隧道扩展问题的弹塑性研究[J]. 应用力学学报，2006，23(3)：373-376.

[11] 中华人民共和国行业标准. TB 10003—2005 铁路隧道设计规范[S]. 北京：中国铁道出版社，2005.

[12] 中华人民共和国行业标准. JTG D70—2004 公路隧道设计规范[S]. 北京：人民交通出版社，2004.

[13] 中华人民共和国行业标准.SL 279—2002 水工隧洞设计规范[S]. 北京：中国水利水电出版社，2003.

[14] 雅·贝尔. 地下水水力学[M]. 许涓铭，译. 北京：地质出版社，1985.

[15] 王秀英，王梦恕，张弥. 山岭隧道堵水限排衬砌外水压力研究[J]. 岩土工程学报，2005，27(1)：125-127.

[16] 刘波，韩彦辉. FLAC原理、实例与应用指南[M]. 北京：人民交通出版社，2005.

[17] 王建秀，杨立中，何静. 深埋隧道衬砌水荷载计算的基本理论[J]. 岩石力学与工程学报，2002，21(9)：1339-1343.

[18] 张有天. 岩石水力学与工程[M]. 北京：中国水利水电出版社，2005.

[19] 张有天. 我国水工地下结构建设的理论与实践[J]. 水力发电，1999(10)：48-52.

[20] 曹克明，刘世明. 高内水压力作用下隧洞钢筋混凝土衬砌设计理论的探讨[J]. 华东水电技术，1991(3)：1-13.

[21] 熊启钧. 取水输水建筑物丛书——隧洞[M]. 北京：中国水利水电出版社，2002.

# 第 6 章　预制管片衬砌构造设计

盾构技术是现代地下工程中广为采用的一种施工技术，作为其技术重要组成部分的管片衬砌结构已成为地下结构中一种重要的形式，其主要构件包括管片、管片间的连接螺栓及防水充填材料等，通过预制管片的洞内拼装以及管片背后豆砾石灌浆等方法形成衬砌结构。预制管片衬砌的构造设计包括管片形式及尺寸的确定、管片的防水设计、管片的拼装及连接设计等内容。本章对目前预制混凝土管片的形式进行了分类，论述了预制混凝土管片构造设计的方法及原则。

## 6.1　预制管片衬砌形式

根据地质情况、隧洞使用功能等，工程技术人员设计出多种预制混凝土管片形式，以下分别从结构形式、组成材料以及管片形状等方面介绍各种管片的特点。

### 6.1.1　结构形式

钢筋混凝土管片结构形式有两种：箱形管片和平板形管片，管片形式见图 6-1 和图 6-2。箱形管片主要用于大直径隧洞，手孔较大，利于螺栓的穿入和拧紧，同时可节省大量混凝土材料，减轻结构自重，但在千斤顶的作用下容易开裂。箱形管片已在多项隧道工程中成功应用，如苏伊士运河水下隧道、日本东京新宿线隧道、德国慕尼黑地铁隧道、上海打浦路和延安东路越江隧道等。对于中小直径的隧洞，国内外普遍采用平板形管片，由于其手孔小，对管片截面削弱相对较少，因此对千斤顶推力有较大的抵抗能力。目前国内外很多大直径隧道也采用平板形管片，如 13.75 m 直径的德国易北河公路隧道、11 m 直径的上海大连路越江公路隧道等。

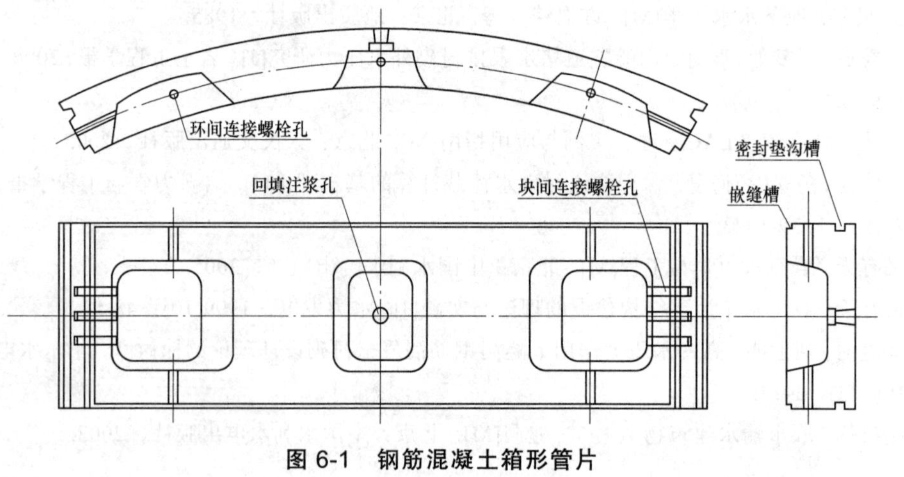


图 6-1　钢筋混凝土箱形管片

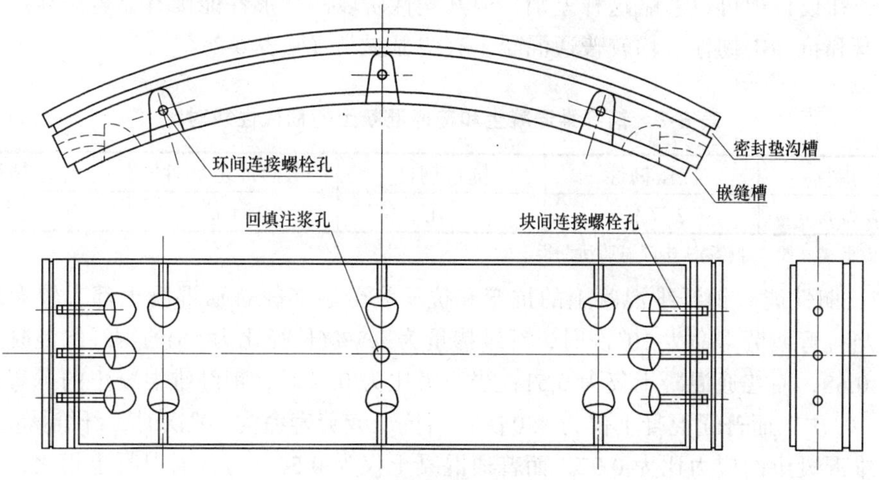


图 6-2　钢筋混凝土平板形管片

## 6.1.2　组成材料

在掘进机法开挖的交通、输水隧洞中，常采用钢筋混凝土预制管片衬砌形式。此外，设计人员根据地质情况并结合当前的新工艺、新材料，开发出以下高性能管片形式。

### 6.1.2.1　钢纤维混凝土管片

混凝土本身为一种脆性材料，其抗压强度高，而抗折、抗拉、抗冲击能力均较差，钢筋混凝土管片在运输、安装过程中局部碰撞或拉力过大往往会造成管片的破损。鉴于此，科研工作者提出在混凝土中加入钢纤维来提高管片的抗冲击和抗裂性能及增加预制管片的寿命。

与普通混凝土相比，钢纤维混凝土的主要优点表现在以下几个方面[1]：

(1)强度性能。钢纤维混凝土中的纤维主要作用在于阻碍混凝土内部微裂缝的扩展和阻滞宏观裂缝的发生和发展。因此，钢纤维对混凝土抗拉强度和主要由主拉应力控制的抗弯、抗剪、抗扭强度等有明显的改善作用。表 6-1 为纤维体积率在 1%～2%范围内的混凝土强度改善情况。

表 6-1　纤维体积率在 1%～2%范围内的混凝土强度改善情况

| 强度指标 | 抗拉强度 | 抗弯强度 | 抗剪强度 | 抗压强度 |
|---|---|---|---|---|
| 提高幅度(%) | 40～80 | 60～120 | 50～100 | 0～25 |

根据纤维增强机理的各种理论以及大量的试验数据分析，可以确定纤维的增强效果主要取决于基体强度纤维的长径比、纤维的体积率(掺入率)、纤维与基体间的黏结强度以及纤维在基体中的分布等因素。

(2)变形性能。钢纤维混凝土弹性阶段的变形性能与普通混凝土没有显著的差别，受压弹性模量和泊松比也基本相同，受拉弹性模量随纤维掺量的增加有 0～20%的小幅度提高，在设计中可以忽略这种差别，但其塑性阶段的变形性能则有显著提高。不论抗压、抗弯和抗冲击韧性，均较普通混凝土有明显提高（见表 6-2)。

**表 6-2 钢纤维混凝土和普通混凝土的韧性性能对比**

| 韧性指标 | 抗压韧性 | 抗弯韧性 | 弯曲冲击韧性 | 冲击韧性* |
|---|---|---|---|---|
| 提高幅度 | 2~7 倍 | 几十~几百倍 | 2~4 倍 | 几~几十倍 |

注：*由板式试件落球(锤)法击碎试验所测得。

(3)长期性能。钢纤维混凝土的抗弯和抗压疲劳性能较普通混凝土都有较大改善。例如，当抗弯疲劳寿命为 $10^6$ 次时，纤维掺量为 1.5%(长径比为 58)的钢纤维混凝土的应力比为 0.68，而普通混凝土仅为 0.51；当应力比为 0. 7 时，钢纤维混凝土的抗弯疲劳寿命超过 $10^5$ 次，而普通混凝土仅为 850 次；当抗压疲劳寿命为 $10^6$ 次时，纤维掺量为 2% 的钢纤维混凝土的应力比为 0.92，而普通混凝土仅为 0.56。与普通混凝土相比，钢纤维混凝土在各种物理因素作用下的耐久性都有不同程度的提高，其中耐冻蚀性、耐热性和抗气蚀性有显著提高，如经 150 次冻融循环，纤维掺量为 1.5%(长径比为 50，水灰比为 0.55)的钢纤维混凝土的抗压强度下降 20%，而水灰比为 0.55 的普通混凝土抗压强度则下降 60%。抗渗性能技术指标与普通混凝土相比没有变化，但由于其抗裂性能好，实际上具有较好的抗渗性，在某些结构形式(例如有抗渗要求的薄壁蓄液结构)中明显优于普通混凝土。钢纤维混凝土在空气、污水和海水中都呈现良好的耐腐蚀性。

1982 年，钢纤维混凝土管片首次在意大利输水隧洞中得到应用。很快，人们认识到了钢纤维管片的优势，如受到 TBM 挤压时不易掉帮。在输水隧洞中成功运用后，又于 1992 年在意大利那不勒斯地铁延线 3 标段中使用钢纤维混凝土管片。管片内径 5.8m，每环 6+1 片，管片厚 30 cm。原设计采用 106 kg/m$^3$ 的普通钢筋混凝土，后改为高性能钢纤维混凝土管片(钢纤维长径比 100，体积含量为 40 kg/m$^3$)。这在世界交通隧道中是首次应用这一类型管片。

1994 年英国首次在 Heathrow 国际机场 4 号与 1 号航站楼之间长 1.4 km 的连接隧道中使用钢纤维混凝土管片。将原设计管片中 100 kg/m$^3$ 的普通钢筋代之以 40 kg/m$^3$ 的高性能钢纤维(长径比 80)，管片厚度也从 20 cm 减为 15 cm。开工前的原型试验表明，钢纤维管片具有更好的应力分布，接缝处的性能得到改善。

2007 年 11 月开通的英国欧洲隧道连接线上总计 40 km 的隧道采用了钢纤维管片。该隧道管片内径 7.15 m，管片厚 35 cm，每环由 9+1 片管片组成。设计中的一个主要指标是 120 年的设计寿命。

在欧洲完成了多条隧洞的衬砌后，美国工程师开始探讨钢纤维管片的优点，并在 2005 年开工的长 4.8 km 的 Big Walnut Outfall Augmentation Sewer 项目隧洞中使用钢纤维管片。其后又在 5 条引水或排污隧洞中使用了钢纤维管片。

表 6-3 给出了国外部分已建的采用钢纤维混凝土管片作衬砌的隧道工程。如钢纤维混凝土管片衬砌不足以承受外部荷载(特别是来自掘进机推进过程中千斤顶的荷载)，可使用加少量钢筋的钢纤维混凝土管片。

**表 6-3　应用钢纤维混凝土管片的部分国外工程**

| 工程名称 | 英国 Heathrow 机场隧道 | 巴黎地铁 Eole 隧道 | 巴黎地铁 Meteor 隧道 | 德国 Essen 地铁隧道 | 南非 Lesotho 输水隧洞 |
|---|---|---|---|---|---|
| 岩性 | 伦敦黏土 | 石灰岩、大理岩、砂土 | 石灰岩、大理岩、砂土 | 大理岩 | 软弱泥岩、砂岩 |
| 埋深(m) | 13 ~ 23 | 30 | — | 30 | — |
| 管片衬砌长度(km) | 1.4 | 2×1.7 | 4.5 | 2×2.4 | 19 |
| 隧道(洞)内/外径(m) | 4.5/4.8 | 6.4/7.4 | 7.5/8.6 | 7.27/8.33 | 4.6/5.39 |
| 管片宽度/厚度(m) | 1.0/0.15 | 1.4/0.35 | 1.6/0.40 | 1.5/0.40 | 1.5/0.25 |
| 管片环块设计(块/环) | 7+1(封顶块) | 6(2 块 SFRC 管片) | 8 | 7+1(封顶块) | 5+1(封顶块) |
| 管片加筋量($kg/m^3$) | 构造配筋 | 83 | 83 | 85 | 120/186 |
| 钢纤维含量($kg/m^3$) | 30 | 30 | 60 | 60 | 35 ~ 60 |
| 钢纤维型号 | Dramix ZC60/.80 | Dramix ZC60/.80 | Dramix ZP30/.50 | Dramix ZP50/.60 | Dramix ZC50/.50 |

我国在 21 世纪初开展了对纤维混凝土管片技术的研究，在上海轨道交通 6 号线浦电路站—蓝村路站上行线区间采用钢筋钢纤维复合混凝土管片建造了 48 环的试验隧道。此后，又在北京地铁 10 号线北土城站—芍药居站区间采用了钢筋钢纤维复合混凝土管片。

相对于传统的钢筋混凝土管片，钢纤维混凝土管片具有如下经济效益优势：

(1)节约材料成本。用钢纤维取代管片中的全部或部分钢筋，在同等强度下可缩减衬砌厚度，节约混凝土用量。

(2)节省劳动力成本。减免了钢筋网加工工序，节省钢筋网加工时的材料消耗费和人工费。

(3)提高生产效率。纤维混凝土管片湿热养护周期缩短，提高了养护设备效率；纤维混凝土管片生产工序简化，生产周期缩短，生产效率提高。

#### 6.1.2.2　高强混凝土管片

管片衬砌作为隧洞的结构骨架和防水主体，除受到各种荷载作用外，还易受到各种介质的侵蚀，由于埋置于地下，结构失效后维修困难。因此，对混凝土的要求较高，不仅要求有较高的强度和抗渗性，还要求混凝土具有较高的耐久性，因此高强混凝土被广泛应用于隧洞衬砌管片中。

高强混凝土由于强度高，可以大幅度减少管片的配筋及截面尺寸，混凝土强度越高，所需管片截面厚度越小，配筋也越少。衬砌截面的减小意味着管片重量的降低，不但节省了材料，也降低了管片运输、拼装等施工费用及隧洞开挖量。

混凝土徐变对结构构件承载力有较大影响，在隧洞管片设计时如果忽略了徐变的影响或对其考虑不足，将降低隧洞结构的可靠度，并对其耐久性及防水性产生不利影响，结果可能造成工程事故。高强混凝土的总徐应变量，即干燥徐应变和基本徐应变之和，要比普通混凝土低得多，原因是高强混凝土硬化水泥浆强度和刚度高、气孔率低，相应的扩散性特征，如环境湿度、构件尺寸、养护等对徐变值的影响减少。因此，在隧洞管片中使用高强混凝土有利于提高其承载能力并延长隧洞的使用寿命。

高强混凝土采用高效减水剂、低水灰比，拌和物中水泥颗粒难以形成絮凝结构，水泥颗粒比较均匀地分布在拌和物中，相互间距离与普通混凝土相比近得多。因此，水泥颗粒间需要填充空隙的水化物较少，随着水泥水化的不断深入，水化生成为胶体和晶体的体积不断增大，它将填充一部分原先被水占据的空间，阻塞毛细管通道。水化过程结束后形成的毛细管也细得多，毛细管管孔降低，毛细管管压大，部分水化水泥浆的毛细管孔变成相对封闭的真空管，大大提高了混凝土的密实度及抗渗性能。由于具有较高的密实度和抗渗性，其比普通混凝土更耐化学腐蚀。

与普通混凝土相比，高强混凝土的早期强度较高，所需养护时间短。这个特点对管片的生产非常有利，早期强度高，则钢模周转快，减少了钢模的用量。混凝土养护时间短，则较小的养护场所和堆场就能满足施工的需要。

#### 6.1.2.3 钢–混凝土组合管片

该种管片由型钢与钢筋混凝土或素混凝土合成，亦称钢架混凝土(SRC)管片。这种管片利用钢材和混凝土特性的优点，可有效地缩小衬砌的厚度，降低管片的重量；可提高管片的刚度和强度，减小截面变形，提高衬砌止水能力；能使管片连接器与隧洞衬砌管片成为一个整体，提高管片的荷载传递性能和管片接头的强度；适用于围岩变形或外水压力较大的隧洞衬砌。

日本对 SRC 管片的研究和应用起步较早，这种管片首次应用是在东京一座排污隧洞接近进水井的 13 m 区段[2]。该排污隧洞采用盾构法在砂层中掘进。管片外径为 6.0 m，厚度为 0.275 m。管片主架采用突缘带波浪形凸出物的钢架，管片接头采用楔形连接装置。此后，川崎市的一条雨水排污隧洞全部采用 SRC 管片施工，该隧洞衬砌管片厚度仅为 20 cm，管片接头采用螺栓连接。由于 SRC 管片环的刚度很高，因此管片环的圆度很好。

#### 6.1.2.4 预应力管片

一般管片环及块间采用金属螺栓连接，管片内壁有较多的手孔，使用的金属件也较多，对衬砌承载面及防水性均有一定影响。为此，研究人员提出了预应力管片衬砌结构。其做法是将预制管片拼装成环，然后将预应力钢绞线插入预先埋设在管片内的套管中进行张拉和锚固，形成预应力管片环(见图 6-3 和图 6-4)。由于加入了预应力筋，可有效提高管片衬砌的真圆性、止水性、耐久性及抗内水压力能力。此外，还具有减少接头螺栓量、简化管片钢筋配置、节省拼装时间的特点，如日本研究资料显示，预应力管片的施工时间要比普通管片拼装时间节约 20%[3,4]。

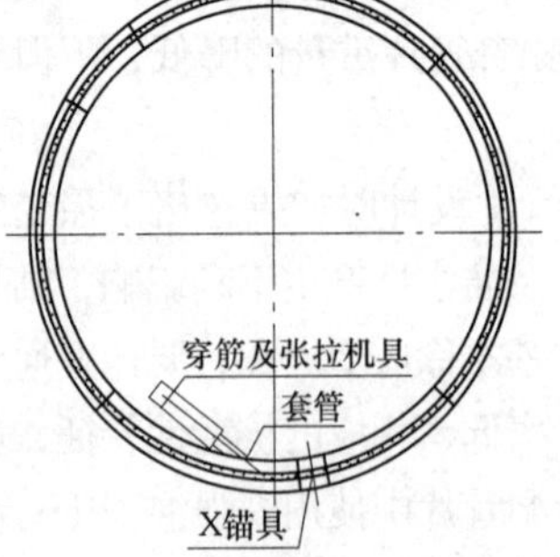


图 6-3 预应力管片衬砌示意图

图 6-4 X 锚具布置照片

### 6.1.3　管片形状

目前，管片的形状有四边形和六边形两种。由于形状的不同，管片在构造、受力形式等方面存在明显的差异。四边形管片通常存在一片封环关键块，致使一环中需几种不同形状的管片(见图6-5)，增加了管片安装难度，影响施工效率。四边形管片外形相对简单，止水安装较易满足密封要求。四边形管片可通过边宽的调整保证弯道区间环向接缝紧密。由于制造及安装误差等原因，四边形管片环间缝不会严格在一个平面内，支撑管片难以均匀地传递推力而产生弯矩。因此，四边形管片宽度不宜设计得过大、厚度不宜设计得太薄。四边形管片间纵向接缝是一个管片与一个管片相接，采取适当措施即可保证其相对均匀受力。

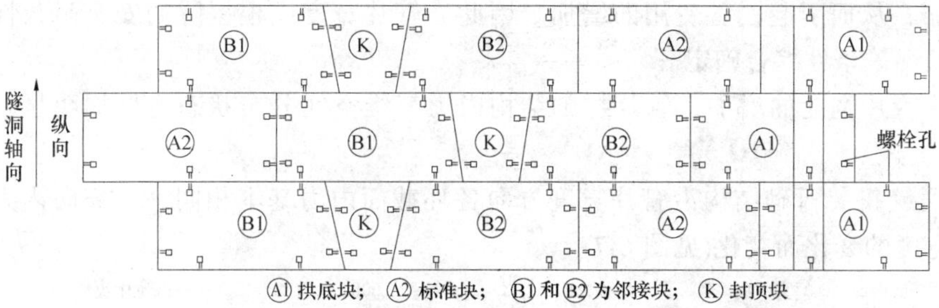


图 6-5　四边形管片错缝拼装衬砌环展视图

六边形管片拼装时环向缝是错开的，不需要关键片，如无特殊要求，所有管片可采用同一形状(见图 6-6)。六边形管片仅适用于没有弯道或弯道曲率半径极大的隧洞衬砌。掘进机推进过程中，六边形管片可将掘进机推力传给相邻管片，管片受力条件较好。六边形管片环向传力方式是一个管片向相接的两个管片传力，由于制造及安装上存在一定误差，即使采取措施也难以保证相邻两管片同时均匀受力，管片上易产生较大的集中应力。由于存在以上差别，对于隧洞直径较大、止水要求严格、外水位较高或存在弯道的隧洞宜采用四边形管片，而对于直径较小(洞径一般在6 m以下)、外水位相对不高的隧洞，为加快施工进度，降低成本，可采用六边形管片。

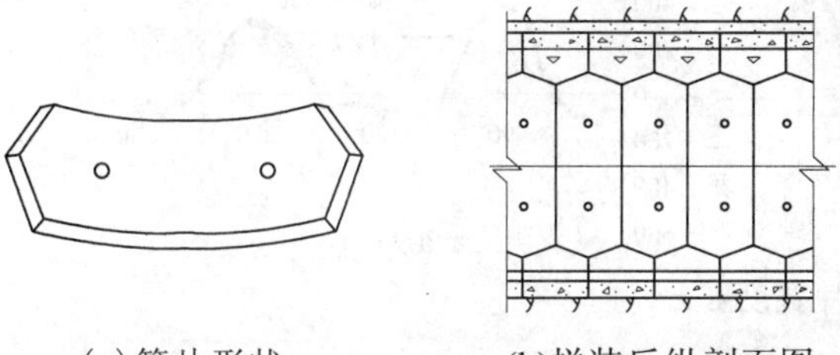

(a) 管片形状　(b)拼装后纵剖面图

图 6-6　六边形管片示意图

## 6.2　管片衬砌构造设计

### 6.2.1　管片的宽度及分块

管片的宽度主要受机械系统的约束，随着管片宽度的增加，对管片的水平和垂直运输系统的要求越来越高。管片的加宽将使环向接缝减少，有利于隧洞防水和控制纵向不均匀沉降，节省防水材料、钢筋和螺栓用量，从而降低了管片的生产费用及盾构施工所用材料的费用。如日本 Joban Shinsen 铁路中的 Kohdo 隧道采用 1.5 m 宽管片比采用 1.2 m 宽管片工程造价降低约 3%，管片生产费用降低约 8%。在整个施工系统配备合理的情况下，管片加宽可提高施工效率和进度。目前的管片宽度一般为 1~1.6 m(见表 1-1)，资料显示，随着设计、施工经验的成熟，管片宽度有逐渐增大的趋势，如国内早期的上海地铁管片宽度仅为 1 m，而 2008 年贯通的武汉长江隧道管片宽度已达 2 m。

随着管片的加宽，环间接缝受力变大，施工中千斤顶的偏心、管片纠偏造成的附加荷载所产生的不利影响也将加大。管片宽度增加后，如不能确保管片的抗扭刚性，应力集中等的影响会增大。此外，护盾的长度、千斤顶的推力及行程等将随管片宽度的增加而增加，从而引起设备费用的增加。因此，管片宽度应根据隧洞安全耐久性、经济性、施工性等条件综合确定。

随着管片宽度的增加，管片衬砌结构内力三维空间分布状态将更加明显。研究显示[5,6]：

(1)通缝拼装衬砌结构沿管片宽度方向各环截面内力基本相同，且环向内力基本不随管片宽度的变化而变化(见图 6-7)。

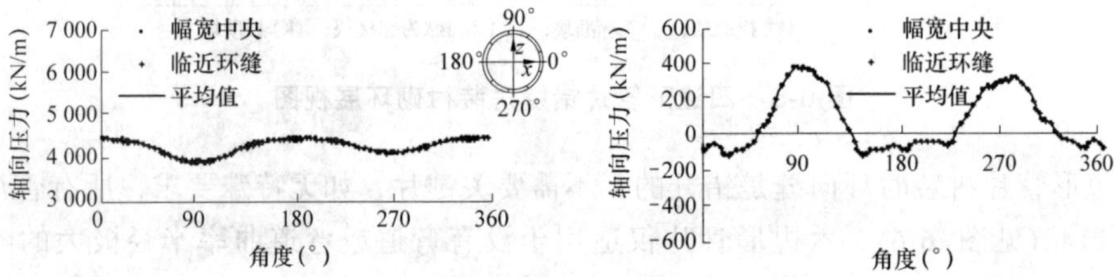


(a)管片宽度 2 m

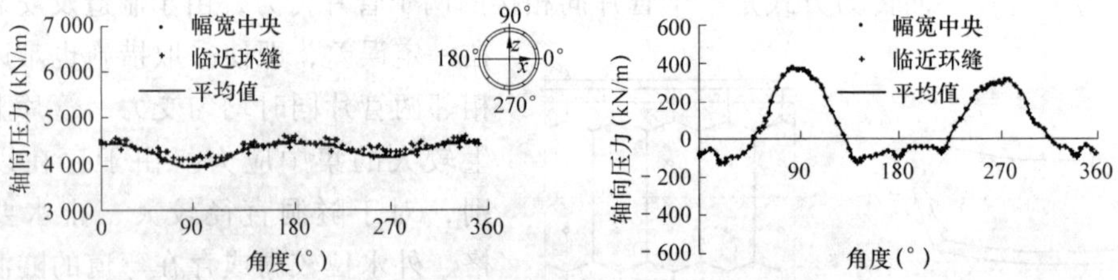


(b)管片宽度 8 m

**图 6-7 管片宽度变化对通缝拼装管片衬砌内力影响**

(2)错缝拼装衬砌结构沿管片宽度方向各截面环向内力分布形态存在明显差异，环内最大内力发生在临近环缝处，沿宽度方向越靠近衬砌中部环截面，轴力及正、负弯矩值越小，管片宽度越大，这种趋势越明显(见图 6-8)。因此，管片宽度较大时，宜沿管片幅宽方向采用不同的配筋率配置环向钢筋，以达到优化结构、降低成本的目的。

(3)随着管片宽度的增大，错缝拼装衬砌环宽内的环向平均内力大小及分布趋近于通缝拼装衬砌结构结果(见图6-9)。表明管片宽度较大时，错缝拼装效应主要影响临近环缝边缘处衬砌结构内力，而对衬砌环整体内力的影响趋弱。进而表明管片宽度的增大将使错缝拼装对衬砌环向刚度的增强作用减弱。

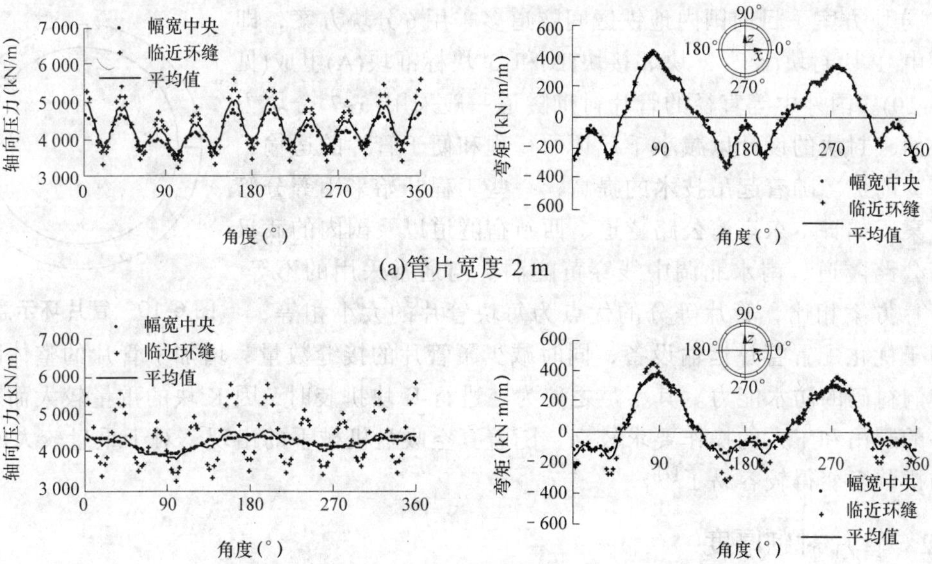

(a)管片宽度 2 m

(b)管片宽度 8 m

图 6-8　管片宽度变化对错缝拼装管片衬砌内力影响

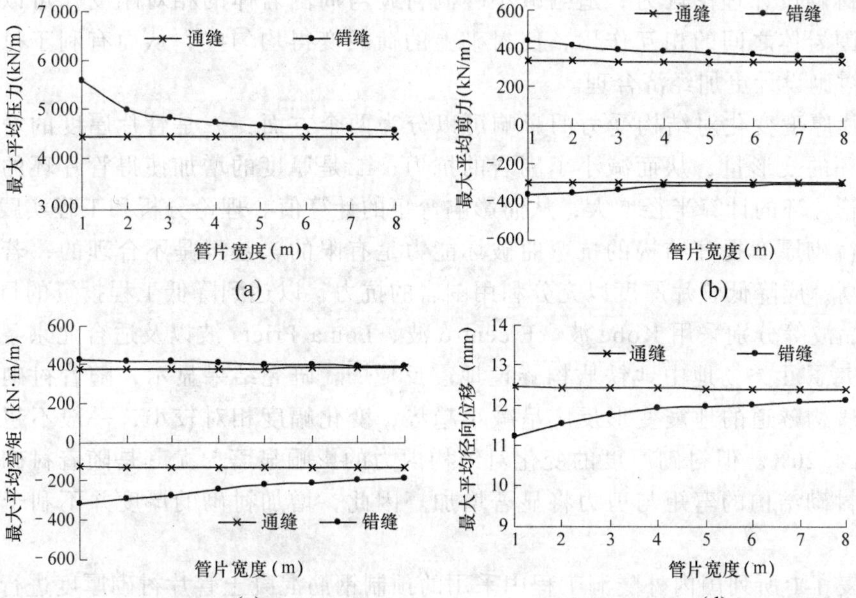

(a)　(b)

(c)　(d)

图 6-9　衬砌结构平均内力与管片宽度的关系

从降低制作费用、提高防水性能角度看，每环管片的分块数越少越好，但如果分块过少，管片的单体就变大、重量增加，其运输、拼装作业相对不便。因此，在决定管片分块数时应经过综合分析确定。洞径 6 m 以下的隧洞可采用每环由 4 块尺寸相同的六边形管片组成的分块方案，如国内的引大入秦调水工程 30A 隧洞(内径 4.8 m)、万家寨引黄入晋总干线隧洞(内径 5.46 m)。采用四边形管片时，根据洞径的大小，每环可采用

5~10分块方案。目前国内地铁区间隧道多采用6分块方案，即每环由 1 块封块(K)、2 块邻接块(B)和 3 块标准块(A)组成(见图 6-10)。国外中等直径的管片衬砌隧道一般采用 5~7 分块方案，而且封块的设计以减小千斤顶的行程和便于管片的运输、拼装为前提。随着起吊技术的提高，一些工程开始采用等分管片方案，如日本东京湾公路隧道、西新宿隧道以及国内的武汉长江公路隧道、南水北调中线穿黄隧洞。与通常采用的不等分管片方案相比，管片等分的优点为每块管片的大小相等，有利于优化配置管片运输设备，同时减少了管片的接缝数量，增加了管片的整体刚度和隧洞衬砌的防水能力。其不足之处为在进行 K 块拼装时，因 K 块的重量较大而对机械手的起吊和工人的操作要求较高，随着真空吸盘机械手的出现，对于重量较大的 K 块的拼装已变得较容易了[7]。

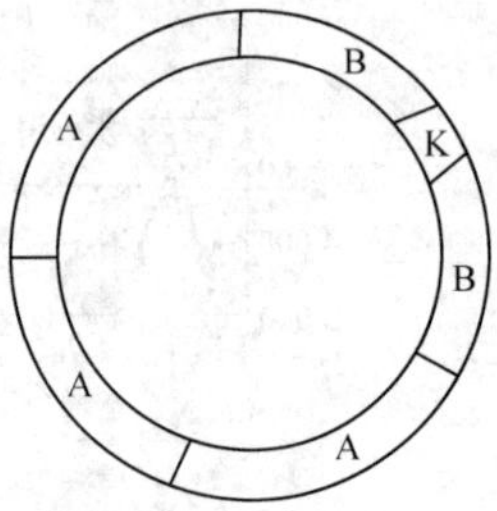

图 6-10　管片环示意图

## 6.2.2　管片衬砌厚度

我国学者从 20 世纪 60 年代就开始研究管片厚度的合理取值问题，从刚性衬砌理论到现在的具有一定刚度的柔性衬砌理论已使隧洞设计理论发生了重大的变化。隧洞柔性衬砌设计理论认为，适当减小隧洞衬砌与周围岩体的相对刚度，可以改变衬砌与周围岩体之间的相互作用，使衬砌上的荷载变得均匀些，从而有利于衬砌的受力，使衬砌设计更加经济合理。

管片厚度变化对结构受力的影响可以分为两个方面：一是管片厚度的增加降低了管片环的变形量，从而减小了围岩的抗力；二是厚度的增加使得管片环的变形量减小和管片环的计算半径增大，从而影响弯矩的计算值。理论分析和工程实践表明：用增加衬砌厚度提高结构的抗弯曲破坏能力是有限的，甚至是不合理的；若围岩承载力较高，应降低管片厚度以充分利用围岩的抗力，以达到降低工程投资的目的。

刘晶波等分别采用 Kobe 波、Elcentro 波、Loma Prieta 波以及适合北京条件的人工波研究了Ⅱ类场地中地铁盾构隧道地震反应[8]。研究结果显示，随着衬砌厚度的增加，盾构隧道的地震变形反应呈减小趋势，变化幅度相对较小，一般不超过自由场变形的 20%。但衬砌厚度的变化对结构内力的影响显著，尤其是随着衬砌厚度的增加，衬砌结构的弯矩与剪力将显著增加。因此，增加衬砌的厚度并不利于结构抗震。

对表 1-1 所列国内外隧洞工程中采用的预制钢筋混凝土管片衬砌厚度进行统计，结果显示，衬砌厚度与管片外径的百分比为 2.16% ~ 6.85%，平均值约为 4.97%，总体上有管片衬砌厚度与管片外径比值随洞径增加而减小的趋势。

日本是目前世界上盾构隧道技术较发达的国家之一，据日本对近 20 年来修建的 100 多条地铁区间盾构隧道的设计资料进行的统计分析：对于钢筋混凝土平板形管片，外径小于 6 m 的衬砌厚度多为 250 mm；外径 6 ~ 7.5 m 的衬砌厚度为 300 mm；外径 8 m 左右的衬砌厚度大多为 350 mm。表 6-4 给出了日本土木工程协会(JSCE)发布的隧道设计施工规范建议的管片厚度，其建议的管片厚度一般为外径的 4% ~ 5%。

表 6-4　JSCE 建议的管片厚度

| 外直径(mm) | 宽度(mm) | 厚度(mm) | 每环分块数目 | 说明 |
|---|---|---|---|---|
| 1 800 ~ 2 000 | 900 | 100<br>125 | 5 | |
| 2 150 ~ 3 350 | 900 | 100<br>125<br>150 | 5 | |
| 3 550 ~ 4 800 | 900 | 150<br>175<br>200 | 6 | |
| 5 100 ~ 6 000 | 900 | 200<br>225 | 6 | |
| 5 100 ~ 6 000 | 900 | 250<br>300 | 7 | |
| 6 300 ~ 6 900 | 900 | 275<br>300 | 7 | |
| 7 250 ~ 8 300 | 900 | 300<br>325<br>350 | 8 | |
| 9 800 ~ 12 000 | 1 000 | 400<br>600 | 10 ~ 13 | 双线铁路隧道 |

## 6.2.3　接缝面构造

管片接缝面构造设计主要包含三方面内容：管片环向、纵向对接面榫槽的设计，纵向辅助拼装设计和接缝缓冲垫的设计(形式参见图 6-11)。

图 6-11　管片接缝面构造

按照国内的设计经验，在富水的软流塑地层中一般要设置榫槽。管片若采用通缝拼装，管片环向、纵向对接面皆设置榫槽，例如上海地铁盾构区间隧道基本采用此种做法。但管片若采用错缝拼装，通常只在管片纵向对接面设置榫槽，例如上海的黄浦江观光隧道(内径接近地铁区间隧道)和南京地铁区间盾构隧道均采用此种做法。在地基承载力较高的地层中一般不设置榫槽，国内这方面的设计实例很多，例如广州地铁一号、二号线，深圳地铁和北京地铁五号线试验段[9]。

榫槽的设置主要是增加管片的连接刚度，并有利于控制管片拼装的精度。增加榫槽设计从理论上分析是有利的，但对管片拼装速度、错缝拼装情况下管片开裂的控制相对而言是不利的。此外，由于管片环向凹凸榫槽使环向接缝变得较为复杂，不利于高精度钢模的加工及管片的生产。因此，中等直径的盾构隧道是否需要设计榫槽或榫槽如何设置，在工程实施中还应进一步进行考虑。

定位杆是近年来在大型盾构隧道中越来越广泛使用的辅助拼装装置，定位杆滑槽沿管片宽度通长设置，而定位杆可分段设置，主要起拼装定位作用，亦可增加管片间的抗剪刚度，降低管片错台或脱落现象的发生。

若从结构受力和变形看，管片纵缝在外部水、围岩压力下接缝张开小，而管片环缝由于地质变化或不均匀沉降，接缝张开相比纵缝要大一些。若从管片施工拼装看，管片的错位问题也主要集中在环缝，因此增加环缝的接头刚度和控制环缝的管片错位是接缝榫槽设计应优先考虑的问题。

在国内的管片设计中，为控制管片开裂，环纵缝一般皆设置缓冲衬垫。衬垫材料多为胶粉油毡、丁腈软木橡胶或焦油聚氨酯橡胶等，再生胶片、波纹氯丁胶片和中低密度的聚乙烯片等作为环面传力衬垫，在实践中证明也有效。衬垫厚度为 1~3 mm，至于衬垫的面积，虽然很难从理论上正确核算，但国内外实践表明，若达到截面面积的 2/5 ~ 3/5，也能避免应力集中要求，全断面满粘的做法无疑弊多利少。

由于传力衬垫具有较大的压缩性，改善了管片间局部接触应力，可在一定程度上减少因施工质量不稳定产生的错台和因应力集中而引起的管片局部压损，此外，还增加了隧洞衬砌结构适应纵向变形的能力。但是，传力衬垫的存在不仅增加了施工的难度和降低了施工效率，而且大大降低了管片接缝刚度，使得管片环整体弯曲刚度有很大降低。

从结构受力和施工工艺考虑，管片环缝的衬垫是必须的。但纵缝的缓冲衬垫结合现在的施工工艺水平是可以考虑取消的。根据欧洲的设计施工经验，在纵缝接触面采取一定的抗边角开裂措施情况下可不设置衬垫，这对降低造价和减少施工环节都是有利的。国内在北京地铁五号线试验段的设计施工中已经进行了这方面的尝试，施工情况是良好的。因此，随着施工技术的提高，管片纵缝接触面的缓冲衬垫会逐步取消。

缓冲衬垫的存在对衬砌结构的影响利弊并存，因此要根据施工经验和技术水平、周围地层条件以及管片安装精度的要求灵活选择是否需要粘贴传力衬垫。

### 6.2.4 管片连接方式

管片衬砌结构是由若干弧形的管片拼装成环，然后每环之间逐一连接而成的，管片与管片、环与环之间由螺栓或通过其他方式连接。国内管片衬砌隧洞一般采用螺栓连接方式，且螺栓是永久性的。这与欧洲的“管片拼装时采用螺栓连接，工程竣工后大部分螺栓取消”的设计习惯差异很大。这种情况主要是由于结构计算模式以及设计习惯的差异。在欧洲，管片接缝不考虑螺栓的作用，而是将管片间接缝视为弹性铰接进行管片结构的受力分析；在国内，管片接头基本按与结构等强进行考虑，采用均质圆环进行分析，因此接缝设计相对较强。增加管片间的连接刚度有利于增强结构的整体性和控制结构的变形，但当结构后期发生变形时会给结构带来附加应力。

目前，国内外隧洞工程常用的螺栓连接形式主要有 3 种：直螺栓连接、弯螺栓连接和斜螺栓连接。各种螺栓连接形式见图 6-12。工程经验表明，相比于弯螺栓连接及斜螺栓连接，直螺栓连接需要设计较大的管片手孔，对结构削弱较大。弯螺栓连接存在两个问题：容许管片错位的能力差，因此管片若错位较大，经常造成管片手孔处混凝土的开裂；弯螺栓安装相对困难，基本难以拆卸。三种螺栓连接形式中，斜螺栓连接所需的手孔面积最小，对管片损伤最小，施工最为方便，但仅适用于较厚管片的连接。目前大型盾构隧道管片多采用斜螺栓连接形式，但对于中小直径盾构隧道，由于管片厚度较薄，不适宜采用斜螺栓连接形式，管片间多采用弯螺栓连接。

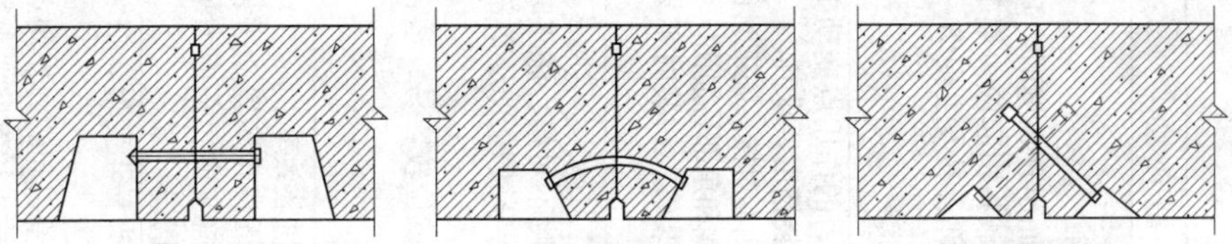

(a)直螺栓连接　(b)弯螺栓连接　(c)斜螺栓连接

**图 6-12　管片螺栓连接形式示意图**

管片与管片、环与环之间接头传递力的形式存在一定差异。管片块间接头主要传递张力、弯矩和剪切力，而环间接头主要传递环间剪切力和张力，因此从结构上必须结合地质条件将管片块间接头与环间接头分开来考虑。

在软弱地层中，因不能利用管片环变形时的地层反力，所以环间必须具备较高的刚性，除管片接头尽可能用刚性结构外，管片也最好采用错缝拼装。如能确保管片环的高刚性，则相邻环间横截面上变形量的差就小。而良好的对接效果可降低环间的剪切力，提高管片衬砌结构的抗变形能力。

在较稳定的地层中，从经济角度考虑，设计时要设法有效地利用管片环变形时的地层反力，所以环的刚性不必太高，而管片接头最好采用柔性结构。同时，环间最好采用通缝对接，这样管片环间不存在截面上的变形量差。当环间为错缝对接时，若管片块间接头刚性太小，则环间接头就必须具有一定的强度和刚性。同时受围岩不均匀变形以及地震等因素的影响，衬砌中将产生沿纵向的张力，为保持隧洞纵向结构的连续性，也要求环间接头具有一定的强度和刚度以抵抗张力。管片块间接头的刚性、环间接头的刚性、发生的弯矩以及围岩强度是相互联系的，这是管片经济性设计中至关重要的因素，需要认真研究探讨。

管片间接触面的对接状态和紧固方法对接头结构性能影响很大，表 6-5 列出了几种混凝土管片对接形式。有的对接形式即使不设紧固装置，也能抵抗基本的剪切力。传统上多使用全面对接形式，但近来部分对接、榫式对接及转向对接的使用率日趋增长。表 6-6 给出了目前使用的管片块间接头及环间接头的结构组合形式。对接和紧固方法的组合，应根据接头必须具备的结构性能(刚性结构或柔性结构)来选择。在围岩条件好的情况下，选择适当的对接方法，可节省螺栓、降低成本和简化施工。

表 6-5　管片对接形式分类

| 名称 | | 概要图 | 特征 | | | 适用的接头 | 说明 |
|---|---|---|---|---|---|---|---|
| | | | 制作 | 结构 | 施工 | | |
| 平面式 | 全面对接式 | 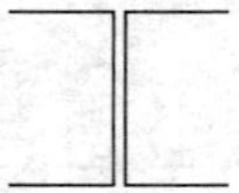 | 加工模具时需考虑管片棱角线的倒棱和密封槽 | 弯矩及相对轴力的压缩有效高度大，所以与强度及刚性大的连接装置组合，就可确保足够的承载力和刚性。但刚性高时，计算上弯曲刚性就大。<br>如没有连接装置，则不能抵抗剪切力 | 因拼装误差而出现错缝时，斤顶推力等施工荷载将引起应力集中，管片棱部及角部容易发生损伤 | 块间接头、环间接头 | 管片接头和环接头中最为常用的一种对接形式 |
| | 部分对接式 | 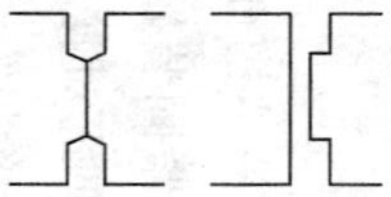 | 与全面对接式相比，增加了接头模具加工的工序 | 压缩有效高度较小，抗弯承载力、刚性不大。<br>接面容易转动，所以计算上弯矩小。<br>如没有连接装置，则不能抵抗剪切力 | 拼装误差对力的作用点变动影响显著，故对拼装精度要求高。<br>管片内外两侧不对接，施工时负荷应力集中，棱线和角部易损伤。<br>如不设紧固装置，拼装时不易稳定 | 块间接头、环间接头 | 曾在日本东京电力管道、都营地铁12号线、东京煤气管道等工程中应用 |
| 楔式或榫式 | | 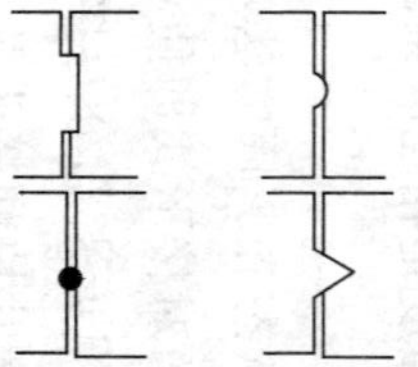 | 与全面对接式相比，增加了接头模具加工的工序 | 增加弯矩及轴力的抵抗力时必须增大拼接的高度。<br>即使没有连接装置，也可传递剪切力。<br>有时不期望其传递剪切力，只将其作为拼装时的临时支固 | 管片内外两侧不对接，施工时负荷应力集中会导致棱线及角部破损。<br>拼装时管片就位较容易，适合自动化拼装 | 块间接头、环间接头 | 曾在日本东京电力管道、南水北调中线穿黄输水隧洞等工程中应用 |
| 搭接式 | | 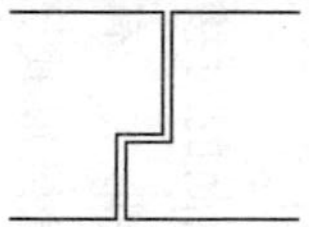 | 凹凸处易发生角部损伤 | 如没有连接装置，则不能抵抗剪切力 | 可提高管片拼装效率。<br>如果没有紧固连接装置，拼装时就不能稳定。施工时负荷应力集中会导致管片损伤 | 环间接头 | 英国使用较多 |
| 转向对接式 | |  | 增加了模具弧面加工的难度 | 结构近似于销，计算时按销计算。<br>接头部分允许转动，环变形也大。点接触时，不能抵抗剪切力 | 拼装时，接头易于变形，拼装精度难以提高。<br>受拼装时误差引起的力作用点变动影响明显，故半径方向要求特别高的拼装精度。施工时负荷应力集中会导致管片损伤 | 块间接头、环间接头 | 曾在引黄入晋隧洞、引大入秦30A隧洞、日本东北新干线第二上野隧道工程中应用 |

**表 6-6　接头结构组合形式及其特征**

| 块间接头 | | 环间接头 | | 特　征 |
|---|---|---|---|---|
| 对接形式 | 紧固方法 | 对接形式 | 紧固方法 | |
| 全面对接式 | 弯螺栓或直螺栓 | 全面对接式 | 弯螺栓或直螺栓 | 环刚性小，构造简单 |
| 部分对接式 | 斜螺栓 | 楔式 | 斜螺栓 | 环刚性小；<br>紧固效果不佳 |
| 全面对接式 | 高刚性金属件 | 全面对接式 | 销+螺栓 | 环刚性大；<br>环间为销结构，拼装作业效率高 |
| 全面对接式 | 栓 | 全面对接式 | 快速接头 | 环刚性大；<br>拼装可实现机械化、快速化 |
| 楔式 | 弯螺栓 | 楔式 | 弯螺栓 | 环刚性小 |
| 转向接头式 | 销 | 楔式 | 销榫 | 环刚性小，拼装效率高 |
| 全面对接式 | 长螺栓 | 全面对接式 | 长螺栓 | 环刚性大 |
| 全面对接式<br>部分对接式<br>楔式 | 直栓 | 楔式 | 销榫 | 可选择环刚性；<br>拼装可实现机械化、快速化 |

### 6.2.5　管片拼装及封装方式

管片的拼装方式有通缝拼装和错缝拼装两种(见图 6-13)。

通缝拼装即各环管片的纵缝对齐的拼装。这种拼装方式拼装定位容易，纵向螺栓容易穿，拼装施工应力小。通缝拼装使圆环易变形，且相邻圆环能产生同样变形，衬砌的整体刚度差，易产生纵向变形。由于纵、环缝相交处有四缝交汇，且结构易变形，增加了接缝防水的难度。由于顶力差异，各块间拼装环缝压密量不同，并产生误差的累计，造成环面不平整，相邻的两块管片纵向有前后位差，所以环向螺栓比较难安放。

错缝拼装即前后环管片的纵缝错开、不平齐的拼装，一般错开 1/2～1/3 块管片弧长。错缝拼装主要通过以下两种形式实现：

(1)相邻环的相互错开，这种错缝方式采用的是矩形管片，如图 6-13(b)所示；

(2)采用非矩形的管片，这种方式的管片形状多为六边形或梯形，如图 6-6(b)所示。

错缝拼装的优点在于：错缝拼装的每块管片相互牵制固定，圆环不易变形，能使圆环接缝刚度分布均匀，减小接缝及整个结构的变形；错缝拼装方式下，纵、环缝相交处仅有三缝交汇，相比通缝拼装方式下的十字缝，在接缝防水上较易处理，而且错缝拼装方式下接缝变形较小，这对防水十分有利；环面较平整，环向螺栓比较容易安放。由于错缝拼装方式存在这些优点，在防水要求较高的隧洞中，往往采用错缝拼装方式，以取得较好的空间刚度，达到控制隧洞衬砌的变形、保证隧洞正常使用的目的。但采用错缝拼装方式会使衬砌的内力增大，可能会导致管片配筋量的增加。此外，环缝压缩量不能产生误差累计，而是由管片内应力克服，为此施工应力大，在接缝处易产生与接缝平行的裂缝，纵向螺栓安放困难，纵缝压密差。

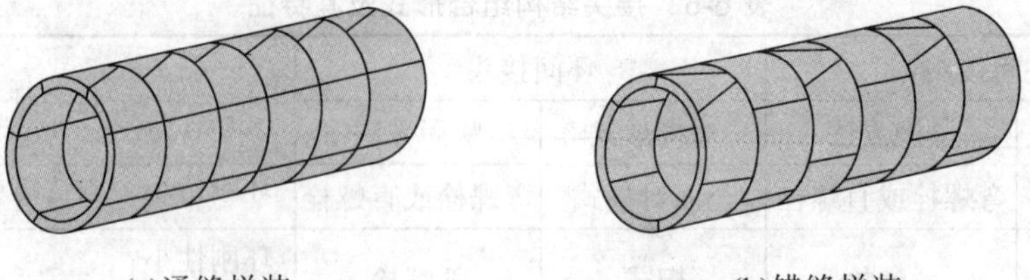


图 6-13　管片衬砌拼装方式示意图

在日本，由于考虑到邻近施工可能对隧道周围地层造成的影响，以及从确保隧道长期安全性出发，几乎没有采用通缝拼装管片的工程实例，而习惯于采用错缝拼装方式。在国内，由于通缝拼装方式能够使衬砌结构获得较好的柔性，故随着柔性衬砌的采用而得到了广泛应用，如上海的地铁一号线、二号线，延安东路南线、北线隧道等均采用了通缝的拼装方式。实践证明，柔性衬砌设计理论大大改进了隧洞的环、纵向受力性能，但在较差的岩层中会由于柔性衬砌的“柔性”，使得隧洞变形较大，给隧洞防水带来困难。

管片环的封装方式主要有三种：一种为从隧洞内侧沿径向插入K管片的径向插入式(见图 6-14(a))；另一种为沿隧洞纵向插入 K 管片的纵向插入式(见图 6-14(b))；再一种为前两种封装方式的结合，即先径向再纵向插入式。径向插入式为工程中较常采用的管片环封装方式，但 B 与 K 管片间的连接处，除受弯曲引起的剪切力作用外，由于 K 管片半径方向是锥形，作用于连接处的环向力的分力也起剪切力的作用，从而使得K管片很容易落入隧洞内，特别是当隧洞埋深增加、作用于管片上的环向力比力矩更显著时。纵向插入式则不存在该类问题，但由于K管片的安装沿纵向，将导致掘进机长度及造价的增加。目前，国内采用先径向后纵向插入式进行管片环封装的工程日益增多，该封装方式的一个重要技术环节是确定径向插入K管片时与B管片的搭接长度，搭接的长度需综合考虑K管片的插入角和盾构机千斤顶的长度等因素。搭接长度越大，K管片插入角度也越大，千斤顶行程则越短，从而提高管片拼装速度，减少掘进机长度及造价，但将削弱B与K管片间的抗剪能力。而搭接长度越小，B与K管片间的抗剪能力越高，K管片插入角度也越小，但管片拼装速度降低，掘进机长度及造价增加。从国内大型盾构隧道及城市地铁区间盾构隧道施工实例看，搭接长度一般为环宽的 0.6～0.8 倍。

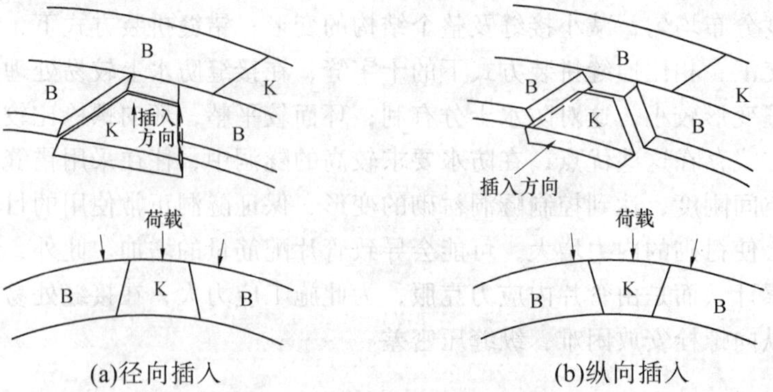


图 6-14　管片环封装示意图

K 管片的接缝偏斜角及插入角度的确定应考虑截面力的传递、组装的作业性、施工调节及管片的制造性。对于径向插入式 K 管片接缝的偏斜角 $\alpha$ 可按下式计算[10]

$$\alpha = \theta_k / 2 + \omega \qquad \text{(K 管片两端为斜面)} \tag{6-1a}$$

$$\alpha = \theta_k + \omega \qquad \text{(K 管片一端为斜面)} \tag{6-1b}$$

式中：$\theta_k$ 为 K 管片的中心角；$\omega$ 为插入 K 管片的余角(通常 $2° \leqslant \omega \leqslant 5°$)。各符号意义参见图 6-15。

偏斜角应在 13° 以内。如果加大偏斜角度，则在接缝处易产生滑动，从而难以保证 K 管片传递管片中的轴力和剪力。为此，应尽量减小 K 管片的中心角。尤其在小直径隧洞中，由于采用的偏斜角都比较大，故需严加注意。

纵向插入式 K 管片接缝一般不需要偏斜角，此时管片的插入角度应根据施工条件确定，一般多取 17° ~24° 。当管片的中心角和管片高度较大时，将造成插入角过大或盾构长度变长，此时纵向插入式 K 管片也需要设置一定的偏斜角度。

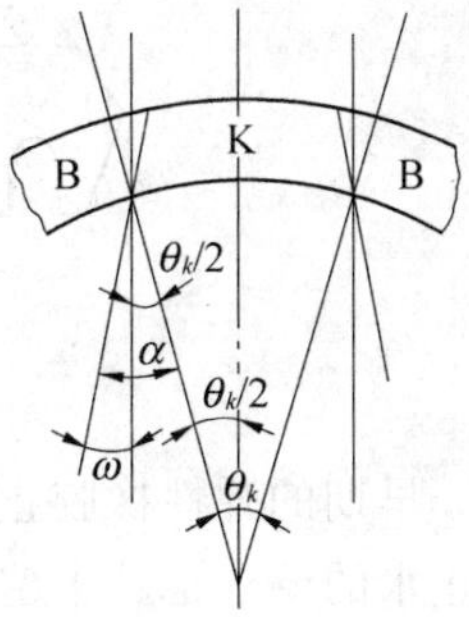


**图 6-15　径向插入 K 管片接缝的偏斜角**

## 6.2.6　管片衬砌防水

隧洞防水设计原则为：以防为主，多道防线，综合治理。依此原则，单层管片衬砌隧洞防水设计主要包括管片背后注浆、管片自防水、接缝防水及螺栓孔防水等主要环节。管片自防水通常采取提高混凝土的抗渗等级以及管片的制作工艺等措施来实现。

接缝防水包括管片的环缝和纵缝的止水以及嵌缝处理。管片衬砌中的环缝和纵缝通常设置弹性密封垫止水(见图 6-11)。在欧洲的德国、英国、法国等多采用材质为三元乙丙橡胶(EPDM)的多孔特殊断面弹性密封垫(见图 6-16(a))，这种密封垫可减小装配时的压缩应力，具有较好的耐压缩应力松弛性能。亚洲的日本、新加坡、韩国则多采用遇水膨胀橡胶类密封垫。目前，管片接缝密封垫趋于走复合密封垫的道路，即通过在弹性橡胶密封垫表面加覆膨胀橡胶的方法来满足防水要求，其主要形式如图 6-16(b) ~ (d)所示。这种复合型弹性橡胶密封垫拥有弹性压密止水和膨胀止水的双重功效，即使在管片之间产生较大接缝张开量、依靠橡胶回弹无法完全止水(包括长期压缩下的密封垫应力松弛)的情况下，复合型弹性橡胶密封垫也能遇水产生体积膨胀，达到止水的目的。同时，全部以膨胀橡胶制成的弹性橡胶密封垫也有较多的应用实例，如广州地铁区间隧道、上海的多条电缆隧道等。这种密封垫断面尺寸相对较小，除降低造价外，也降低了密封垫沟槽对接封面的削弱，又由于膨胀能力大，尤其是后期膨胀能力对管片接缝止水会产生明显的效果。

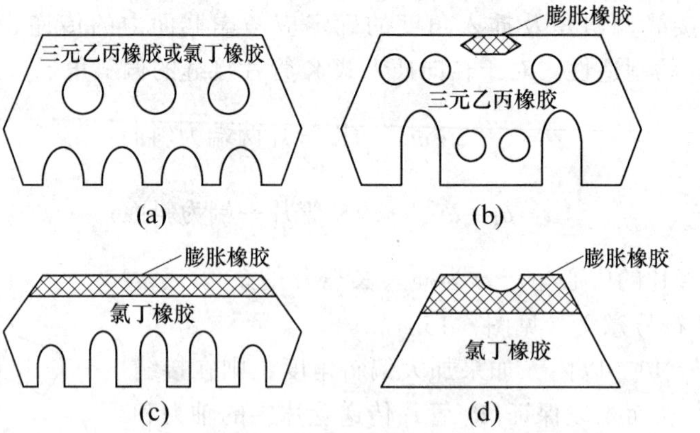


**图 6-16 密封垫截面示意图**

早期的弹性橡胶止水只能抵抗 30 m 的外水头。随着管片衬砌应用范围越来越广，对止水的要求也越来越高，如瑞典 Hallandas 铁路隧道，要求止水能够抵抗 450 m 的外水压力，为达到设计要求的性能，止水变成了复杂的技术产品。昆明掌鸠河上公山压力输水隧洞，最大埋深 350 m，设计外水头 100 m，内水头 17 m，管片间采用 EPDM 止水。

为了使弹性密封垫正确就位，牢固固定在管片上，并使被压缩量得以储存，应在管片的环、纵连接面上设有粘贴及套箍密封垫的沟槽，沟槽在管片上的位置、形式等对防水密封效果有直接影响。按防水要求可在管片上设置单密封沟槽或双密封沟槽，沟槽断面为倒梯形，槽宽一般为 30 ~ 50 mm，槽深 15 ~ 30 mm，其尺寸应与密封垫相适应(见图 6-17)。

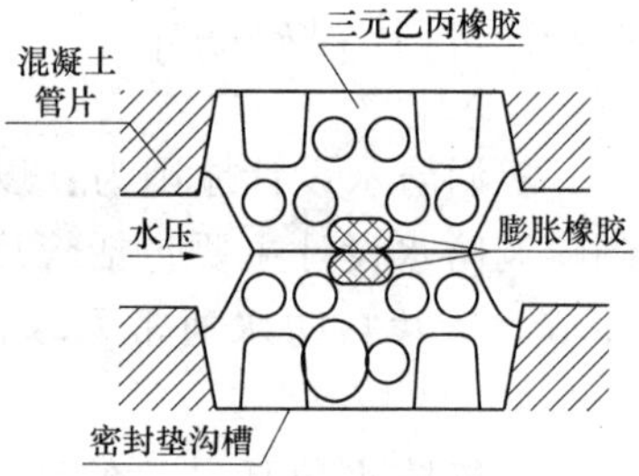


**图 6-17 管片接缝止水构造示意图**

隧洞管片内侧一般设置嵌缝槽(见图 6-18)，其目的是避免由于应力集中而造成管片内侧混凝土开裂。嵌缝防水是接缝防水的又一道防线，嵌缝防水作业通常是在衬砌变形相对稳定后进行。嵌缝不是靠弹性压密防水，而是用止水材料的填塞力及黏聚力来达到密封防水目的。嵌缝止水材料有环氧树脂、聚硫橡胶类、以尿素树脂为主要原料的制品等。

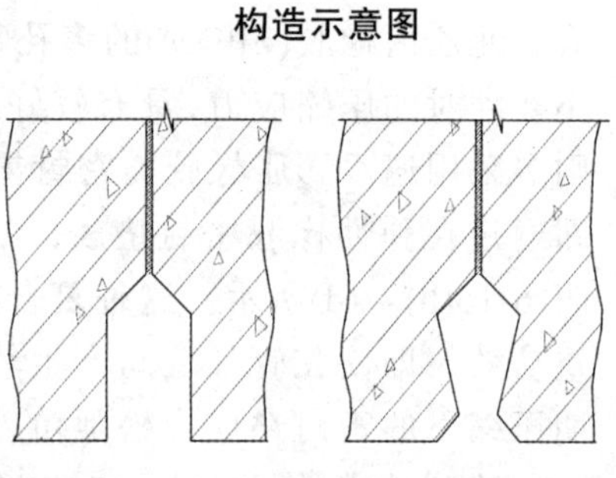

**图 6-18 管片嵌缝槽示意图**

螺栓孔的密封防水也是必不可少的。螺栓孔密封防水主要有两种方式：一是在管片环、纵接缝面的螺孔外设一浅槽，其上放置螺孔防水密封圈，压密防水(见图 6-19(a))，优点是止水于接缝处，工序简单，缺点是垫圈不易更换，接缝张开较大时效果欠佳；二是将螺栓端部孔口制成锥形，垫圈在螺母的压力作用下，挤入螺栓孔与螺栓周围(见图 6-19(b))，防水效果较好，垫圈可更换，此方法应用最广。螺栓紧固后，有时过一段时间会产生松弛。导致产生这种现象的原因有很多，其中衬垫及止水材料的蠕变是主要原因之一。从防水观点出发，必须认真进行二次紧固螺栓的作业。

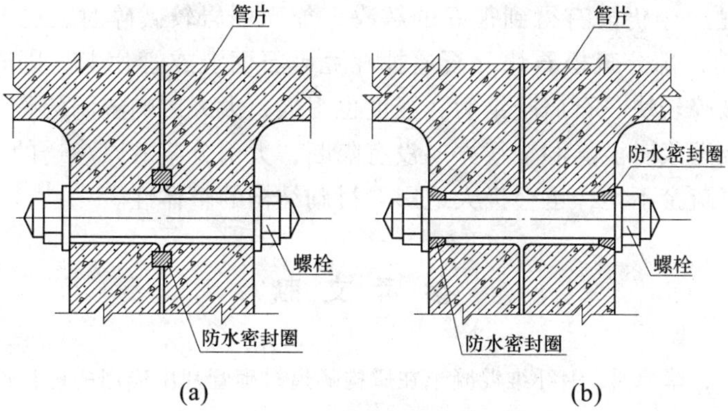


图 6-19　螺栓孔的密封防水示意图

当已采用密封、嵌缝止水作业后仍不能有效止水时，可在漏水处设置注浆孔，在管片背后注入尿烷类浆液进行填充，浆液与地下水反应后发泡，体积膨胀，形成隔水层，从而提高止水效果。

为了提高衬砌的防水能力，还可采取在管片表面粘贴或涂抹防水层、在管片衬砌内现浇混凝土衬砌等措施。

### 6.2.7　豆砾石回填与灌浆

预制混凝土管片是在尾盾内拼装成环，出盾后管片外壁与围岩间有 8~10 cm 的空隙。在硬岩体中，为了稳定混凝土管片，先将粒径为 5~10 mm 的豆砾石用高压风从吊装孔喷入，填充混凝土预制构件与围岩间的空间，然后用浆液充填豆砾石的孔隙以及豆砾石层与围岩的空隙，这就是豆砾石回填与灌浆。通过豆砾石回填与灌浆，可稳定管片衬砌结构，使回填豆砾石层、管片与围岩共同承担内外荷载。同时，可使回填豆砾石层形成一封闭的防渗圈，提高隧洞防渗性能。目前该技术在实际应用中还存在一些问题，需通过管片构造设计及施工工艺的改进加以解决。

掘进机开挖岩体后，部分岩粉附着在隧洞周边岩体上，另有部分片状岩块未被出渣设备运走而落在洞底，掘进机前进时，护盾将小石片碾成粉末，因此底部岩粉较厚，有时达 2~3 cm。如地下水较丰富，周边岩粉也会集中到底部，此时底部岩粉将更厚，甚至充满底部空间。混凝土管片环离开尾盾后下沉，底部间隙较小，豆砾石不易进入，底部无法充填密实。由于上述原因，底部的回填灌浆质量受到严重影响。根据已建工程钻孔检查，底部均有岩粉，有时无一粒豆砾石，仅有纯水泥浆或水泥浆与岩粉的混合物。洞侧边及洞顶岩壁因有岩粉，灌浆层不能与围岩黏结。因此，分散或排除洞底及洞壁岩粉是豆砾石灌浆必不可少的工序[11]。为此，可在管片正中设一向前倾斜的灌浆孔，豆砾石填充及灌浆前用高压风吹散岩粉，然后从下至上顺序回填豆砾石，灌浆时也使浆液从下而上漫流，以提高充填质量。

由于灌浆通常是在豆砾石回填较长时间后进行的，顶部充填的豆砾石会受机械振动的影响发生下沉，逐渐会在顶部形成空腔。因此，应适时对顶部进行豆砾石补灌，以免影响豆砾石灌浆质量。

而一些问题至今仍没有得到很好的解决，如当围岩较破碎时，已开挖的洞段由于机械运行的振动，部分疏松石块、石屑掉在豆砾石面上或管片上，因破碎围岩强度很低，水泥浆将破碎岩块、石屑凝结后，强度也很低，大大影响隧洞的整体结构性能。又如豆砾石回填及灌浆时沿隧洞轴线方向没有隔断，大部分浆液以渗透的形式渗入豆砾石中，导致回填层疏密不均，也会极大地影响衬砌结构的整体性。

## 参 考 文 献

[1] 晏浩，朱合华，傅德明. 钢纤维混凝土在盾构隧道衬砌管片中应用的可行性研究[J]. 地下工程与隧道，2000 (1)：13-16.

[2] Nagaoka S.，Ozeki M.，Iwata K.，et al. 钢架混凝土(SRC)衬砌管片的开发[J]. 翟进营，译. 地下空间，2003，23(4): 448-452.

[3] Kazuyoshi Nishikawa. Development of a prestressed and precast concrete segmental lining[J]. Tunnelling and Underground Space Technology，2003 (18): 243-251.

[4] 丁宁，白廷辉，朱合华. 盾构隧道预应力管片的两维有限元数值模拟与分析[J]. 地下工程与隧道，2008 (4)：8-11.

[5] 张建刚，何川，杨征. 武汉长江隧道管片衬砌结构受幅宽影响的力学分布特征研究[J]. 岩石力学与工程学报，2007，26(S2): 3763-3769.

[6] 赵大洲. 盾构管片衬砌环间接缝对结构内力影响分析[C]//第19届全国结构工程学术会议论文集. 2010，No.Ⅱ: 352-355.

[7] 李围，何川. 9块等分管片设计及其工程应用研究[J]. 现代隧道技术, 2005，42(3): 31-36.

[8] 刘晶波，李彬，谷音. 地铁盾构隧道地震反应分析[J]. 清华大学学报：自然科学版，2005，45(6):757-760.

[9] 朱世友. 国内地铁盾构区间隧道管片结构设计的现状与发展[J]. 现代隧道技术，2002，39(6): 23-28.

[10] ITA—Working Group Research. 盾构隧道衬砌设计指南(草案)[J]. 潘昌实，译. 世界隧道，1997，(2):19-29.

[11] 夏定光. 豆砾石回填与灌浆技术探索[J]. 现代隧道技术，2002，39(1): 20-23.

# 第 7 章　管片衬砌接缝力学特性

预制管片衬砌结构与传统现浇混凝土衬砌结构的最大不同为：由于结构由管片拼接而成，在衬砌环内、衬砌环间均存在接缝(接头)，而接缝分布形式、接缝的传力特性将影响衬砌结构变形及内力。接缝的传力性能受组成接缝材料的几何形状、物理力学特性等因素影响，同时还与管片的连接形式、受力形式等因素有关。由于接缝传力性能影响整体对衬砌结构的力学性能，而影响接缝传力性能的因素众多，因此其力学特性是设计人员研究的重点。

管片接缝处各组成材料的力学特性是研究管片接缝力学特性的基础，本章首先介绍了混凝土、螺栓、衬垫及止水等材料的力学特性。根据目前的试验研究及理论分析结果，本章概括了影响管片接缝力学特性的主要因素。如何构造管片接缝力学模型，使其合理地反映接缝对衬砌内力的影响这一问题，一直为管片衬砌设计者所关注，本章将目前的管片接缝模型进行了分类，并探讨了各类模型的特点及存在的问题。

## 7.1　管片接缝各组成材料的力学特性

管片接缝处通常存在螺栓、止水、衬垫、混凝土楔块、嵌缝槽等构造(见图 7-1)，接缝的力学性态受混凝土、螺栓、衬垫及止水等材料力学性能的影响。

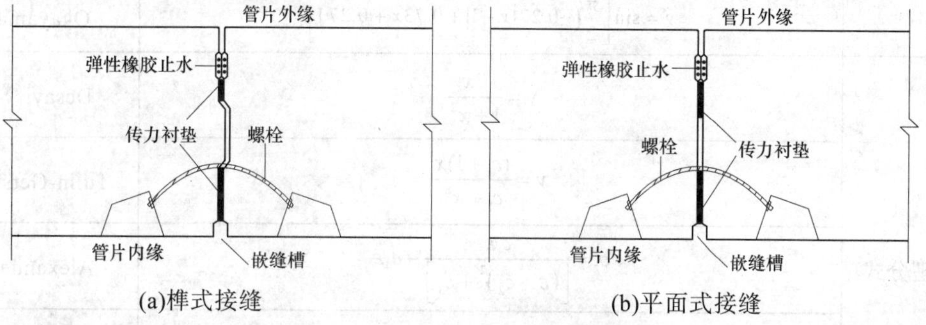


图 7-1　管片块间接缝构造示意图

### 7.1.1　混凝土

由于存在自由面，接缝面上的混凝土不能传递拉力，只能传递压力以及由摩擦和咬合效应产生的剪力。

混凝土为脆性材料，对于单轴受压混凝土，承压初始阶段表现为线弹性应力—应变关系；在接近极限强度时，应变和泊松比快速增长，呈现出明显的非线性关系；达到极限强度后，混凝土强度迅速降低。单轴受压混凝土应力—应变关系如图 7-2 所示。

研究人员为了准确地拟合混凝土的受压应力—应变关系曲线，提出了多种数学函数形式的曲线方程，如多项式、指数式、三角函数及有理分式等。对于图 7-2 中曲线的上升段和下降段，有的用统一方程，有的则给出分段公式(见表 7-1)[1]。

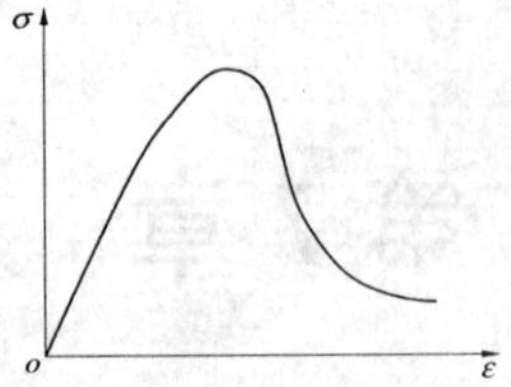


图 7-2　单轴受压混凝土应力—应变关系曲线

表 7-1　混凝土单轴受压应力—应变全曲线方程

| 函数类型 | 表达式 | 建议者 |
|---|---|---|
| 多项式 | $\sigma = c_1\varepsilon^n$ | Bach |
| | $y = 2x - x^2$ | Hognestad |
| | $\sigma_1 = c_1\varepsilon + c_2\varepsilon^n$ | Sturman |
| | $\varepsilon = \dfrac{\sigma}{E_0} + c_1\sigma^n$ | Terzaghi |
| | $\varepsilon = \dfrac{\sigma}{E_0} + c_1\dfrac{\sigma}{c_2 - \sigma}$ | Ros |
| | $\sigma^2 + c_1\varepsilon^2 + c_2\sigma\varepsilon + c_3\sigma + c_4\varepsilon = 0$ | Kriz-Lee |
| 指数式 | $y = x\mathrm{e}^{1-x}$ | Sahlin 等 |
| | $y = 6.75\left(\mathrm{e}^{-0.812x} - \mathrm{e}^{-1.218x}\right)$ | Umemura |
| 三角函数 | $y = \sin\left(\dfrac{\pi}{2}x\right)$ | Young |
| | $y = \sin\left[\dfrac{\pi}{2}\left(-0.27\lvert x-1\rvert + 0.73x + 0.27\right)\right]$ | Okayama |
| 有理分式 | $y = \dfrac{2x}{1+x^2}$ | Desayi 等 |
| | $y = \dfrac{(c_1+1)x}{c_1 + x^n}$ | Tulin-Gerstle |
| | $\sigma = \dfrac{c_1\varepsilon}{\left[(\varepsilon + c_2)^2 + c_3\right]} - c_4\varepsilon$ | Alexander |
| | $y = \dfrac{x}{c_1 + c_2x + c_3x^2 + c_4x^3}$ | Saenz |
| | $y = \dfrac{c_1x + (c_2-1)x^2}{1 + (c_1-2)x + c_2x^2}$ | Sargin |
| 分段式 | $y = 2x - x^2$ (上升段 $0 \leqslant x \leqslant 1$)；<br>$y = 1 - 0.15\left(\dfrac{x-1}{x_u - 1}\right)$ (下降段 $x \geqslant 1$) | Hognestad |
| | $y = 2x - x^2$ (上升段 $0 \leqslant x \leqslant 1$)；$y = 1$ (下降段 $x \geqslant 1$) | Rüsch |

**注**：$x = \varepsilon / \varepsilon_0$，$y = \sigma / f_c$，$f_c$ 为混凝土轴心抗压强度设计值，$\varepsilon_0$ 为混凝土压应力达到 $f_c$ 时的混凝土压应变。

我国《混凝土结构设计规范》(GB 50010—2002) [2]采用分段公式描述单轴受压混凝土应力—应变关系，该公式为

$$\begin{cases} \sigma = f_c\left[1-\left(1-\dfrac{\varepsilon}{\varepsilon_0}\right)^n\right] & (\varepsilon \leqslant \varepsilon_0) \\ \sigma = f_c & (\varepsilon_0 < \varepsilon \leqslant \varepsilon_{cu}) \end{cases} \tag{7-1}$$

其中

$$\begin{cases} \varepsilon_0 = 0.002 + 0.5(f_{cu,k} - 50)\times 10^{-5} \\ \varepsilon_{cu} = 0.003\,3 - (f_{cu,k} - 50)\times 10^{-5} \\ n = 2 - \dfrac{1}{60}(f_{cu,k} - 50) \end{cases} \tag{7-2}$$

式中：$f_c$为混凝土轴心抗压强度设计值；$f_{cu,k}$为立方体抗压强度标准值；$\varepsilon_0$为混凝土压应力达到$f_c$时的混凝土压应变，若计算值小于 0.002，取为 0.002；$\varepsilon_{cu}$为极限压应变，若计算值大于 0.003 3，取为 0.003 3；$n$ 为系数，若计算值大于 2.0，取为 2.0。

以上公式所描述的单轴受压混凝土应力—应变关系见图7-3，混凝土弹性阶段泊松比可取为 0.167。

由于接缝处极易出现应力集中现象，接缝处混凝土破损是管片破坏的主要形式。为此，可通过在管片端部设置较多钢筋、提高混凝土强度等级、端部混凝土中掺设钢纤维等方法提高接缝承压能力。

## 7.1.2　螺栓

螺栓为接缝处唯一可承受拉力的材料，也是管片间剪力的承担体。通过螺栓的连接作用，可协调各管片的变形，保持衬砌的整体性。螺栓可分为普通螺栓和高强螺栓，普通螺栓从受力到拉断存在明显的弹性阶段、屈服阶段、强化阶段和破坏阶段，而高强螺栓基本不存在屈服阶段(见图 7-4)。

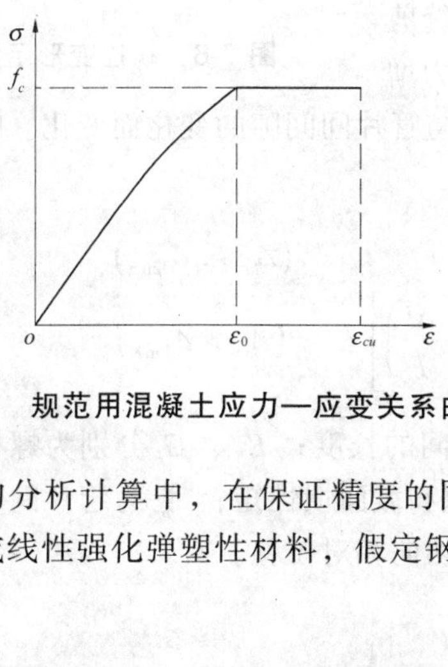


图 7-3　规范用混凝土应力—应变关系曲线

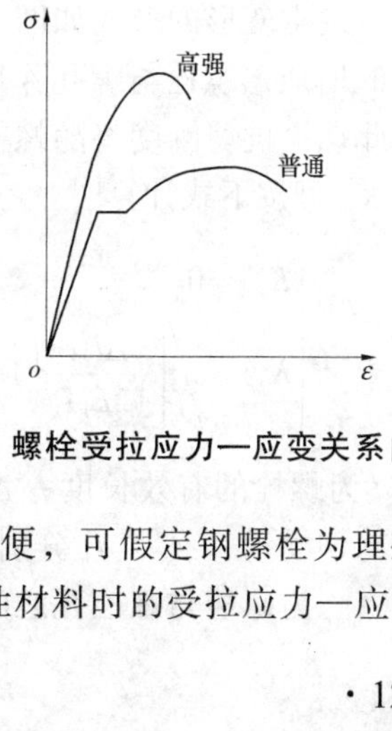


图 7-4　螺栓受拉应力—应变关系曲线

结构分析计算中，在保证精度的同时，为了应用方便，可假定钢螺栓为理想弹塑性材料或线性强化弹塑性材料，假定钢螺栓为理想弹塑性材料时的受拉应力—应变关系

曲线见图 7-5(a)，其数学表达式为

$$\begin{cases}\sigma = E_s\varepsilon & (\varepsilon < \varepsilon_y)\\ \sigma = f_y & (\varepsilon \geqslant \varepsilon_y)\end{cases} \tag{7-3}$$

图7-5(b)所示为假定钢螺栓为线性强化弹塑性材料时受拉应力－应变关系曲线，其数学表达式为

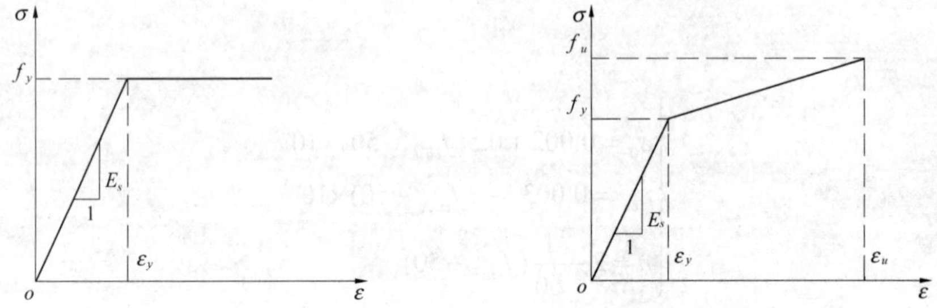


(a)理想弹塑性模型　　(b)线性强化弹塑性模型

**图 7-5　螺栓受拉应力－应变关系模型曲线**

$$\begin{cases}\sigma = E_s\varepsilon & (\varepsilon < \varepsilon_y)\\ \sigma = f_y + (f_u - f_y)(\varepsilon - \varepsilon_y)/(\varepsilon_u - \varepsilon_y) & (\varepsilon \geqslant \varepsilon_y)\end{cases} \tag{7-4}$$

式中：$f_y$ 为钢材的屈服强度；$E_s$ 为钢材的弹性模量，一般为 $2.0\times10^5$ MPa；$\varepsilon_y$ 为屈服拉应变，可取为 0.002；$\varepsilon_u$ 为极限拉应变，可取为 0.01。

钢材的泊松比为 0.25～0.3。

螺栓通常布设在靠近管片内缘一侧(见图 7-1)，当所处区域受压时，仅能传递剪力，不能控制管片接缝的张开。当所处区域受拉时，则传递拉力和剪力，抑制接缝的开展。由于连接管片的螺栓与螺孔间存在间隙，螺栓在螺孔内可以滑动。因此，接缝的开展宽度反映的是螺栓整体拉伸长度，而不是局部区域变形。螺栓承受剪力作用时，由于螺栓与螺孔间、管片与管片间存在间隙，其受剪力发生变形的形式如图 7-6 所示。随着接缝剪切变形的增加，螺栓与螺孔作用增强，承受的剪力增加，因此螺栓抗剪刚度将随螺栓与螺孔间、管片与管片间间隙的变化而变化。螺栓的剪切刚度 $K_{br}$ 可按下式计算[3]

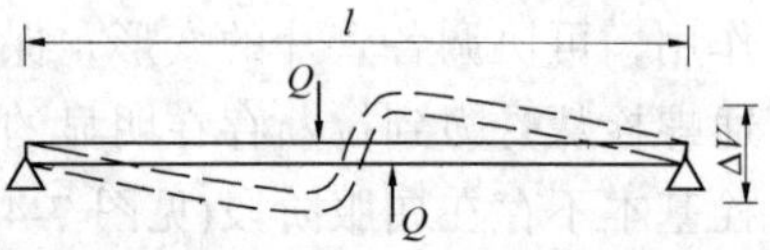


**图 7-6　螺栓变形示意图**

$$\begin{cases}K_{br} = 0 & (\varDelta_{br} \leqslant \varDelta_{\lim r})\\ K_{br} = 1\Big/\left[\dfrac{\Delta l^2 l}{12E_bI_b}\left(1-\dfrac{\Delta l}{l}\right)^2 + \dfrac{1.185\Delta l}{G_bA_b}\left(1-\dfrac{\Delta l}{l}\right)\right] & (\varDelta_{br} > \varDelta_{\lim r})\end{cases} \tag{7-5}$$

式中：$l$ 为螺栓的有效长度；$\Delta l$ 为螺栓位于接缝间的长度；$E_b$、$G_b$ 分别为螺栓的弹性模量和剪切模量；$A_b$、$I_b$ 分别为螺栓的截面面积和截面惯性矩；$\varDelta_{br}$ 为管片间切向相对位移；$\varDelta_{\lim r}$ 为螺栓与螺栓孔之间接触时的管片间切向相对位移。

### 7.1.3　衬垫

为防止管片在施工、使用过程中因接触面局部应力集中发生破损，工程中常在管片对接面上粘贴衬垫，以改善管片接触面的应力状态。衬垫通常采用胶粉油毡、软木橡胶或焦油聚氨酯橡胶等材料。衬垫以传递压力为主，受压时，其应力—应变呈非线性关系(见图 7-7)。传力衬垫的压缩模量远低于管片本体的刚度(两者刚度相差 100 倍左右)，管片端部粘贴了传力衬垫，使得接缝更加容易发生转角位移，降低了接缝弯曲刚度。

衬垫的应力—应变关系可通过单轴压缩试验获取，通常情况下其应力—应变关系式可表示为[4]

$$\sigma = E_r \varepsilon^{\beta} \tag{7-6}$$

式中：$E_r$ 为衬垫材料的似弹性模量；$\beta$ 为非线性指数。

### 7.1.4　止水密封垫

止水密封垫放置于管片中特设的槽内，为橡胶材料，受力后极易发生大的变形(材料受压应力—应变关系曲线见图 7-8)。由于构造及材料特性，止水垫仅能传递有限的压力及剪力。

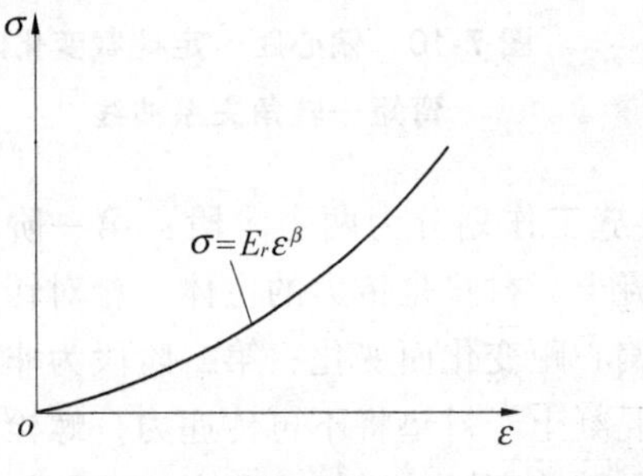


图 7-7　衬垫受压应力—应变关系曲线

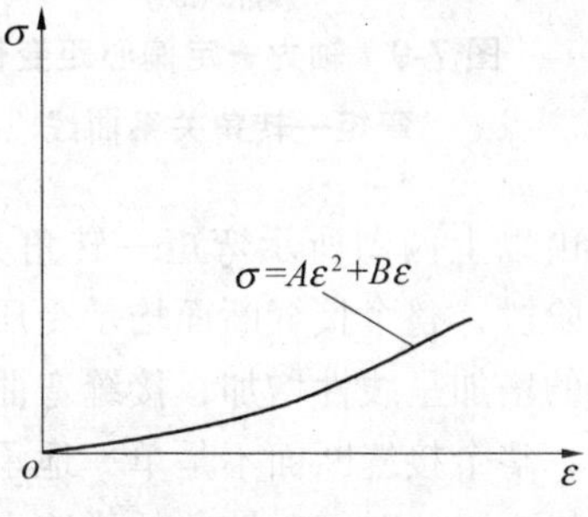


图 7-8　止水垫受压应力—应变关系曲线

止水密封垫的应力—应变关系可通过单轴压缩试验获取，通常情况，其应力—应变关系式可表示为

$$\sigma = A\varepsilon^2 + B\varepsilon \tag{7-7}$$

式中，$A$、$B$ 为系数，由试验确定。

## 7.2　影响管片接缝力学特性的因素

管片衬砌中接缝的存在是其重要的特征，接缝对衬砌的受力和变形有着重要的影响。特别是管片接缝的转动性能所受影响因素众多，对管片的受力状态和变形影响显著，是设计人员研究的重点。通过试验与数值计算，目前已在接缝的受力特性及其影响因素等方面取得了一定成果[5-12]，以下对所取得的主要成果加以介绍。

### 7.2.1 荷载对接缝刚度的影响

试验及理论分析结果表明，当轴压力$N$与弯矩共同作用下接缝断面均承受压力时，接缝处的相对转角与所承受的弯矩呈线性关系。这时的接缝刚度基本与偏心距无关，其大小主要与接缝材料的变形模量有关，此时与无接缝构件的变形情况相同。当轴压力与弯矩共同作用下整个接缝面不是单一的压缩变形时，接缝处的相对转角与接缝处弯矩的关系则变得复杂。此时接缝的抗弯刚度随偏心距的变化而变化(见图 7-9)。图 7-10 显示当偏心距一定时，随着弯矩的增大，接缝处的相对转角也不断增大。

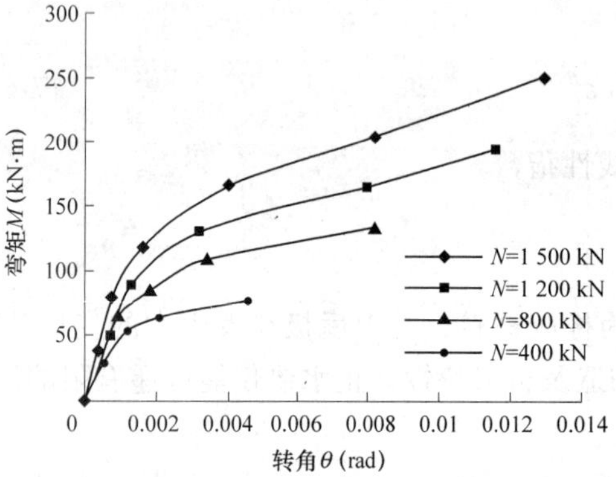


图 7-9 轴力一定偏心距变化时弯矩—转角关系曲线[4]

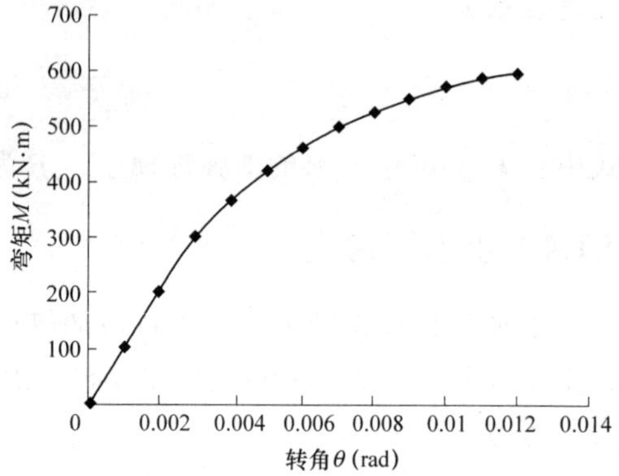


图 7-10 偏心距一定荷载变化时弯矩—转角关系曲线[5]

由以上两图所示弯矩—转角关系曲线可将接缝工作划分为两个阶段：第一阶段为线性阶段，整个接缝断面均承受压力，接缝处混凝土、衬垫是传力的主体，相对转角随弯矩的增加呈线性增加，接缝弯曲刚度基本不随偏心距变化而变化；第二阶段为非线性阶段，整个接缝断面不是单一地承受压力，部分混凝土、衬垫将不再传递力，螺栓开始承受拉力，此时相对转角的增速大于弯矩增速，且随着弯矩的增加，两者增速间的差距越来越大，从而引起接缝弯曲刚度的快速降低。

### 7.2.2 螺栓对接缝刚度的影响

图 7-11 显示螺栓变形随螺栓预紧力的减小而增大，并且其增大的幅度随弯矩荷载的变化而变化。弯矩荷载越大，预紧力低的螺栓变形的增加幅度就越大。在相同的偏心距和弯矩的作用下，螺栓的初始预紧力越大，接缝弯曲刚度越大(见图 7-12)。

螺栓数量或截面的增加，将增加对接缝转角的约束作用。图 7-13 显示这种约束作用随着弯矩荷载增大越来越明显，这是因为当弯矩较小时，接缝全断面受压，此时螺栓的约束作用不明显，随着弯矩增加，接缝转角也随之增加，螺栓的约束作用得到较好的发挥。应该指出，螺栓是被固定于混凝土管片上的，其对管片的约束作用必将受到锚固区混凝土强度的影响。数值计算分析显示，螺栓的刚度及强度与混凝土相比过高，极易造成管片混凝土在与螺栓的相互作用中过早开裂破坏[8]。试验结果也显示，固定螺栓的手孔处混凝土易过早出现开裂[9]。因此，在选择螺栓数量、强度时应充分考虑管片中锚固区钢筋混凝土的性能，否则将达不到设计效果。

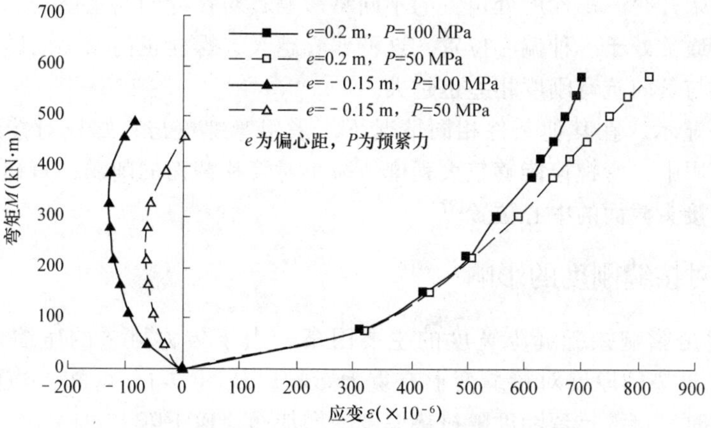


图 7-11　不同预紧力的螺栓变形与弯矩关系曲线[6]

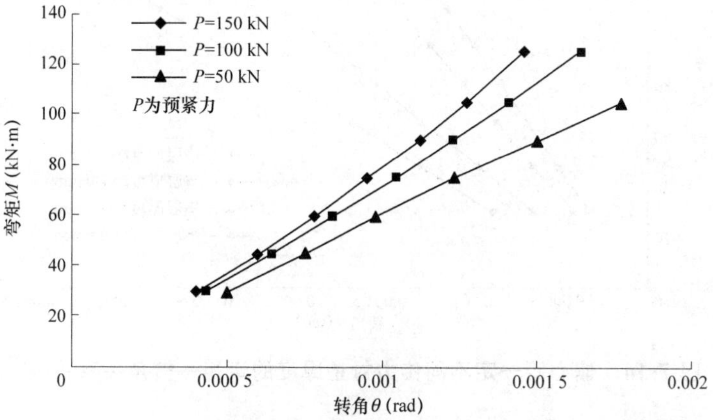


图 7-12　偏心距一定时不同螺栓预紧力的弯矩—转角关系曲线[7]

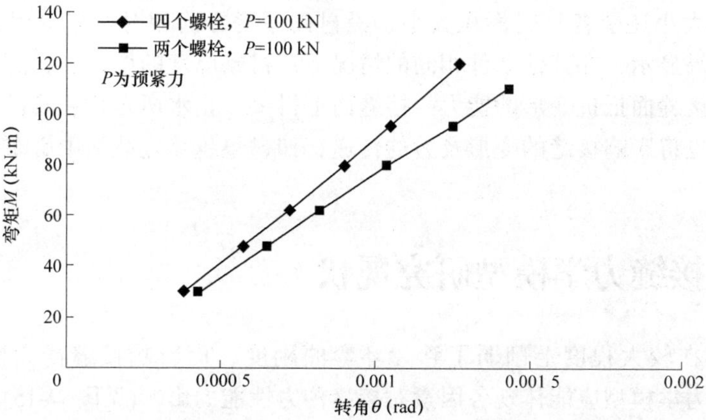


图 7-13　偏心距一定时不同螺栓数量的弯矩—转角关系曲线[7]

接缝刚度还受螺栓位置的影响，全截面受压时，螺栓位置对接缝刚度的影响很小，但当接缝张开时，螺栓所处位置的不同将影响其对接缝的约束能力。在接缝的构造上，连接螺栓通常处于一种偏心位置，这种偏心越大，螺栓正向与负向转动力臂差值就越大，则正向与负向抗弯刚度相差也越大。

试验结果显示，在其他条件相同情况下，采用弯螺栓与直螺栓对接缝刚度的影响很小。实际应用中，弯螺栓能够较大程度地减小对管片截面的削弱，直螺栓的位置比弯螺栓更加靠近接头截面的中心位置[9]。

### 7.2.3 衬垫对接缝刚度的影响

衬垫厚度是影响接缝缝隙宽度的主要因素，由于传力衬垫的压缩性远大于混凝土，因而传力衬垫的厚度对接缝变形有重大影响。从图 7-14 可知，当预紧力、偏心距、弯矩相同时，接缝抗弯刚度随衬垫厚度的增加而快速下降。

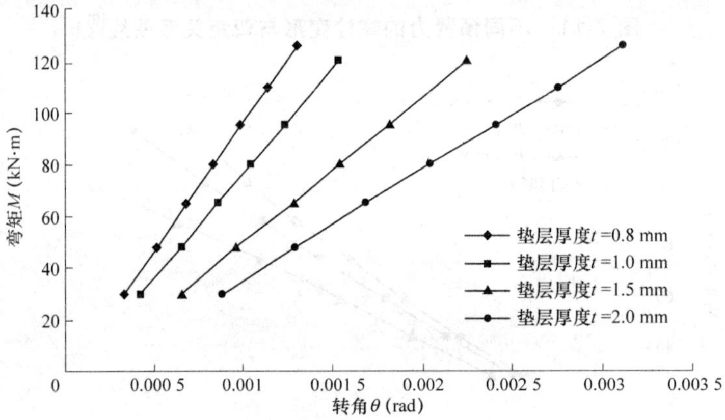


**图 7-14　偏心距一定不同传力衬垫厚度的弯矩—转角关系曲线[7]**

### 7.2.4 材料几何指标对接缝刚度的影响

接缝刚度大小还受各材料面积大小、沿衬砌厚度方向相对位置等因素影响。试验与理论分析结果显示，在其他条件相同的情况下，衬砌厚度的增加，提高了衬砌的承载能力，增大了接缝面抵抗变形的能力。接缝面上衬垫、止水所占面积及沿衬砌厚度方向的分布形式，也将影响接缝的变形及力的传递，如衬垫越靠近截面中心布置，接缝刚度越小[12]。

## 7.3 管片接缝力学模型研究现状

接缝的存在较大程度上削弱了管片环弯曲刚度，而影响接缝传力性能的因素众多，管片接缝力学模型应能体现各因素对接缝传力性能的影响(见图 7-15)。因此，如何构造管片接缝力学模型，使其合理地反映接缝对衬砌内力的影响这一问题，一直为管片衬砌设计者所关注。至今，已提出了多种方法，总体可分为以下三类。

### 7.3.1　通过引入折减系数来模拟接缝传力特性

目前常用的修正惯用法即采用了该方式来反映接缝对衬砌内力的影响[13]。在修正惯用法中管片衬砌圆环被考虑为弹性匀质圆环，通过引入一个由于管片接缝而降低衬砌刚度的有效率$\eta(\eta<1)$和一个由于被相邻衬砌环通过环间接缝来支持而增加的弯矩增长率$\zeta$来体现接缝效应。$\eta$和$\zeta$除随管片种类、管片接缝的构造形式，错缝拼装的方法及构造形式等变化外，周围岩层性状对它们也有明显影响，目前对$\eta$和$\zeta$值的确定主要根据工程经验。

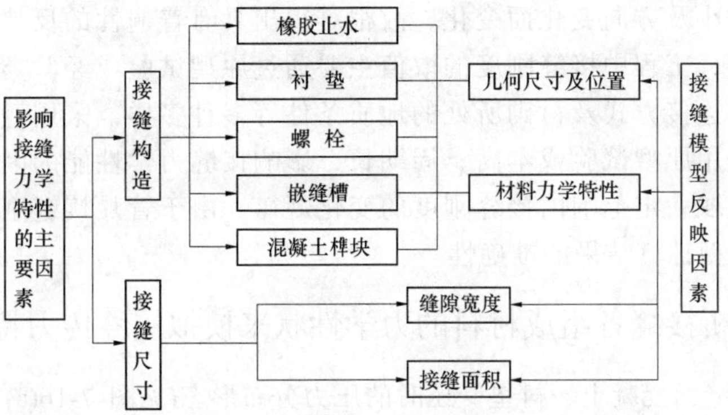


图 7-15　影响接缝力学特性的因素及接缝模型反映因素

鞠杨、侯公羽等则利用 ANSYS 程序，建立了管片衬砌有限元分析模型，模型中通过折减接缝处单元刚度来考虑管片接缝不连续性对衬砌应力、应变与开裂性质的影响[14-16]。但刚度折减系数的取值仍主要依靠工程经验。

总体而言，在这类模型中，刚度折减系数的确定具有较大的随意性和不确定性。

### 7.3.2　通过引入铰或弹簧来模拟接缝传力特性

1968 年，Kubo 提出了模拟圆形装配式衬砌接头效应的梁—弹簧模型[17]。梁—弹簧模型中梁分为直梁和曲梁两类，主要用于模拟管片部分，弹簧用于模拟管片之间的接头部分，包括接头形式、螺栓和防水充填材料。

Murakami，Koizumi(1978)[18]等进一步发展了梁—弹簧模型，与已有方法相比，梁—弹簧模型设计法在弹性铰圆环模型基础上，增加考虑了错缝拼接效果，采用弹簧来评价环间的抗剪力，可用来解释管片接头的转动和剪切特征，并且还给出了管片纵向接头剪切效应的解析方法。

国内朱合华等先后建立了梁—接头连续模型和梁—接头不连续模型[19,20]。梁—接头连续模型及梁—接头不连续模型采用弹簧模拟管片块间和环间接缝以及地层抗力，可体现管片接缝刚度的变化及拼装方式的不同对衬砌内力的影响，是对梁—弹簧模型的完善、发展。由于该类模型仍将壳体管片视为梁结构，故为平面计算模型，即便采用了三维结构的计算方式，其给出的计算结果仍是平面上的内力，特别是模型仍不能完全反映衬砌错缝拼装下的真实受力状态。

基于此，胡志平、朱伟、苏宗贤等分别建立了平板壳—弹性铰—地基系统模型、壳—弹簧设计模型及壳—弹簧—接触模型，采用平板壳或壳单元模拟管片，从而将管片衬砌内力分析拓展到三维壳体结构[21-23]。在这三种模型中，通过给定铰或弹簧单元的轴向刚度、剪切刚度及弯曲刚度模拟管片接缝处力的传递。

与采用折减方式相比，将接缝采用铰或弹簧来模拟与实际结构工作情况更为接近，但铰或弹簧刚度的取值困难。前文已指出，管片接缝处刚度与管片厚度、螺栓性质(位置及刚度)、衬垫性质(位置和材料压缩模量、面积及厚度)、止水性质(位置和材料压缩模量、面积及厚度)、接缝对接形式(平面式、榫式)等诸多因素相关，且接缝处刚度随荷载的大小及方向变化而变化，故很难得出具有普遍性的反映接缝刚度规律的计算公式。目前，工程中接缝刚度的取值主要通过原型试验或经验类比法确定。由于管片结构尺寸、连接方式及衬砌所处的地质条件等多种多样，采用经验类比法存在明显局限性。而采用原型试验成本高、周期长，影响接缝力学性能的因素众多，原型试验往往也仅能获取一定范围内接缝刚度的变化规律。由于管片接缝刚度确定困难，大大影响了这类模型计算结果的准确性。

### 7.3.3 通过分析接缝各组成材料的力学性状来模拟接缝传力特性

通过假定接缝面混凝土、衬垫受压时的压力分布形态(见图 7-16(a))或将衬垫以及螺栓视为连接在两个刚性板之间的弹簧(见图 7-16(b))，由接缝处截面变形协调关系、静力平衡关系及材料应力—应变关系等条件，可确定螺栓受力、接缝转角等指标(简称为静力平衡法)[4,13,24-26]。该类模型除能够模拟接缝的构造形式外，还能够反映接缝在任一组合力(接头弯矩、轴力、连接螺栓预应力)下的受力及变形性状，但该类模型不能反映管片对接形式对接缝力学性能的影响。目前主要采用该类模型确定接缝的弯曲刚度，为梁—弹簧等模型提供接缝力学指标。由于影响接缝刚度的因素众多，采用该类模型可以获取多种因素组合情况下的接缝刚度，可有效减少接缝试验数量，但由于较难确定能体现各影响因素的接缝刚度计算公式，因此尚存在如何将该类模型与梁—弹簧等模型有效结合等问题。

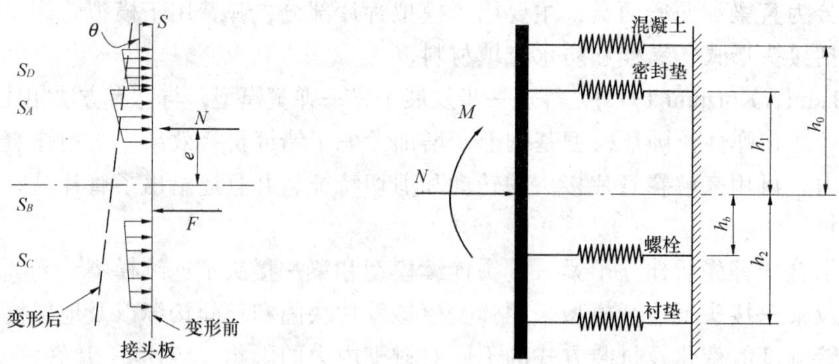


(a)文献[4]接缝力学模型　　(b)文献[24]接缝力学模型

**图 7-16　接缝力学模型简图**

采用商用有限元软件可建立管片衬砌三维有限元分析模型，模型中通常将管片离散为块体单元，通过在管片接缝处加设特殊单元(如接触单元、衬垫单元)来模拟管片间力的传递(简称为接触元法)。计算中考虑了接缝各组成材料的特性，通过较易获取的各组成材料物理力学指标，可较好地模拟了接缝的受力、变形特征[8,27-31]。采用该类模型无需再确定接缝的弯曲刚度等指标，但同时带来了一个新问题，即为了获取满意的结果，需将单元划分得足够小，这无疑大大增加了计算的工作量。

以上就管片衬砌接缝力学模型研究状况进行了分析，通过分析接缝各组成材料的力学性状来模拟接缝传力的特性能较好地揭示管片之间相互作用机制，应该成为未来管片接缝力学模型研究的主要方向。总体来讲，如何更合理地模拟接缝传力特性及如何简化计算方法、提高解题效率是管片衬砌结构计算模型需要进一步研究的课题。

## 参考文献

[1] 过镇海. 钢筋混凝土原理[M]. 北京：清华大学出版社，1999.

[2] 中华人民共和国国家标准. GB 50010—2002 混凝土结构设计规范[S]. 北京：中国建筑工业出版社，2002.

[3] 黄钟晖，廖少明，侯学渊. 错缝拼装衬砌纵向螺栓剪切模型的研究[J]. 岩石力学与工程学报，2004，23(6)：952-958.

[4] 朱伟，钟小春，秦建设. 盾构隧道管片接头力学分析及双直线刚度模型研究[J]. 岩土力学，2006，27(12)：2154-2158.

[5] 何英杰，袁江. 影响盾构隧道衬砌接头刚度的因素[J].长江科学院院报，2001，18(1)：20-22.

[6] 何英杰，周晓雁. 盾构隧道衬砌连接螺栓变形的影响因素分析[J]. 长江科学院院报，2002，19(增)：57-60.

[7] 钟小春. 盾构隧道管片接头弯曲刚度计算及影响因素分析[J]. 现代隧道技术，2007，44(5)：42-45.

[8] 陈俊生，莫海鸿，黎振东. 盾构隧道管片接头三维有限元分析[J]. 建筑结构，2006，36(10)：85-87.

[9] 张厚美，傅德明，过迟. 盾构隧道管片接头荷载试验研究[J]. 现代隧道技术，2002，39(6)：28-33.

[10] 王哲，李京爽. 地铁管片环向接头弯曲刚度试验研究[J].工业建筑，2005，35(1)：86-88.

[11] 张厚美，叶均良，过迟. 盾构隧道管片接头抗弯刚度的经验公式[J]. 现代隧道技术，2002，39(2)：12-16.

[12] 张厚美，过迟，傅德明. 圆形隧道装配式衬砌接头刚度模型研究[J]. 岩体工程学报，2000，22(3)：309-313.

[13] 张凤祥，朱合华，傅德明. 盾构隧道[M]. 北京：人民交通出版社，2004.

[14] 鞠杨，徐广泉，毛灵涛，等. 盾构隧道管片衬砌结构应力与变形的三维数值模拟与模型试验研究[J]. 工程力学，2005，22(3)：157-165.

[15] 鞠杨，徐广泉，谢和平. 钢筋混凝土盾构衬砌结构的三维数值分析[J]. 计算力学学报，2005，

22(4)：437-442.

[16] 侯公羽，杨悦，刘波. 盾构管片接头模型的改进及管片内力的数值计算[J]. 岩石力学与工程学报，2007，26(增2)：4284-4291.

[17] 久保，结城. シールドセゲメントの應力に對すゐ繼手刚性の影響[C]//土木學會論文報告集. 1968(150).

[18] 村上博智，小泉淳. シールドセグメントリングの耐荷械構について[C]//土木學會論文報告集. 1978(150)：103-115.

[19] 朱合华，陶履彬. 盾构隧道衬砌结构受力分析的梁—弹簧系统模型[J]. 岩土力学，1998，19(2)：26-32.

[20] 朱合华，崔茂玉，杨金松. 盾构衬砌管片的设计模型与荷载分布的研究[J]. 岩土工程学报，2000，22(2)：190-194.

[21] 胡志平，罗丽娟，蔡志勇. 盾构隧道管片衬砌的平板壳—弹性铰—地基系统模型[J]. 岩土力学，2005，26(9)：1403-1408.

[22] 朱伟，黄正荣，梁精华. 盾构衬砌管片的壳—弹簧设计模型研究[J]. 岩土工程学报，2006，28(8)：940-947.

[23] 苏宗贤，何川. 盾构隧道管片衬砌内力分析的壳—弹簧—接触模型及应用[J]. 工程力学2007，24(10)：131-136.

[24] 蒋洪胜，侯学渊. 盾构法隧道管片接头转动刚度的理论研究[J]. 岩石力学与工程学报，2004，23(9)：1574-1577.

[25] 黄钟晖. 盾构法隧道管片衬砌纵缝接头受力模型的研究[J]. 地下空间，2003，23(3)：296-301.

[26] 孙文昊，焦齐柱，兰宇. 盾构管片接头抗弯刚度影响因素研究[J]. 铁道工程学报，2008 (1)：66-71.

[27] 莫海鸿，陈俊生，梁松，等. 钢纤维掺入对混凝土管片局部力学性能的改善[J]. 华南理工大学学报:自然科学版，2007，35(7)：116-121.

[28] 曾东洋，何川. 地铁盾构隧道管片接头刚度影响因素研究[J]. 铁道学报，2005，27(4)：90-95.

[29] 贾永刚，王明年. 装配式衬砌接头的接触力学模型研究[J]. 都市快轨交通，2004，17(1)：38-41.

[30] 廖治国，朱合华，廖少明，等. 地铁隧道钢纤维混凝土管片力学性能研究[J]. 岩石力学与工程学报，2006，25(增1)：2888-2893.

[31] 陈俊生，莫海鸿. 盾构隧道管片施工阶段力学行为的三维有限元分析[J]. 岩石力学与工程学报，2006，25(增2)：3482-3489.

# 第 8 章　管片衬砌结构计算模型

管片衬砌结构形式是由预制管片、连接螺栓、止水及衬垫等构件通过错缝或通缝的方式拼装而成的圆柱形壳体，其内力状态为三维的空间分布。伴随着盾构法施工技术的日益成熟、应用的更加广泛，人们对管片衬砌结构设计方法的研究也更加深入。早期的衬砌管片内力分析理论主要有均质圆环法、多铰环法、弹性铰圆环法，这些方法分别视管片接缝为刚接、铰接和不完全刚接或不完全铰接，假定地层抗力的分布形式，并均将衬砌视为梁结构进行分析[1-4]，故这些方法的力学模型与实际情况可能存在较大的偏差。梁—弹簧模型及梁—接头不连续模型采用弹簧模拟管片块间和环间接缝(或称接头)以及地层抗力，可体现管片接缝刚度的变化及拼装方式的不同对衬砌内力的影响[5,6]。由于该类模型仍将壳体管片视为梁结构，故为平面计算模型，即便采用了三维结构的计算方式，其给出的计算结果仍是平面上的内力，特别是模型仍不能完全反映衬砌错缝拼装下的真实受力状态。

基于此，胡志平、朱伟、苏宗贤等分别建立了平板壳—弹性铰—地基系统模型、壳—弹簧设计模型及壳—弹簧—接触模型[7-9]，采用平板壳或壳单元模拟管片，从而将管片衬砌内力分析拓展到三维壳体结构。在这三种模型中，通过给定铰或弹簧单元的轴向刚度、剪切刚度及弯曲刚度模拟管片接缝处力的传递。鞠杨、陈俊生等则采用商用有限元软件建立了管片衬砌三维有限元分析模型[10,11]，模型中将管片离散为块体单元，前者通过折减管片接缝处单元刚度来体现衬砌环刚度在接缝处的减弱，后者则通过在管片接缝处加设接触单元来模拟管片间力的传递。

尽管梁—弹簧模型及壳—弹簧模型从理论上讲能更为精确地计算出管片的内力，但由于管片接缝刚度确定困难，大大影响了模型计算结果的准确性。而目前采用块体单元及接触单元模拟管片力学行为时，为获取理想的结果，需将单元划分得足够小，这通常会导致计算量的剧增。因此，如何更合理地模拟接缝传力特性及如何简化计算方法、提高解题效率，是管片衬砌结构计算模型需进一步研究的课题。

本章介绍了弹性铰法、惯用与修正惯用法、梁—弹簧模型、壳—弹簧模型原理。本书作者针对目前管片衬砌结构计算中存在的上述问题，以 Mindlin 平板理论及钢筋混凝土分层组合式模型为基础，提出了平板壳—接缝元—地基系统模型。本章详细介绍了该模型的特点。

## 8.1　弹性铰法

弹性铰法假定管片衬砌结构为一个自由变形的圆环，认为管片间既非刚接，亦非完全铰接，管片接头承担弯矩的多少与其刚度的大小成正比。因此，视管片接头为可承担一部分弯矩的弹性铰。地层被动抗力按假定地层抗力分布形式考虑。

图 8-1 为弹性铰接圆形管片基本结构计算示意图。如结构、荷载对称于竖直轴，可取一半结构采用结构力学方法进行分析，计算中忽略轴力、剪力对变位的影响。

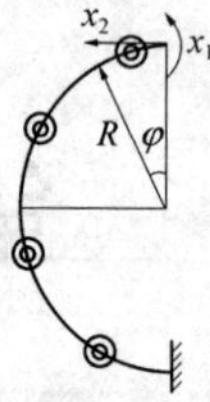

图 8-1　基本结构计算示意图

建立的力法方程为

$$\begin{cases} \delta_{11}x_1 + \delta_{12}x_2 + \varDelta_{1p} = 0 \\ \delta_{21}x_1 + \delta_{22}x_2 + \varDelta_{2p} = 0 \end{cases} \tag{8-1}$$

其中

$$\begin{cases} \delta_{11} = \dfrac{1}{EI}\int_0^{\pi}\overline{M_1}\ \overline{M_1}R\mathrm{d}\varphi + \sum\limits_{i=1}^{4}\overline{M_1^i}\ \overline{M_1^i}\cdot\dfrac{1}{K_\theta^i} \\ \delta_{12} = \delta_{21} = \dfrac{1}{EI}\int_0^{\pi}\overline{M_1}\ \overline{M_2}R\mathrm{d}\varphi + \sum\limits_{i=1}^{4}\overline{M_1^i}\ \overline{M_2^i}\cdot\dfrac{1}{K_\theta^i} \\ \delta_{22} = \dfrac{1}{EI}\int_0^{\pi}\overline{M_2}\ \overline{M_2}R\mathrm{d}\varphi + \sum\limits_{i=1}^{4}\overline{M_2^i}\ \overline{M_2^i}\cdot\dfrac{1}{K_\theta^i} \\ \varDelta_{p} = \sum\limits_{j=1}^{h}\int_0^{\pi}\dfrac{\overline{M_1}M_{p(j)}}{EI}R\mathrm{d}\varphi + \sum\limits_{j=1}^{h}\sum\limits_{i=1}^{4}\overline{M_1^i}M_{p(j)}^i\cdot\dfrac{1}{K_\theta^i} \\ \varDelta_{2p} = \sum\limits_{j=1}^{h}\int_0^{\pi}\dfrac{\overline{M_2}M_{p(j)}}{EI}R\mathrm{d}\varphi + \sum\limits_{j=1}^{h}\sum\limits_{i=1}^{4}\overline{M_2^i}M_{p(j)}^i\cdot\dfrac{1}{K_\theta^i} \end{cases} \tag{8-2}$$

式中：$i$ 表示管片接头个数；$j$ 表示荷载作用类型数；$\overline{M_1}$ 、$\overline{M_2}$ 为基本结构在单位荷载作用下的弯矩；$M_p$ 为基本结构在荷载作用下的弯矩；$K_\theta$ 为各接头的接头刚度；$E$ 为结构弹性模量；$I$ 为结构截面惯性矩。

用行列式求解可得

$$\begin{cases} \varDelta = \delta_{11}\delta_{22} - \delta_{12}\delta_{21} \\ \Delta x = \delta_{12}\varDelta_{2p} - \varDelta_{22}\varDelta_{1p} \\ \Delta y = \delta_{22}\varDelta_{1p} - \varDelta_{11}\varDelta_{2p} \\ x_1 = \dfrac{\Delta x}{\Delta} \\ x_2 = \dfrac{\Delta y}{\Delta} \end{cases} \tag{8-3}$$

则任意截面的内力为

$$\begin{cases} M = \overline{M_1}x_1 + \overline{M_2}x_2 + \sum\limits_{j=1}^{h}M_{p(j)} \\ N = \overline{N_1}x_1 + \overline{N_2}x_2 + \sum\limits_{j=1}^{h}N_{p(j)} \end{cases} \tag{8-4}$$

## 8.2　惯用与修正惯用法

惯用法的想法早在 1960 年就提出了，在日本得到了广泛的应用。惯用法假设管片环是弯曲刚度均匀的圆环，即不考虑管片接头部分的弯曲刚度下降，视管片环与管片主截面具有同样刚度。计算中假定地层的反力分布形式（垂直方向的地层抗力假定为均布荷载，而水平方向的地层抗力则假定为自环顶部向左右 45°~135°分布的三角形载荷），根据管片环的变形、对地层产生的反力，解答弹性方程式，表 8-1 中为惯用法的具体计算公式，作用于衬砌上的荷载形式见图 8-2。

**表 8-1　计算构件内力的弹性方程**

| 荷载 | 弯矩 $M$ | 轴向力 $N$ | 剪力 $Q$ |
|---|---|---|---|
| 垂直荷载<br>$p_{e1}+p_{w1}$ | $M=\frac{1}{4}(1-2\sin^2\theta)(p_{e1}+p_{w1})R_c^2$ | $N=(p_{e1}+p_{w1})R_c\sin^2\theta$ | $Q=-(p_{e1}\pm p_{w1})R_c\sin\theta\cos\theta$ |
| 水平荷载<br>$q_{e1}+q_{w1}$ | $M=\frac{1}{4}(1-2\cos^2\theta)(q_{e1}+q_{w1})R_c^2$ | $N=(q_{e1}+q_{w1})R_c\cos^2\theta$ | $Q=(q_{e1}+q_{w1})R_c\sin\theta\cos\theta$ |
| 水平三角形荷载<br>$q_{e2}+q_{w2}-q_{e1}-q_{w1}$ | $M=\frac{1}{48}(6-3\cos\theta-12\cos^2\theta+4\cos^3\theta)\cdot(q_{e2}+q_{w2}-q_{e1}-q_{w1})R_c^2$ | $N=\frac{1}{16}(\cos\theta+8\cos^2\theta-4\cos^3\theta)\cdot(q_{e2}+q_{w2}-q_{e1}-q_{w1})R_c$ | $Q=\frac{1}{16}(\sin\theta+8\sin\theta\cos\theta-4\sin\theta\cos^2\theta)\cdot(q_{e2}+q_{w2}-q_{e1}-q_{w1})R_c$ |
| 水平地基反力 $k\delta$ | $0\leqslant\theta\leqslant\frac{\pi}{4}$ 时<br>$M=(0.234\ 6-0.353\ 6\times\cos\theta)k\delta R_c^2$<br>$\frac{\pi}{4}\leqslant\theta\leqslant\frac{\pi}{2}$ 时<br>$M=(-0.348\ 7+0.5\sin^2\theta+0.235\ 7\cos^2\theta)k\delta R_c^2$ | $0\leqslant\theta\leqslant\frac{\pi}{4}$ 时<br>$N=0.353\ 6\cos\theta\cdot k\delta R_c$<br>$\frac{\pi}{4}\leqslant\theta\leqslant\frac{\pi}{2}$ 时<br>$N=(-0.707\ 1\cos\theta+\cos^2\theta+0.707\ 1\sin^2\theta\cos\theta)k\delta R_c$ | $0\leqslant\theta\leqslant\frac{\pi}{4}$ 时<br>$Q=0.353\ 6\sin\theta\cdot k\delta R_c$<br>$\frac{\pi}{4}\leqslant\theta\leqslant\frac{\pi}{2}$ 时<br>$Q=(\sin\theta\cos\theta-0.707\ 1\times\cos^2\theta\sin\theta)k\delta R_c$ |
| 自重 $g$ | $0\leqslant\theta\leqslant\frac{\pi}{2}$ 时<br>$M=(\frac{3}{8}\pi-\theta\sin\theta-\frac{5}{6}\cos\theta)gR_c^2$<br>$\frac{\pi}{2}\leqslant\theta\leqslant\pi$ 时<br>$M=[-\frac{1}{8}\pi+(\pi-\theta)\sin\theta-\frac{5}{6}\cos\theta-\frac{1}{2}\pi\sin^2\theta]gR_c^2$ | $0\leqslant\theta\leqslant\frac{\pi}{2}$ 时<br>$N=(\theta\sin\theta-\frac{1}{6}\cos\theta)gR_c$<br>$\frac{\pi}{2}\leqslant\theta\leqslant\pi$ 时<br>$N=(-\pi\sin\theta+\theta\sin\theta+\pi\sin^2\theta-\frac{1}{6}\cos\theta)gR_c$ | $0\leqslant\theta\leqslant\frac{\pi}{2}$ 时<br>$Q=-(\theta\sin\theta+\frac{1}{6}\sin\theta)gR_c$<br>$\frac{\pi}{2}\leqslant\theta\leqslant\pi$ 时<br>$N=[(\pi-\theta)\cos\theta-\pi\sin\theta\cdot\cos\theta-\frac{1}{6}\sin\theta\ ]gR_c$ |
| 管片环的水平直径点的水平方向位移 $\delta$ | $\delta=\frac{[2(p_{e1}+p_{w1})-(q_{e1}+q_{w1})-(q_{e2}+q_{w2})]R_c^4}{24(\eta EI/t+0.045\ 4kR_c^4)}$ | | |

注：$\theta$ 为计算截面与拱顶处截面间的夹角；$k$ 为地基反力系数；$t$ 为衬砌厚度。

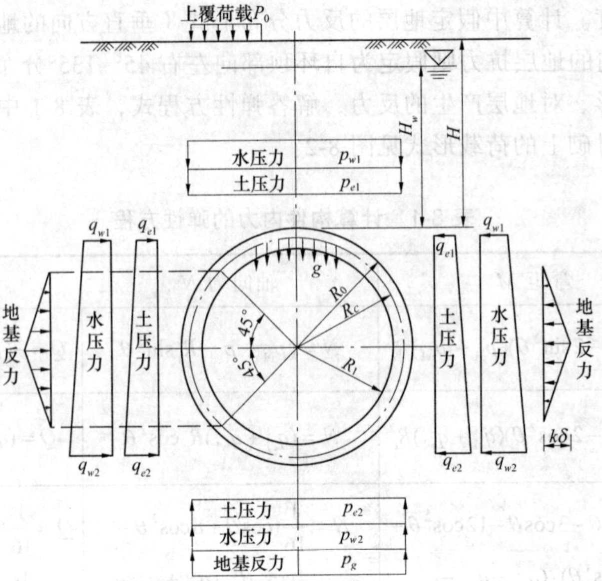


图 8-2　作用于衬砌上的荷载形式

由于管片环存在接头，结构刚性降低，如果管片采用错缝拼装，可在在一定程序上弥补管片接头存在造成的刚度下降。因此，不考虑管片接头效应及拼装效应的惯用法计算结果往往与实际情况不符。于是，在对带有螺栓接头的管片环进行多次核对研究后，在惯用法的基础上通过引入弯曲刚度有效率$\eta$($\eta \leqslant 1$)和弯矩增长率$\zeta$的概念来反映管片接头及拼装方式对衬砌内力的影响，称这一方法为修正惯用法。该法假设将接头部分弯曲刚度的下降评价为衬砌环整体弯曲刚度的下降，即将衬砌视为具有刚度$\eta EI$的均质圆环进行内力计算，所得结果即可作为通缝拼装衬砌结构内力设计值。对于错缝拼装衬砌结构，需将计算出的弯矩进行增减修正，即将管片接头处的弯矩修正为$(1-\zeta)M$，管片主截面的弯矩修正为$(1+\zeta)M$。

如图 8-3 所示，错缝拼装的管片环在受力时，环间接头会将弯矩$M_2$传递到相邻管片上，弯矩的增长率$\zeta$就是弯矩$M_2$与弯曲刚度为$\eta EI$的均质环中的弯矩$M$之比$M_2/M$。$\eta$和$\zeta$因管片周边围岩种类、管片接头的构造形式、环与环之间错缝拼装方法和结构形式等不同而发生变化，特别是周边围岩的变化对其影响显著。目前还无法通过理论求解确定$\eta$和$\zeta$值，对$\eta$和$\zeta$值的确定主要以试验结果等为基础，凭借以往工程实践经验确定，具有很大的随意性和不确定性。由于各个接头位置不同，其受到来自相邻环的约束不同，向相邻环传递的弯矩也各不相同，故各个接头的弯矩传递率是不同的，因此在采用修正惯用法计算错缝拼装衬砌的弯矩时，对所有接头采用相同的弯矩传递率得出的结果不太合理。

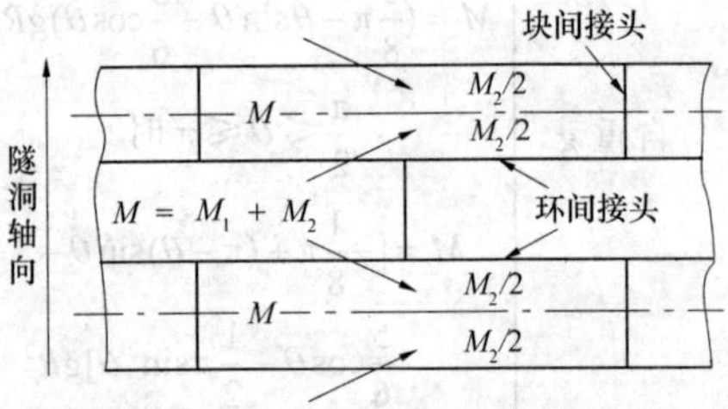


图 8-3　接头处弯矩传递示意图

对$\eta$的研究结果表明，管片环弯曲刚度有效率$\eta$既受管片块间接头刚度的影响，也受环间接头刚度的影响，$\eta$随管片块间接头刚度的增大而增大，无论环间接头刚度多大，随着管片块间接头刚度的增大，$\eta$总会接近于 1。$\eta$值随环间接头刚度增大而增大，当管片块间接头刚度较小时，环间接头刚度变化对$\eta$值的影响较大，当管片块间接头刚度较大时，环间接头刚度变化对$\eta$值的影响较小。

对$\zeta$的研究结果表明，当管片块间接头刚度较小时，环间接头刚度变化对$\zeta$值的影响较大。当块间接头刚度较大时，环间接头刚度变化对$\zeta$值的影响较小。$\zeta$值随管片块间接头刚度的增大而减小，如管片块间接头刚度为无穷大，此时管片环的弯曲刚度接近于或相当于均质圆环的刚度，不存在环与环之间弯矩的传递，即$\zeta$为零。

# 8.3　梁—弹簧模型

在梁—弹簧模型中，将衬砌模拟为梁构架，采用旋转弹簧和剪切弹簧分别模拟管片块间接头和环间接头的形式及防水充填材料的性态(见图 8-4)。如不考虑接头处发生相对不连续变形量，则可采用梁—接头连续模型计算管片结构内力，否则，应选用梁—接头不连续模型计算管片结构内力。通过调整弹簧的刚度(如对于多铰圆环可取转动弹簧刚度为 0，对于均质圆环可取转动弹簧刚度为无穷大)，可较好地反映不同拼装和连接方式管片环的承载机理[5,6]。

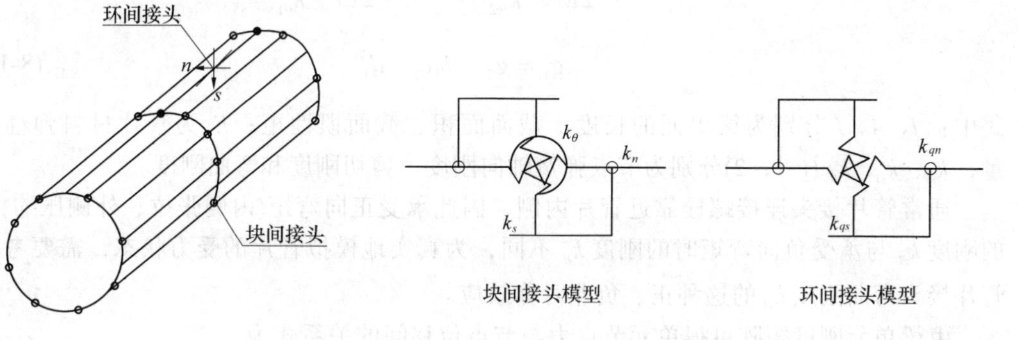


图 8-4　梁—弹簧模型示意图

## 8.3.1　梁—接头连续模型单元刚度

对管片进行单元划分时，若所分单元较小，可用直梁单元取代曲梁单元，并在单元两端各附一弹簧系统，如图 8-5 所示。由应变余能原理和卡氏第二定理，得梁单元刚度矩阵为

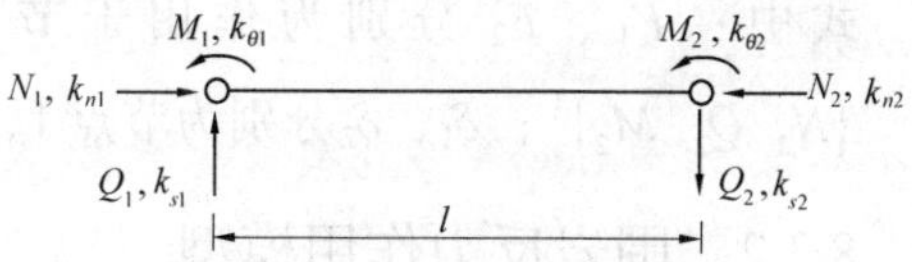


图 8-5　直梁单元节点力

$$\left\{ \ \overline{k} \ \right\} = \begin{bmatrix} \overline{k}_{11} & \overline{k}_{12} \\ \overline{k}_{21} & \overline{k}_{22} \end{bmatrix} \tag{8-5}$$

$$\bar{k}_{11}=\begin{bmatrix}1/a_1 & 0 & 0\\ 0 & c_1/g_1 & -d_1/g_1\\ 0 & -d_1/g_1 & b_1/g_1\end{bmatrix} \tag{8-6}$$

$$\bar{k}_{22}=\begin{bmatrix}1/a_2 & 0 & 0\\ 0 & c_2/g_2 & d_2/g_2\\ 0 & d_2/g_2 & b_2/g_2\end{bmatrix} \tag{8-7}$$

$$\bar{k}_{12}=\bar{k}_{21}=\begin{bmatrix}-1/a_1 & 0 & 0\\ 0 & -c_1/g_1 & -d_1/g_1\\ 0 & (c_1l+d_1)/g_1 & -(d_1l+b_1)/g_1\end{bmatrix} \tag{8-8}$$

$$a_1=a_2=\frac{l}{EA}+\frac{1}{k_{n1}}+\frac{1}{k_{n2}} \tag{8-9}$$

$$b_1=\frac{l^3}{3EI}+\frac{1}{k_{s1}}+\frac{1}{k_{s2}}+\frac{l^2}{k_{\theta 2}} \tag{8-10}$$

$$b_2=\frac{l^3}{3EI}+\frac{1}{k_{s1}}+\frac{1}{k_{s2}}+\frac{l^2}{k_{\theta 1}} \tag{8-11}$$

$$c_1=c_2=\frac{l}{EI}+\frac{1}{k_{\theta 1}}+\frac{1}{k_{\theta 2}} \tag{8-12}$$

$$d_1=\frac{l^2}{2EI}+\frac{l}{k_{\theta 2}},\quad d_2=-\frac{l^2}{2EI}-\frac{l}{k_{\theta 1}} \tag{8-13}$$

$$g_1=g_2=b_1c_1-d_1^2 \tag{8-14}$$

式中：$l$、$A$、$I$ 分别为梁单元的长度、截面面积、截面惯性矩；$E$ 为管片材料弹性模量；$k_{ni}$、$k_{si}$、$k_{\theta i}$ ($i$=1，2)分别为节点弹簧轴向刚度、剪切刚度和弯曲刚度。

通常管片接头连接螺栓靠近管片内侧，因此承受正向弯矩(内侧张拉、外侧压缩)时的刚度 $k_\theta^+$ 与承受负向弯矩时的刚度 $k_\theta^-$ 不同，为真实地模拟管片的受力状态，需要考虑管片接头弯曲刚度 $k_\theta$ 的这种正、负非对称效应。

由梁单元刚度矩阵可得单元节点力与节点位移间的关系式为

$$\begin{Bmatrix}F_1\\ F_2\end{Bmatrix}=\begin{bmatrix}\bar{k}_{11} & \bar{k}_{12}\\ \bar{k}_{21} & \bar{k}_{22}\end{bmatrix}\begin{Bmatrix}\delta_1\\ \delta_2\end{Bmatrix} \tag{8-15}$$

式中：$F_1$、$F_2$ 分别为作用于节点 1、2 上的力，$\{F_1\}=\{N_1\ Q_1\ M_1\}^{\mathrm{T}}$，$\{F_2\}=\{N_2\ Q_2\ M_2\}^{\mathrm{T}}$；$\delta_1$、$\delta_2$分别为节点1、2的位移，$\{\delta_1\}=\{u_1\ v_1\ \theta_1\}^{\mathrm{T}}$，$\{\delta_2\}=\{u_2\ v_2\ \theta_2\}^{\mathrm{T}}$。

### 8.3.2 围岩反力作用模型

围岩与衬砌间相互作用压力包括初始静止围岩压力和变形协调围岩压力两部分，而变形协调围岩压力即为围岩对衬砌结构的反作用力 $F_R$，它取决于衬砌对围岩是否产生挤压作用，即衬砌的边界径向变形 $u_R$ 是指向洞外($u_R>0$)还是指向洞内($u_R<0$)。对于

前者，应在梁单元刚度矩阵中加入地基刚度矩阵，对于后者则应去除地基刚度矩阵。

地基刚度矩阵可由虚功原理导出，假定梁单元与围岩间不存在摩擦效应，此时单元地基刚度矩阵为

$$\left\{\overline{k'}\right\} = \begin{bmatrix} \overline{k'}_{11} & \overline{k'}_{12} \\ \overline{k'}_{21} & \overline{k'}_{22} \end{bmatrix} \tag{8-16}$$

$$\overline{k'}_{11} = \frac{k_v Bl}{420}\begin{bmatrix} 0 & 0 & 0 \\ 0 & 156 & -22l \\ 0 & -22l & 4l^2 \end{bmatrix} \tag{8-17}$$

$$\overline{k'}_{22} = \frac{k_v Bl}{420}\begin{bmatrix} 0 & 0 & 0 \\ 0 & 156 & 22l \\ 0 & 22l & 4l^2 \end{bmatrix} \tag{8-18}$$

$$\overline{k'}_{12} = \overline{k'}_{21} = \frac{k_v Bl}{420}\begin{bmatrix} 0 & 0 & 0 \\ 0 & 54 & -13l \\ 0 & 13l & -3l^2 \end{bmatrix} \tag{8-19}$$

式中：$k_v$ 为单元轴法向地基抗力系数；$B$ 为单元宽度。

以上为局部坐标系中的单元刚度矩阵，在进行有限元计算时需通过坐标变换将其转换为整体坐标矩阵。

### 8.3.3　收敛准则

接头弯曲刚度 $k_\theta$ 和围岩的径向反作用力 $F_R$ 分别随弯矩和径向变形发生变化，因此需通过反复迭代运算，以确定最终的平衡状态。其迭代运算收敛判断准则为

$$\left\|\Delta u^{k+1}\right\|_2 = \sqrt{\sum_{i=1}^{N}\left(u_{Ri}^{k+1} - u_{Ri}^{k}\right)^2} \leqslant \varepsilon_1 \quad 或 \quad \left\|\Delta M^{k+1}\right\|_2 = \sqrt{\sum_{i=1}^{N}\left(M_i^{k+1} - M_i^{k}\right)^2} \leqslant \varepsilon_2 \tag{8-20}$$

式中：$\varepsilon_1$、$\varepsilon_2$ 为给定误差量；$k$ 为迭代步数；$N$ 为节点数。

### 8.3.4　梁—接头不连续模型

管片衬砌在结构上存在不连续面，可引入以考虑点与点接触为特征的块间接头单元模拟管片接头的不连续性，如图 8-6 所示。梁—接头不连续模型中梁单元的刚度矩阵与梁—接头连续模型相同，以下仅给出接头单元刚度的形式。

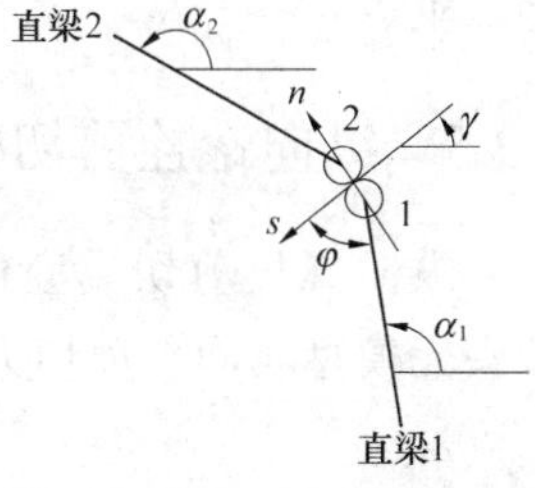


图 8-6　直梁—接头元

图 8-6 中接头元由两个节点组成，故相邻管片间变形的不连续性可由局部坐标系 $n$—$s$ 中节点 1、2 间的 3 个相对位移量表示，即

$$\begin{cases}\Delta u = u'_1 - u'_2 \\ \Delta v = v'_1 - v'_2 \\ \Delta\theta = \theta'_1 - \theta'_2\end{cases} \tag{8-21}$$

对于局部坐标系 $n$—$s$，$s$ 轴沿两根梁间夹角的平分线方向，并以指向洞内为正；$n$ 轴垂直于 $s$ 轴。相应地，$\Delta u$ 为接头沿 $n$ 方向的相对环向位移，$\Delta v$ 为沿 $s$ 方向的相对径向位移，$\Delta\theta$ 为相对转角；$u'_i$、$v'_i$、$\theta'_i$ ($i$=1，2)为局部坐标系中节点 $i$ 的位移分量。

与平面情况下考虑转动效应的线与线接触或三维情况下面与面接触的 Goodman 节理元类似，外力作用下接头元的力与变形关系为

$$\{F\} = [K]\{\Delta d\} \tag{8-22}$$

式中：$\{F\} = \{N \quad Q \quad M\}^{\mathrm{T}}$，$N$、$Q$、$M$ 分别为接头元的轴力、剪力和弯矩；$\{\Delta d\} = \{\Delta u \quad \Delta v \quad \Delta\theta\}^{\mathrm{T}}$；$[K] = \mathrm{diag}[k_n \quad k_s \quad k_\theta]^{\mathrm{T}}$。

将 $u'_i$、$v'_i$、$\theta'_i$ 转换为相关梁局部坐标系下的位移分量 $\{\delta\} = \{u_1 \ v_1 \ \theta_1 \ u_2 \ v_2 \ \theta_2\}^{\mathrm{T}}$，则对 $\{\Delta d\}$ 有

$$\{\Delta d\} = [A]\{\delta\} \tag{8-23}$$

式中，$[A]$为转换矩阵。

由此可得

$$[K_J] = [A]^{\mathrm{T}}[K][A] \tag{8-24}$$

式中，$[K_J]$为接头元在局部坐标系下的刚度矩阵。

类似地，接头元在总体坐标系下的刚度矩阵为

$$[K_G] = [T][K_J][T]^{\mathrm{T}} = \begin{bmatrix} A_1 & A_3 & 0 & -A_1 & -A_3 & 0 \\ & A_2 & 0 & -A_3 & -A_2 & 0 \\ & & k_\theta & 0 & 0 & -k_\theta \\ & & & A_1 & A_3 & 0 \\ & \text{sym.} & & & A_2 & 0 \\ & & & & & k_\theta \end{bmatrix} \tag{8-25}$$

式中：$A_1 = k_n\sin^2\gamma + k_s\cos^2\gamma$；$A_2 = k_n\cos^2\gamma + k_s\sin^2\gamma$；$A_3 = (k_s - k_n)\sin\gamma\cos\gamma$；$\gamma = \alpha_1 - \varphi$，$\alpha_1$ 为梁单元 1 的方向角(由水平坐标逆时针转至梁单元 1 的角度)，$\varphi$ 为两相邻梁单元夹角的一半。

### 8.3.5 纵向螺栓剪切模型

纵向螺栓剪切模型包括沿管片体的径向剪切和环向剪切，模型的基本原理与块间接头元模型相同，剪切力和剪切位移的关系为

$$\{F\} = [K']\{\Delta d\} \tag{8-26}$$

式中：$\{F\} = \{Q_{qn} \quad Q_{qs}\}^{\mathrm{T}}$，$Q_{qn}$、$Q_{qs}$ 分别为环间接头在 $n$、$s$ 方向上的剪力；

$\{\Delta d\}=\{\Delta u \quad \Delta v\}^{\mathrm{T}}$，$\Delta u$、$\Delta v$ 可由式(8-21)给出；$[K']=\mathrm{diag}\left[k_{qn} \quad k_{qs}\right]^{\mathrm{T}}$，$k_{qn}$、$k_{qs}$ 分别为环间接头元在 $n$、$s$ 方向的剪切刚度。

$[K']$ 为局部坐标系下的刚度矩阵，变换为整体坐标系下的刚度矩阵形式为

$$[K_S]=\begin{bmatrix} A_1 & A_3 & -A_1 & -A_3 \\ & A_2 & -A_3 & -A_1 \\ & & A_1 & A_3 \\ sym. & & & A_2 \end{bmatrix} \tag{8-27}$$

式中：$A_1=k_{qn}\sin^2\gamma+k_{qs}\cos^2\gamma$；$A_2=k_{qn}\cos^2\gamma+k_{qs}\sin^2\gamma$；$A_3=(k_{qs}-k_{qn})\sin\gamma\cos\gamma$；$\gamma=\alpha_1-\varphi$，$\varphi$ 为两相邻梁单元夹角的一半，参见图 8-6。

# 8.4 壳—弹簧模型

梁—弹簧模型默认每环管片都是平面应变状态，故不能反映管片断面边缘弯曲应力集中的现象，同时梁—弹簧模型也不能反映管片环纵向结构性能。为此，朱伟、黄正容等提出了壳—弹簧模型，将管片衬砌内力分析拓展到三维壳体结构[8]。

## 8.4.1 壳单元

在壳—弹簧模型中，衬砌被视为圆柱壳，将管片离散成壳单元，而将管片环、块间的接头离散为接头单元，用以模拟衬砌结构的不连续性。整体坐标系 $xyz$ 与局部坐标系 $x'y'z'$ 的定义如图 8-7 所示。

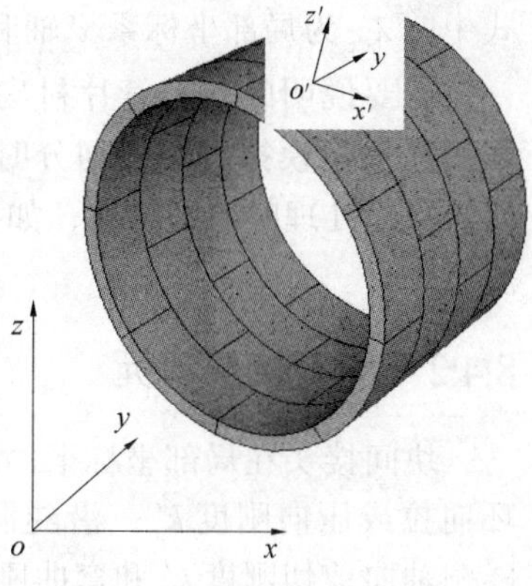

图 8-7　模型坐标系示意图

壳单元采用矩形壳单元，每个壳单元有 4 个节点，每个节点具有 6 个自由度，分别为沿 $x'$ 轴、$y'$ 轴、$z'$ 轴方向的线位移 $u'_r$、$v'_r$、$w'$ 和绕 $x'$ 轴、$y'$ 轴、$z'$ 轴的角位移 $\theta'_{xr}$、$\theta'_{yr}$、$\theta'_{zr}$。在确定的外荷载作用下，对于矩形单元 $ijmp$，取节点位移为

$$\{\delta'_r\}=\left[u'_r \quad v'_r \quad w'_r \quad \theta'_{xr} \quad \theta'_{yr} \quad \theta'_{zr}\right]^{\mathrm{T}} \quad (r=i,j,m,p) \tag{8-28}$$

取相应的节点力为

$$\{F'_r\}=\left[U'_r \quad V'_r \quad W'_r \quad M'_{\theta_{xr}} \quad M'_{\theta_{yr}} \quad M'_{\theta_{zr}}\right]^{\mathrm{T}} \quad (r=i,j,m,p) \tag{8-29}$$

令这些节点力与节点位移之间的关系为

$$\{F'_r\}=[k'_{rs}]\{\delta'_s\} \quad (r,s=i,j,m,p) \tag{8-30}$$

式中，$[k'_{rs}]$ 是局部坐标系下的壳单元刚度矩阵，为 $24\times 24$ 阶方阵。

在整体坐标系中，式(8-30)变换为

$$\{F_r\}=[k_{rs}]\{\delta_s\} \quad (r,s=i,j,m,p) \tag{8-31}$$

式中：$\{\delta_s\}=[u_s \ \ v_s \ \ w_s \ \ \theta_{xs} \ \ \theta_{ys} \ \ \theta_{zs}]^{\mathrm{T}}$ $(s=i,j,m,p)$；$\{F_r\}=[U_r \ \ V_r \ \ W_r \ \ M_{\theta_{xr}} \ \ M_{\theta_{yr}} \ \ M_{\theta_{zr}}]^{\mathrm{T}}$ $(r=i,j,m,p)$；$[k_{rs}]=[L]^{\mathrm{T}}[k'_{rs}][L]$，而变换矩阵$[L]$为

$$[L]=\begin{bmatrix}\lambda & & & \\ & \lambda & & \\ & & \lambda & \\ & & & \lambda\end{bmatrix} \tag{8-32}$$

其中

$$[\lambda]=\begin{bmatrix}\lambda_{x'x} & \lambda_{x'y} & \lambda_{x'z} & 0 & 0 & 0\\ \lambda_{y'x} & \lambda_{y'y} & \lambda_{y'z} & 0 & 0 & 0\\ \lambda_{z'x} & \lambda_{z'y} & \lambda_{z'z} & 0 & 0 & 0\\ 0 & 0 & 0 & \lambda_{x'x} & \lambda_{x'y} & \lambda_{x'z}\\ 0 & 0 & 0 & \lambda_{y'x} & \lambda_{y'y} & \lambda_{y'z}\\ 0 & 0 & 0 & \lambda_{z'x} & \lambda_{z'y} & \lambda_{z'z}\end{bmatrix} \tag{8-33}$$

式中：$\lambda_{x'x}$为局部坐标系$x'$轴和整体坐标系$x$轴夹角的余弦，其余类推。

需要说明的是，管片衬砌接缝处，除接头处节点外，其他各节点都是不连续的，采用壳单元模拟，单元划分时，对于不连续的点，采取与梁—弹簧模型类似的处理方法，简化处理时取平均值，如要较真实地反映衬砌接缝处的相互作用，则每个接头的刚度不一致。

### 8.4.2 块间接头单元

块间接头在局部坐标下的环向、剪切和转动效应分别用环向拉或压向刚度$k'_x$、沿隧洞横截面径向剪切刚度$k'_z$、沿隧洞轴向剪切刚度$k'_y$和弯曲刚度$k'_{\theta z}$来描述，管片接头单元由重合的双节点$i$、$j$构成，则两相邻管片接头的不连续性由两节点在局部坐标系$x'$轴、$y'$轴、$z'$轴中的相对位移来表示。局部坐标系是这样定义的：$y'$轴是沿两壳单元间的等分角方向，正向指向外侧，$z'$轴沿隧洞轴向，$x'$轴与$y'$轴和$z'$轴都正交且符合右手法则，如图 8-8 所示。接头的每个节点考虑沿$x'$轴、$y'$轴、$z'$轴方向的线位移和绕$z'$轴的角位移。

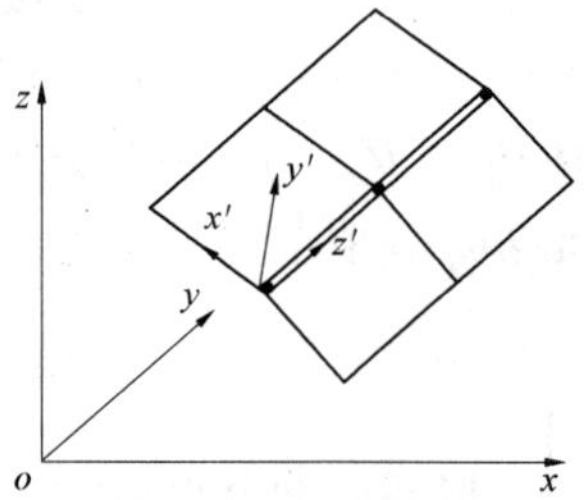


**图 8-8 管片接头单元**

由于连接螺栓靠近管片内侧，因此在承受正向弯矩时弯曲刚度$k^{+}_{\theta z}{}'$与承受负向弯矩时的刚度$k^{-}_{\theta z}{}'$不同(以管片内侧受拉为正)，为真实地模拟管片的受力状态，需要考虑管片接头弯曲刚度$k'_{\theta z}$的这种正负非对称效应，即

$$k'_{\theta z}=\begin{cases}k^{-}_{\theta z}{}' & (M<0)\\ k^{+}_{\theta z}{}' & (M\geqslant 0)\end{cases} \tag{8-34}$$

在外力作用下，块间接头单元每个节点的内力变形关系可写为以下形式

$$\begin{Bmatrix}U'\\V'\\W'\\0\\0\\M'_{\theta z}\end{Bmatrix}=\begin{bmatrix}k'_x&&&&&\\&k'_y&&&&\\&&k'_z&&&\\&&&0&&\\&&&&0&\\&&&&&k'_{\theta z}\end{bmatrix}\begin{Bmatrix}u'\\v'\\w'\\0\\0\\\theta'_z\end{Bmatrix} \tag{8-35}$$

式中，$U'$、$V'$、$W'$、$M'_{\theta z}$是各个块间接头单元局部坐标系下的环向力、剪力和弯矩。

块间接头单元的内力变形关系为

$$\{F'_r\}=[k'_{rs}]\{\delta'_s\}\quad (r,s=i,j) \tag{8-36}$$

式中：$[k'_{rs}]$是局部坐标系下的管片块间接头单元刚度矩阵，为$12\times12$方阵。由下式将各个单元在局部坐标系下的刚度矩阵转换为整体坐标

$$[k_{rs}]=[L]^{\mathrm{T}}[k'_{rs}]\ [L],\ [L]=\begin{bmatrix}\lambda&\\&\lambda\end{bmatrix} \tag{8-37}$$

## 8.4.3　环间接头单元

环间接头单元亦由重合的双节点构成，则管片环间接头的不连续性由两节点在局部坐标系$x'$轴、$y'$轴、$z'$轴中的相对位移来表示。局部坐标系是这样定义的：$y'$轴为沿隧洞轴向，正向指向整体坐标系$y$轴，$z'$轴沿隧洞径向，正向指向外侧，$x'$轴与$y'$轴和$z'$轴都正交且符合右手法则，如图 8-9 所示。

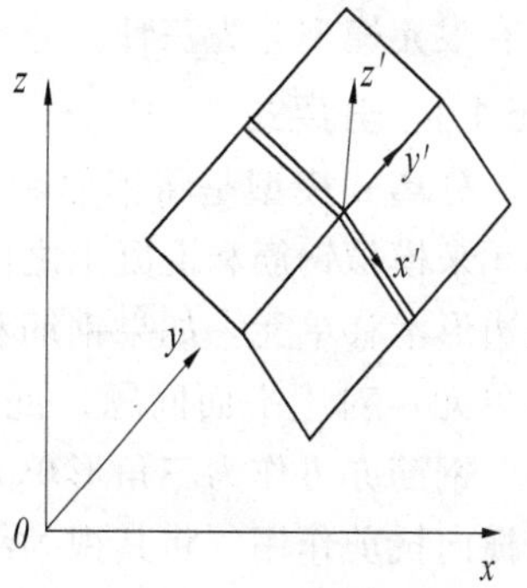

图 8-9　环间接头单元

接头的每个节点只考虑沿$x'$轴、$y'$轴、$z'$轴方向的线位移，即管片环间接头考虑环间径向剪切、环向剪切及沿隧道轴向拉或压三种作用。对于$y'$轴方向的轴向拉伸和压缩刚度应分开考虑，压缩刚度为无穷大，拉伸刚度为螺栓的实际抗拉刚度，$k=EA/L$（$E$为螺栓的弹性模量，$A$为螺栓的截面面积，$L$为螺栓的有效长度），在外荷载作用下，环间接头单元每个节点的内力变形关系可写成以下形式

$$\begin{Bmatrix} U' \\ V' \\ W' \\ 0 \\ 0 \\ 0 \end{Bmatrix} = \begin{bmatrix} k'_x & & & & & \\ & k'_y & & & & \\ & & k'_z & & & \\ & & & 0 & & \\ & & & & 0 & \\ & & & & & 0 \end{bmatrix} \begin{Bmatrix} u' \\ v' \\ w' \\ 0 \\ 0 \\ 0 \end{Bmatrix} \tag{8-38}$$

式中，$U'$、$V'$、$W'$ 是各个环间接头单元沿局部坐标系 $x'$ 轴、$y'$ 轴、$z'$ 轴方向的力。

管片环间接头单元的内力变形关系见式(8-36)。

### 8.4.4 地层弹簧单元

沿衬砌全周边设置径向和切向弹簧，用地层弹簧单元的径向力和切向力来模拟地层作用在衬砌隧道上的径向力和切向力，并认为地基抗力亦即弹簧力与地层的位移成正比，且该比例因子定义为地基抗力系数。局部区域衬砌与地基分离时，该区域内地层弹簧单元将不传递力。

由于地层与衬砌的相互作用随衬砌结构的径向变形发生变化，接头轴向、弯曲刚度亦随内力发生变化，因此需通过反复迭代运算找出最终的平衡状态，其迭代运算收敛判断准则见式(8-20)。

## 8.5 平板壳—接缝元—地基系统模型

### 8.5.1 钢筋混凝土结构有限元模型

钢筋混凝土结构是由两种性质不同的材料组成的，且钢筋包裹于混凝土之中，相对混凝土来说体积较小。根据模型中对两种材料的处理方式，可将目前的钢筋混凝土结构有限元模型分为三种：分离式、组合式和整体式[12]。

#### 8.5.1.1 分离式

分离式模型是将钢筋和混凝土作为不同单元来处理，钢筋和混凝土之间插入黏结单元来模拟钢筋和混凝土之间的黏结和滑移作用。黏结单元的类型有双弹簧连接单元、四边形滑移单元。如果钢筋和混凝土之间的黏结较好，不会有相对滑移，则可以不设黏结单元。对于平面问题，混凝土单元可以采用三角形单元、矩形单元、平面等参单元等。钢筋亦可作为三角形单元或四边形单元，但考虑到钢筋是一种细长材料，可以忽略其横向抗剪作用，将其视为线性单元。

#### 8.5.1.2 组合式

当钢筋和混凝土之间的黏结很好、不会有相对滑移时，可采用组合式模型。此时单元刚度阵 $[k]_e$ 由钢筋和混凝土分别对单元的贡献矩阵 $[k]_s$ 和 $[k]_c$ 组成，即

$$[k]_e = [k]_c + [k]_s \tag{8-39}$$

分层组合式是组合式模型的一种，它是沿结构的横截面将混凝土分成若干层，同一层的钢筋则化为等效的钢片层，如图 8-10 所示。通过对截面的应力应变做出假定，根据各层单元材料的实际应力应变关系和平衡条件导出各层单元的刚度，通过累加各层单元刚度得到组合单元的刚度表达式，从而计算出单元节点位移。

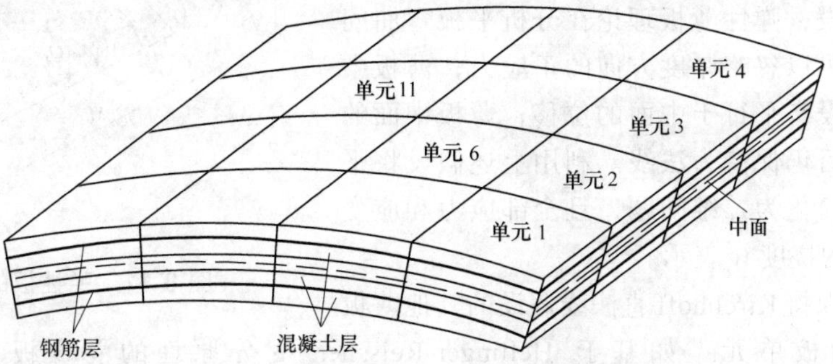


图 8-10　钢筋混凝土分层组合单元示意图

#### 8.5.1.3　整体式

当钢筋在结构中分布比较均匀，且认为钢筋和混凝土之间无相对滑移时，可采用整体式模型。这种模型把钢筋混凝土看做一种新的均匀的结构材料，用单一的本构关系来表示材料特性。设混凝土的本构矩阵为$[D]_c$，钢筋的本构矩阵为$[D]_s$，则整体式单元的本构矩阵$[D]$为

$$[D]=[D]_c+[D]_s \tag{8-40}$$

### 8.5.2　平板壳单元的构建

#### 8.5.2.1　平板壳单元简介

盾构法施工隧洞的截面形式通常为圆形，所采用的管片衬砌可视为圆柱壳，圆柱壳结构具有互相平行的直母线，可沿母线方向及垂直于母线的方向把柱壳离散成若干四边形壳块，当网格足够密时，小四边形柱壳块就足够扁平，可近似为平板。用这些四边形平板单元拼成的折板结构，可近似代替原来的光滑壳结构。

这些平板承受的荷载可归为两类：一类是作用在板中面平面内的中面荷载，另一类是垂直于板中面的横向荷载。对于单块板，若不考虑由横向荷载引起的弯曲应力与由中面荷载引起的平面应力的耦合，可分别进行弯曲应力和平面应力计算。但在进行空间板壳结构的内力分析时，为保持各平板单元交接处节点位移的协调性，必须同时考虑平板弯曲应力与平面应力，但可视为平面问题与弯曲问题的叠加以简化计算。此处取整体坐标系的 $y$ 轴与管片环的中轴线一致，取各单元局部坐标系的 $y'$ 轴与整体坐标系的 $y$ 轴一致，整体坐标系 $xyz$ 与局部坐标系 $x'y'z'$ 的定义如图 8-7 所示。

板单位宽度横截面的内力，可以通过沿板厚对应力进行积分得到，内力形式见图 8-11。

由于平板弯曲问题的复杂性，从有限单元法的最早发展开始，大量的工作投入到构造板、壳单元的研究中。根据所要分析的结构特点，发展了基于不同方法或不同变分

原理的各式各样的板壳单元。但从迄今为止的发展情况来看，平板单元大体上可分为三类[13]：

(1)基于经典薄板理论的板单元。根据板的厚度比其他两个方向尺寸小得多以及挠度比厚度又小得多的假设，弹性薄板理论在分析平板弯曲问题时，认为可以忽略厚度方向的正应力；薄板中面内的各点没有平行于中面的位移；薄板中面的法线在变形后仍保持为法线。利用上述假设将平板弯曲问题简化为二维问题，且全部应力和应变可用板中面的挠度 $w$ 表示。

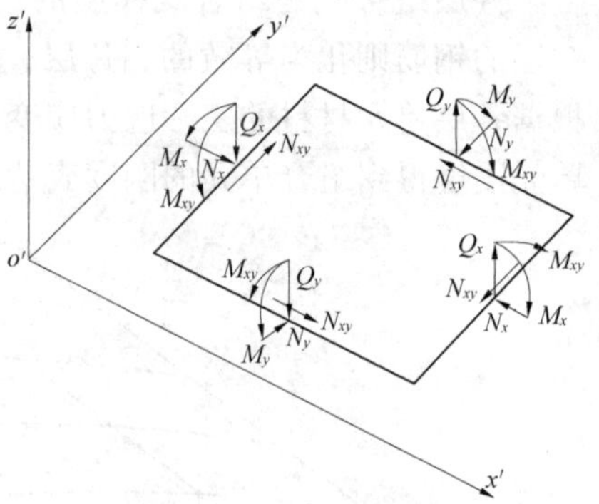


图 8-11　弹性板的内力

(2)基于保持 Kirchhoff 直法线假设的其他薄板变分原理的板单元。如基于 Hellinger-Reissner 变分原理的混合板单元，基于 Hellinger-Reissner 变分原理或修正余能原理的应力杂交板单元等，以及在单元内或单元边界上若干点，而不是到处保持 Kirchhoff 直法线假设的离散 Kirchhoff 板单元等。

(3)基于考虑横向剪切变形的 Mindlin 平板理论的板单元。此理论的基本假定是：与板的厚度相比，板的挠度 $w$ 是微小的；垂直于中面的应力忽略不计；变形前垂直于中面的直线，变形后仍保持直线，但不一定再垂直于中面。因此，Mindlin 理论考虑了横向剪应力对变形的影响，尽管仍采用应力应变直线分布的假说，但变形前垂直于中面的直线变形后不再垂直于中面，如图 8-12 所示。转角 $\theta_x$、$\theta_y$ 中还包括非均匀的平均剪切变形 $\phi_x$、$\phi_y$。

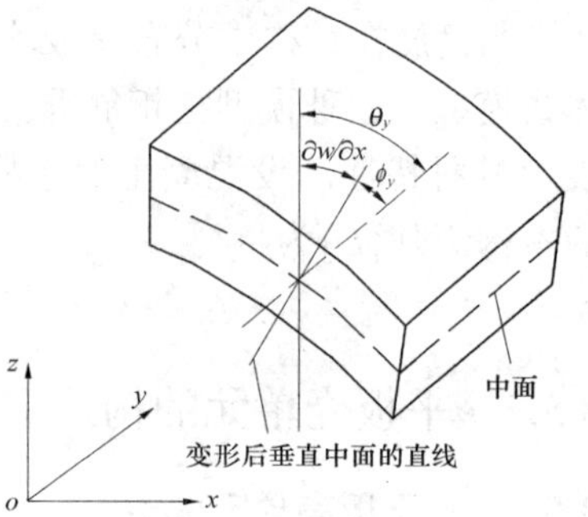


图 8-12　板变形转角示意图

由于第三类板单元表达格式比较简单，并且节点参数中只包含位移和转动，与其他实体单元的表达形式基本相同，易于组织在统一的计算程序中，因此得到更多的应用，在平板壳—接缝元—地基系统模型中亦采用此类板单元。

#### 8.5.2.2　9 节点等参单元

由 Mindlin 板假设知，对于钢筋混凝土板，采用分层组合式单元时，整个位移场可由平行于板面的任一层位移场确定。在此取中面层单元为参考单元，称其为基单元，其余各层单元则称为基单元的伴随单元。基单元与伴随单元构成一组合单元。为获得较高的精度和避免发生剪切锁死，在此采用 9 节点等参单元，即每一组合单元有 9 个节点，每个节点有 5 个自由度，它们是局部坐标系中沿 $x'$ 轴、$y'$ 轴方向位移 $u$、$v$，沿 $z'$ 轴方向挠度 $w$ 和两个角位移 $\theta_x$、$\theta_y$ (见图 8-13)。在小变形情况下，平板的横向位移 $w$

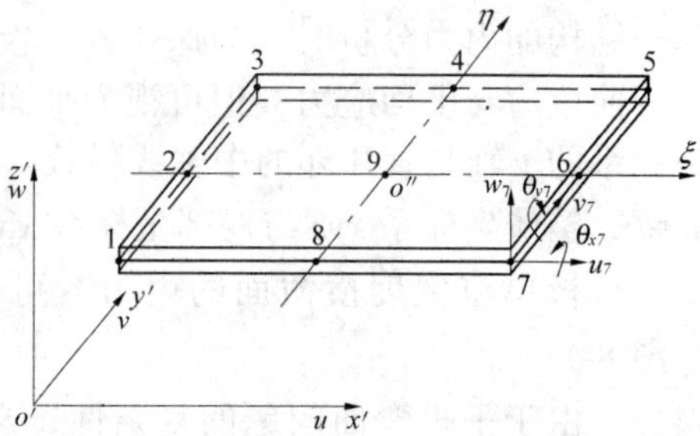


图 8-13　单元节点编号及局部相对坐标

与面内位移 $u$、$v$ 互不相关，不相耦合，可以分别研究两者各自的单元刚度。

单元节点编号的顺序见图 8-13。$\xi o''\eta$ 为局部相对坐标系，其与 $x'y'z'$ 坐标系的变换式为

$$\begin{cases} x' = \sum_{i=1}^{9} N_i(\xi,\eta)x_i \\ y' = \sum_{i=1}^{9} N_i(\xi,\eta)y_i \end{cases} \tag{8-41}$$

式中，$N_i$ 为形函数，由表 3-1 及图 8-13 得 $N_i$ 表达式为

$$\begin{cases} N_1 = \frac{1}{4}\xi\eta(1-\xi)(1-\eta) \\ N_2 = \frac{1}{2}\xi(\xi-1)(1-\eta^2) \\ N_3 = \frac{1}{4}\xi\eta(\xi-1)(1+\eta) \\ N_4 = \frac{1}{2}\eta(1-\xi^2)(1+\eta) \\ N_5 = \frac{1}{4}\xi\eta(1+\xi)(1+\eta) \\ N_6 = \frac{1}{2}\xi(1+\xi)(1-\eta^2) \\ N_7 = \frac{1}{4}\xi\eta(1+\xi)(\eta-1) \\ N_8 = \frac{1}{2}\eta(1-\xi^2)(\eta-1) \\ N_9 = (1-\xi^2)(1-\eta^2) \end{cases} \tag{8-42}$$

9 个节点在 $\xi o''\eta$ 坐标系中的坐标分别为(−1，−1)、(−1，0)、(−1，1)、(0，1)、(1，1)、(1，0)、(1，−1)、(0，−1)和(0，0)。

#### 8.5.2.3　位移模式

对于每个组合单元，基单元节点位移是最基本的物理量。基单元位移模式可取为

$$\begin{cases} u^0 = \sum_{i=1}^{9} N_i u_i^0 \\ v^0 = \sum_{i=1}^{9} N_i v_i^0 \\ w^0 = \sum_{i=1}^{9} N_i w_i^0 \\ \theta_x^0 = \sum_{i=1}^{9} N_i \theta_{xi}^0 \\ \theta_y^0 = \sum_{i=1}^{9} N_i \theta_{yi}^0 \end{cases} \tag{8-43}$$

由 Mindlin 基本假定，距基单元为 $z'$ 的伴随单元的位移为

$$\begin{cases} u = u^0 + z'\theta_y^0 \\ v = v^0 - z'\theta_x^0 \\ w = w^0 \\ \theta_x = \theta_x^0 \\ \theta_y = \theta_y^0 \end{cases} \tag{8-44}$$

写成矩阵形式为

$$[f] = [N][\delta^0] \tag{8-45}$$

式中：$\left[\delta^0\right] = \left[u_1^0 \quad v_1^0 \quad w_1^0 \quad \theta_{x1}^0 \quad \theta_{y1}^0 \cdots u_9^0 \quad v_9^0 \quad w_9^0 \quad \theta_{x9}^0 \quad \theta_{y9}^0\right]^{\mathrm{T}}$，为基单元位移列阵；$\left[f\right] = \left[u \quad v \quad w \quad \theta_x \quad \theta_y\right]^{\mathrm{T}}$，为单元位移列阵；$\left[N\right] = \left[A_1 \quad A_2 \ \cdots A_9\right]$，为形态矩阵，其中 $A_i$ 的表达形式为

$$\left[A_i\right] = \begin{bmatrix} N_i & 0 & 0 & 0 & z'N_i \\ 0 & N_i & 0 & -z'N_i & 0 \\ 0 & 0 & N_i & 0 & 0 \\ 0 & 0 & 0 & N_i & 0 \\ 0 & 0 & 0 & 0 & N_i \end{bmatrix} \tag{8-46}$$

#### 8.5.2.4 几何方程

将式(8-44)代入几何方程

$$\begin{cases} \varepsilon_{x'} = \dfrac{\partial u}{\partial x'} \\ \varepsilon_{y'} = \dfrac{\partial v}{\partial y'} \\ \gamma_{x'y'} = \dfrac{\partial u}{\partial y'} + \dfrac{\partial v}{\partial x'} \\ \gamma_{y'z'} = \dfrac{\partial v}{\partial z'} + \dfrac{\partial w}{\partial y'} \\ \gamma_{z'x'} = \dfrac{\partial w}{\partial x'} + \dfrac{\partial u}{\partial z'} \end{cases} \tag{8-47}$$

得板壳的广义应变与节点位移的关系为

$$[\varepsilon] = [B][\delta^0] \tag{8-48}$$

式中：$\left[\varepsilon\right] = \left[\varepsilon_{x'} \quad \varepsilon_{y'} \quad \gamma_{x'y'} \quad \gamma_{y'z'} \quad \gamma_{z'x'}\right]^{\mathrm{T}}$，为应变矩阵；$\left[B\right] = \left[B_1 \ B_2 \cdots B_9\right]$，为单元几何矩阵，其表达式为

$$\left[B_i\right] = \begin{bmatrix} B_{fi} \\ B_{si} \end{bmatrix} \quad (i = 1, 2, \cdots, 9) \tag{8-49}$$

$$\left[B_{fi}\right]=\begin{bmatrix}\dfrac{\partial N_i}{\partial x'} & 0 & 0 & 0 & z'\dfrac{\partial N_i}{\partial x'}\\ 0 & \dfrac{\partial N_i}{\partial y'} & 0 & -z'\dfrac{\partial N_i}{\partial y'} & 0\\ \dfrac{\partial N_i}{\partial y'} & \dfrac{\partial N_i}{\partial x'} & 0 & -z'\dfrac{\partial N_i}{\partial x'} & z'\dfrac{\partial N_i}{\partial y'}\end{bmatrix} \tag{8-49a}$$

$$\left[B_{si}\right]=\begin{bmatrix}0 & 0 & \dfrac{\partial N_i}{\partial y'} & -N_i & 0\\ 0 & 0 & \dfrac{\partial N_i}{\partial x'} & 0 & N_i\end{bmatrix} \tag{8-49b}$$

上式中要用到形函数对 $x'$ 、$y'$ 的导数，而形函数是用 $\xi$ 、$\eta$ 表示的，为此可通过下式进行坐标变换

$$\begin{bmatrix}\dfrac{\partial N_i}{\partial x'}\\ \dfrac{\partial N_i}{\partial y'}\end{bmatrix}=[J]^{-1}\begin{bmatrix}\dfrac{\partial N_i}{\partial \xi}\\ \dfrac{\partial N_i}{\partial \eta}\end{bmatrix} \tag{8-50}$$

式中，$[J]$为雅可比矩阵，表达式为

$$[J]=\begin{bmatrix}\sum\limits_{i=1}^{9}\dfrac{\partial N_i}{\partial \xi}x_i' & \sum\limits_{i=1}^{9}\dfrac{\partial N_i}{\partial \xi}y_i'\\ \sum\limits_{i=1}^{9}\dfrac{\partial N_i}{\partial \eta}x_i' & \sum\limits_{i=1}^{9}\dfrac{\partial N_i}{\partial \eta}y_i'\end{bmatrix} \tag{8-51}$$

### 8.5.2.5 应力计算

应力计算公式可表示为

$$[\sigma]=[D][\varepsilon] \tag{8-52}$$

式中：$[\sigma]=\left[\sigma_{x'}\ \ \sigma_{y'}\ \ \tau_{x'y'}\ \ \tau_{y'z'}\ \ \tau_{z'x'}\right]^{\mathrm{T}}$；$[D]$为材料本构矩阵，对于混凝土层单元，取$[D]=[D]_c$，对于钢筋层单元，忽略其横向抗剪能力，取$[D]=[D]_s$，弹性状态时$[D]_c$和$[D]_s$的表达式为

$$[D]_c=\frac{E_c}{1-\mu_c^2}\begin{bmatrix}1 & \mu_c & 0 & 0 & 0\\ \mu_c & 1 & 0 & 0 & 0\\ 0 & 0 & \dfrac{1-\mu_c}{2} & 0 & 0\\ 0 & 0 & 0 & \dfrac{1-\mu_c}{2} & 0\\ 0 & 0 & 0 & 0 & \dfrac{1-\mu_c}{2}\end{bmatrix} \tag{8-53}$$

$$[D]_s=\begin{bmatrix} E_s & 0 & 0 & 0 & 0 \\ 0 & E_s & 0 & 0 & 0 \\ 0 & 0 & 0 & 0 & 0 \\ 0 & 0 & 0 & 0 & 0 \\ 0 & 0 & 0 & 0 & 0 \end{bmatrix} \tag{8-54}$$

式中：$E_c$、$\mu_c$ 分别为混凝土材料的弹性模量与泊松比；$E_s$ 为钢筋的弹性模量。

#### 8.5.2.6 单元刚度阵

作用于单元上的荷载用静力等效节点荷载代替，根据虚位移原理，任一单元满足相容条件的微小虚位移时，节点力的虚功应等于单元内应力的虚功，由此可导出单元节点力与位移的关系如下

$$[P']=[k_m]'[\delta^0] \tag{8-55}$$

式中：$[P']=\left[F_{u1}\ F_{v1}\ F_{w1}\ M_{\theta x1}\ M_{\theta y1}\cdots F_{u9}\ F_{v9}\ F_{w9}\ M_{\theta x9}\ M_{\theta y9}\right]^{\mathrm{T}}$，为局部坐标系下节点力列阵；$[k_m]'$ 为组合单元 $m$ 的刚度阵。

组合单元 $m$ 的刚度阵由沿板厚度方向基单元及各伴随单元刚度阵累加获得，即

$$[k_m]'=\sum_{j=1}^{n}[k_m]^j \tag{8-56}$$

式中，$[k_m]^j$ 为组合单元 $m$ 的第 $j$ 层单元的单元刚度阵；$n$ 为沿板壳厚度方向划分的层数。

运用虚位移原理，可导出基单元及伴随单元刚度阵为

$$[k_m]^j=\iint_A[\int_{z_1^j}^{z_2^j}[B]^{\mathrm{T}}[D]^j[B]\,\mathrm{d}z']\,\mathrm{d}A \tag{8-57}$$

式中，$z_1^j$、$z_2^j$ 为第 $j$ 层单元底面、顶面 $z'$ 坐标。

若认为基单元及伴随单元内应力、应变与局部坐标 $z'$ 无关，则式(8-57)变为

$$[k_m]^j=\iint_A[B]^{\mathrm{T}}([D]^j[t]^j)[B]\,\mathrm{d}A=\int_{-1}^{1}\int_{-1}^{1}[B]^{\mathrm{T}}([D]^j[t]^j)[B]|J|\,\mathrm{d}\xi\,\mathrm{d}\eta \tag{8-58}$$

式中，$[t]^j$ 为第 $j$ 层单元厚度矩阵，对于混凝土层，取 $[t]^j=[t]_c^j$，其形式为

$$[t]_c^j=\begin{bmatrix} z_2^j-z_1^j & & & & 0 \\ & z_2^j-z_1^j & & & \\ & & z_2^j-z_1^j & & \\ & & & z_2^j-z_1^j & \\ 0 & & & & z_2^j-z_1^j \end{bmatrix} \tag{8-59}$$

对于钢筋层，取 $[t]^j=[t]_s^j$，其表达式为

$$[t]_s^j=\begin{bmatrix} t_{x'}^j & & & & 0 \\ & t_{y'}^j & & & \\ & & 0 & & \\ & & & 0 & \\ 0 & & & & 0 \end{bmatrix} \tag{8-60}$$

式中，$t_{x'}^j$、$t_{y'}^j$ 为钢筋层 $x'$ 轴、$y'$ 轴向的折合厚度，其计算式为 $t_{x'}^j=\rho_{x'}h$、$t_{y'}^j=\rho_{y'}h$，其中 $\rho_{x'}$、$\rho_{y'}$ 分别为沿 $x'$ 轴、$y'$ 轴方向横截面中该钢筋层钢筋横截面面积与板横截面面积的比率，$h$ 为板壳厚度。

#### 8.5.2.7　单元刚度的坐标变换

组成柱壳的各平板单元显然不会都在一个平面，因而各单元的局部坐标一般是不一致的。这样，与同一节点相邻的单元可能有不同的局部坐标系，因此各单元刚度阵是不能直接叠加的，必须变换到统一的坐标系，即整体坐标系 $xyz$ 下。

$[k_m]'$ 是局部坐标系 $x'y'z'$ 下单元刚度矩阵，为 $45\times45$ 的方阵。为了便于坐标变换，可在单元局部坐标系中，对每一节点再补上一个绕 $z'$ 轴转动的角位移 $\theta_z$，即每个节点视为有 6 项节点位移分量。这样单元刚度阵就被扩大为 $54\times54$ 的方阵，定义此扩大刚度阵为 $[k_m]'_e$，该刚度阵中对应于 $\theta_z$ 的行与列皆给为零元素。

本书所取各单元局部坐标系的 $y'$ 轴与整体坐标系的 $y$ 轴一致(见图 8-7)，若设 $x'$ 轴与 $x$ 轴间的夹角为 $\varphi$，这样，单元中任一节点 $i$ 在局部坐标系内的位移分量与总体坐标系内的位移分量间的变换关系为

$$\begin{Bmatrix} u_i^* \\ v_i^* \\ w_i^* \\ \theta_{xi}^* \\ \theta_{yi}^* \\ \theta_z^* \end{Bmatrix}=[\lambda]\begin{Bmatrix} u_i \\ v_i \\ w_i \\ \theta_{xi} \\ \theta_{yi} \\ \theta_z \end{Bmatrix} \tag{8-61}$$

其中

$$[\lambda]=\begin{bmatrix} \cos\varphi & 0 & -\sin\varphi & & & \\ 0 & 1 & 0 & & 0 & \\ \sin\varphi & 0 & \cos\varphi & & & \\ & & & \cos\varphi & 0 & -\sin\varphi \\ & 0 & & 0 & 1 & 0 \\ & & & \sin\varphi & 0 & \cos\varphi \end{bmatrix} \tag{8-62}$$

依此由式(8-55)可得出整体坐标系与局部坐标系中单元刚度阵的变换关系为

$$[k_m]_e = [T]^{\mathrm{T}}[k_m]'_e[T] \tag{8-63}$$

式中，$[T]$为坐标变换矩阵，由式(8-62)依单元节点数集合而成。

## 8.5.3 管片接缝单元的构建

管片衬砌接缝是整个结构的关键部位，怎样考虑接缝的效应一直是人们关心的课题。衬砌管片在实际工作状态中，由于存在螺栓、榫块、衬垫、止水等构造，两管片在接缝处可保持一定的协同变形，又存在一定的相对变形。根据接缝构造特点及第7章对影响接缝力学性态的各因素分析成果，在此采用分层组合方式构造接缝单元模型，即将管片接缝分成橡胶止水区、衬垫区、混凝土区、螺栓混凝土区、嵌缝区等若干区，通过对各区分层来较为准确地反映单元中各材料的力学状态，进而集合得到组合单元的刚度，模型示意图见图 8-14。

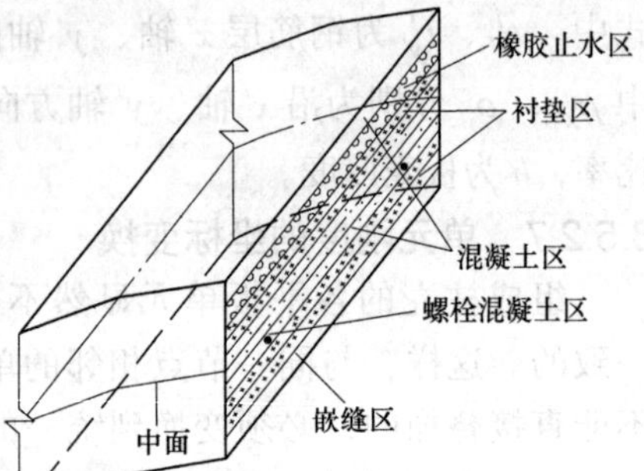

图 8-14　管片接缝分区模型示

该接缝单元具有以下特性：接缝单元为6节点有厚度单元，既体现了管片接缝处存在的缝隙，又可模拟接缝的闭合、张开、错动、转动等性态；接缝单元刚度由沿衬砌厚度方向所划分的各层单元刚度集合而成，可体现接缝处不同材料的力学性态及其几何特征对接缝单元刚度的影响；接缝处各材料的力学特性可通过简单的拉伸及压缩试验获取，从而替代了不易确定的接缝轴向、剪切及弯曲刚度指标，提高了模型的通用性及计算的准确性。

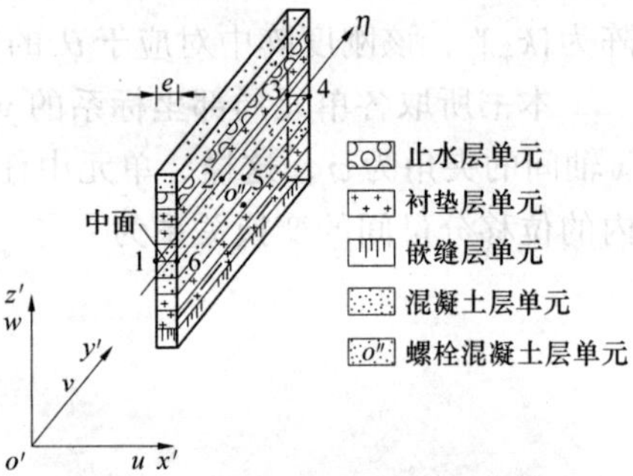

图 8-15　管片块间接缝单元形式

### 8.5.3.1 块间接缝模型

1)位移模式

管片块间接缝单元形式见图 8-15。由块间接缝性质及 Mindlin 基本假定，距基单元为 $z'$ 的伴随单元的位移为

$$\begin{cases} u = u^0 + z'\theta_y^0 \\ v = v^0 \\ w = w^0 \\ \theta_x = \theta_x^0 = 0 \\ \theta_y = \theta_y^0 \end{cases} \tag{8-64}$$

式中，$u^0$、$v^0$、$w^0$、$\theta_x^0$及$\theta_y^0$仍采用式(8-43)的表达形式，形函数 $N_i$ 的表达式为

$$\begin{cases} N_1 = N_6 = -\eta \dfrac{1-\eta}{2} \\ N_2 = N_5 = 1-\eta^2 \\ N_3 = N_4 = \eta \dfrac{1+\eta}{2} \end{cases} \tag{8-65}$$

将式(8-64)写成矩阵形式为

$$[f] = [N]\left[\delta^0\right] \tag{8-66}$$

式中：$\left[\delta^0\right] = \left[u_1^0 \ \ v_1^0 \ \ w_1^0 \ \ \theta_{x1}^0 \ \ \theta_{y1}^0 \cdots u_6^0 \ \ v_6^0 \ \ w_6^0 \ \ \theta_{x6}^0 \ \ \theta_{y6}^0\right]^{\mathrm{T}}$，为基单元位移列阵；$[f] = \left[u \ \ v \ \ w \ \ \theta_x \ \ \theta_y\right]^{\mathrm{T}}$，为单元位移列阵；$[N] = \left[A_1 \ \ A_2 \cdots A_6\right]$，为形态矩阵，其中 $A_i$ 的表达式为

$$\left[A_i\right] = \begin{bmatrix} N_i & 0 & 0 & 0 & z'N_i \\ 0 & 0 & 0 & 0 & 0 \\ 0 & N_i & 0 & 0 & 0 \\ 0 & 0 & 0 & 0 & 0 \\ 0 & 0 & N_i & 0 & 0 \end{bmatrix} \quad (i = 1, 2, \cdots, 6) \tag{8-67}$$

2)几何方程

对于块间接缝单元，单元在 $x'$ 方向的缝隙宽度 $e$ 很小，几何方程式(8-47)可写为

$$\begin{cases} \varepsilon_{x'} = \dfrac{\Delta u}{e} \\ \varepsilon_{y'} = 0 \\ \gamma_{x'y'} = \dfrac{\Delta v}{e} \\ \gamma_{y'z'} = 0 \\ \gamma_{z'x'} = \dfrac{\Delta w}{e} \end{cases} \tag{8-68}$$

由此得接缝单元应变与节点位移的关系为

$$[\varepsilon] = \frac{1}{e}[B]_t\left[\delta^0\right] \tag{8-69}$$

式中，$[B]_t = \left[A_1 \quad A_2 \quad A_3 \quad -A_4 \ - A_5 \quad -A_6\right]$。

3)应力应变关系

应力计算公式见式(8-52)，取材料本构矩阵 $[D] = [D]_{tx}$，其表达式为

$$[D]_{tx}=\begin{bmatrix} E_{x'} & & \\ 0 & & 0 \\ & G_{x'y'} & \\ 0 & & 0 \\ & & G_{z'x'} \end{bmatrix} \tag{8-70}$$

式中：$E_{x'}$ 为 $x'$ 方向的弹性模量；$G_{x'y'}$、$G_{z'x'}$ 为剪切模量。

止水、衬垫、混凝土等材料为非线性材料，故弹性模量及剪切模量应根据材料的受力状态确定。缺乏试验数据时可取剪切模量为

$$G=\alpha\frac{E}{2(1+\mu)} \tag{8-71}$$

式中：$E$、$\mu$ 分别为材料的弹性模量和泊松比；$\alpha$ 为与对接形式、接缝材料力学特性相关的折减系数，称为剪力传递系数，对于螺栓取 $\alpha=1$，对于混凝土、衬垫及止水可根据构造特点取 $\alpha=0\sim1.0$。

4)单元刚度阵

接缝单元刚度阵仍由基单元与各伴随单元刚度阵累加获得，见式(8-56)，第 $m$ 个接缝单元第 $j$ 层单元的刚度阵为

$$[k_m]^j=\frac{1}{e}\int_S[B]_t^{\mathrm{T}}([D]_{tx}^j[t]^j)[B]_t\,\mathrm{d}S=\frac{1}{e}\int_{-1}^{1}[B]_t^{\mathrm{T}}([D]_{tx}^j[t]^j)[B]_t\sqrt{\left(\frac{\partial x}{\partial\eta}\right)^2+\left(\frac{\partial y}{\partial\eta}\right)^2}\,\mathrm{d}\eta \tag{8-72}$$

式中，$[t]^j$ 为第 $j$ 层单元厚度矩阵，见式(8-59)。

#### 8.5.3.2 环间接缝模型

环间接缝单元的构造过程与块间接缝单元相同，管片环间接缝单元形式见图 8-16。

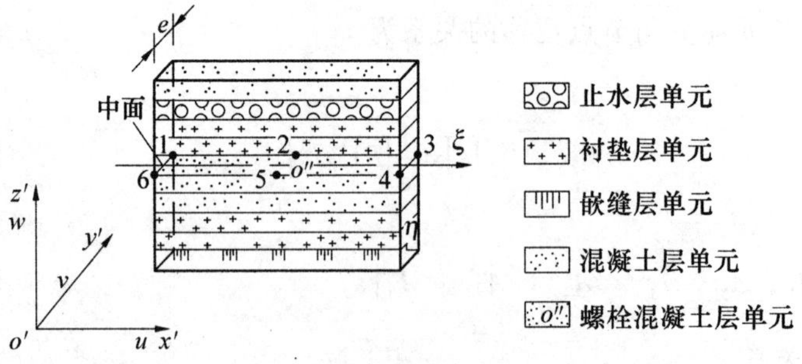


**图 8-16　管片环间接缝单元**

对于环间接缝单元，距基单元为 $z'$ 的伴随单元的位移为

$$
\begin{cases}
u = u^0 \\
v = v^0 - z'\theta_x^0 \\
w = w^0 \\
\theta_x = \theta_x^0 \\
\theta_y = \theta_y^0 = 0
\end{cases}
\tag{8-73}
$$

式中，$u^0$、$v^0$、$w^0$、$\theta_x^0$及$\theta_y^0$仍采用式(8-43)的表达形式。

对于环间接缝单元，单元在$y'$方向的厚度$e$很小，几何方程式(8-47)可写为

$$
\begin{cases}
\varepsilon_{x'} = 0 \\
\varepsilon_{y'} = \dfrac{\Delta v}{e} \\
\gamma_{x'y'} = \dfrac{\Delta u}{e} \\
\gamma_{y'z'} = \dfrac{\Delta w}{e} \\
\gamma_{z'x'} = 0
\end{cases}
\tag{8-74}
$$

取材料本构矩阵$[D]=[D]_{ty}$，其表达式为

$$
[D]_{ty} = \begin{bmatrix}
0 & & & & \\
& E_{y'} & & 0 & \\
& & G_{x'y'} & & \\
& 0 & & G_{y'z'} & \\
& & & & 0
\end{bmatrix}
\tag{8-75}
$$

式中：$E_{y'}$为$y'$方向的弹性模量；$G_{x'y'}$、$G_{y'z'}$为剪切模量。

单元刚度矩阵仍按式(8-56)和式(8-72)计算。

对于四边形管片的封顶块与邻接块间缝面(见图 6-5)及六边形管片环间缝面(见图 6-6)，其缝面法线不与洞轴线重合或垂直，对于这类接缝采用上述接缝单元时应进行坐标变换，实际上，上面给出的环间接缝单元刚度通过坐标变换即可得到块间单元刚度。从这个方面讲，本书构造的接缝单元能更加准确地反映接缝的几何形式，适用范围也更广。

#### 8.5.3.3　接缝处各材料区域的传力特性

如图 8-14 所示，通常可将管片接缝分为 5 个区域，即橡胶止水区、衬垫区、混凝土区、螺栓混凝土区和嵌缝区，随着受力形式的变化，各区域传力特性亦将发生变化。

对于混凝土区，不可承受拉应力，受压时，若区域内不存在榫块，仅当层面内接触单元节点相对位移等于缝隙宽度$e$时混凝土承受压力及剪力。若区域内存在榫块，应根据节点相对位移是否不小于$e$的条件判断混凝土面是否传递压力，而此时区域内混凝土传递剪力则可不受该条件限制，同时式(8-71)中系数$\alpha$应取大值，以体现在接缝处增加榫块后传递剪力能力的提高。

根据螺栓的截面面积可将其等效为沿整个截面的钢片层或局部单元内的钢片层，螺栓混凝土区受力特性为：承受拉应力时，螺栓承担拉应力及剪力，混凝土不承受力；承受压应力时，螺栓承担剪力但不承担压力，仅当层面内接缝单元节点相对位移不小于缝隙宽度 $e$ 时混凝土承受压力及剪力。由于螺栓在螺孔内可以滑动，因此螺栓拉应变应根据接缝面的相对位移与螺栓的有效长度确定。此外，螺栓的抗剪模量应根据式(7-5)修正确定。

衬垫区及止水区均不能承受拉应力，受压时，其应力—应变呈非线性关系(见图 7-7、图 7-8)。

管片衬砌内侧一般设置嵌缝槽(见图 7-1)，其目的是增加接缝的转动能力，避免由于应力集中而造成管片内侧混凝土开裂。衬砌拼装完成后，也可在嵌缝槽内填嵌水泥砂浆、止水材料等，以提高衬砌的平整度及抗渗漏能力。因此，若嵌缝区不填筑任何材料，其将不传递任何力；若进行填筑且该区承受压力，则应根据填筑材料的特性考虑其传递压力及剪力。

以上各区域传力特性汇总于表 8-2。

**表 8-2　各区域传力特性及影响因素汇总**

| 区域名称 | 传力条件及特性 | | | 影响传力因素 |
|---|---|---|---|---|
| | 压力 | 拉力 | 剪力 | |
| 螺栓混凝土区 | 仅当接缝单元节点相对位移不小于 $e$ 时混凝土传递压力，螺栓不传递压力 | 仅螺栓传递拉力 | 拉、压情况下螺栓均可传递剪力，混凝土受压时可传递剪力 | 螺栓数量、强度及几何尺寸，区域混凝土面积及强度等级，缝隙宽度 $e$，区域位置 |
| 衬垫区 | 可传递压力，应力—应变关系为非线性 | 不传递拉力 | 仅受压时可传递一定剪力 | 衬垫受压应力—应变关系，衬垫几何尺寸，衬垫区位置 |
| 橡胶止水区 | 可传递压力，应力—应变关系为非线性 | 不传递拉力 | 仅受压时可传递一定剪力 | 止水受压应力—应变关系，止水几何尺寸，止水区位置 |
| 混凝土区 | 仅当接缝单元节点相对位移不小于 $e$ 时混凝土传递压力，弹性阶段其应力—应变关系为线性 | 不传递拉力 | 区内存在榫块时可传递剪力，否则仅受压时可传递一定剪力 | 区域位置、面积及混凝土强度等级，对接方式(平面对接、榫式对接)，缝隙宽度 $e$ |
| 嵌缝区 | 仅填筑后可传递压力，应力—应变关系与填筑材料有关 | 不传递拉力 | 仅当填筑后受压时可传递一定剪力 | 区域位置及面积，填筑材料特性 |

### 8.5.4　地层反作用模型

Winkler 地基模型是一种最简单的线弹性地基模型，其基本假定是地层介质表面每一点所受的强度与该点的法向位移成正比，而与地层和基础界面上其他点完全无关，数学表达式见式(5-78)。在平板壳—接缝元—地基系统模型中亦采用了 Winkler 的基本假定来建立地层反作用模型，即采用切向及法向的弹簧元模拟地层与衬砌的相互作用，认为地层抗力亦即弹簧力与地层的位移成正比，径向(法向)抗力系数定义为 $k_r$，切向抗力系数定义为 $k_t$。

模型中沿衬砌周边布设地基弹簧元，其位置在平板壳单元的高斯积分点处，如采用 $n$ 点积分，则每个单元共有 $n$ 组弹簧元。地基弹簧元是否对衬砌发生作用依衬砌的变形来确定，仅当单元中高斯积分点处变形指向洞外时才考虑地基弹簧元刚度对平板壳单元刚度的贡献。地基弹簧元刚度计算时可先依高斯积分点将平板壳单元划分为 $n$ 个区域，各区域的地基弹簧元刚度表达式为

$$[k_m]_d^i = A_d^i \begin{bmatrix} k_t & & & & & \\ & k_t & & 0 & & \\ & & k_r & & & \\ & & & 0 & & \\ & 0 & & & 0 & \\ & & & & & 0 \end{bmatrix} \quad (i=1,2,\cdots,n) \tag{8-76}$$

式中，$A_d^i$ 为第 $i$ 个高斯积分点所在区的区域面积。

根据单元各高斯积分点的变形情况，由式(8-76)可集合成局部坐标系下地基对平板壳单元的附加刚度矩阵 $[k_m]_d'$，进而参照式(8-63)转换为整体坐标系下附加刚度阵 $[k_m]_d$。考虑地基作用后的平板壳单元的刚度阵为

$$[k_m]=[k_m]_e+[k_m]_d \tag{8-77}$$

### 8.5.5　收敛判据及计算流程

求得整体坐标系中板壳单元刚度阵及接缝单元刚度阵后，便可集合成整体刚度阵 $[K]$。前文指出，为了便于坐标变换，在单元局部坐标系中，对每一节点补上一个绕 $z'$ 轴转动的角位移 $\theta_z$，即每个节点视为有 6 项节点位移分量，并将扩大的刚度阵中对应于 $\theta_z$ 的行与列皆给为零元素。采用这种处理方法可能导致整体刚度阵奇异，使得方程无唯一解。为此，可在坐标变换后删去对应于 $\theta_z$ 的行与列。

依平衡条件由式(8-79)可求出衬砌结构的节点位移 $\{\delta^*\}$

$$[K]\{\delta^*\}=\{P\} \tag{8-78}$$

式中，$\{P\}$为由外荷载转化而成的等效节点荷载矩阵。

由于地基对平板壳单元的附加刚度及接缝单元刚度均随单元变形的变化而变化，故需要通过反复迭代运算，确定最终的平衡状态。本文迭代运算采用的收敛判据为

$$\sum_{i=1}^{N}\left|\delta_{i}^{*k+1}-\delta_{i}^{*k}\right|\leqslant\varepsilon \tag{8-79}$$

式中：$N$为节点总数；$k$为迭代步数；$\varepsilon$为给定收敛值。

作者根据上述平板壳—接缝元—地基系统模型(简称平板壳—接缝元模型)编制了隧洞(管片)衬砌结构三维有限元分析程序，程序的流程见图 8-17，该程序可以用来分析现浇衬砌结构及不同拼装方式下管片衬砌结构的受力特性。

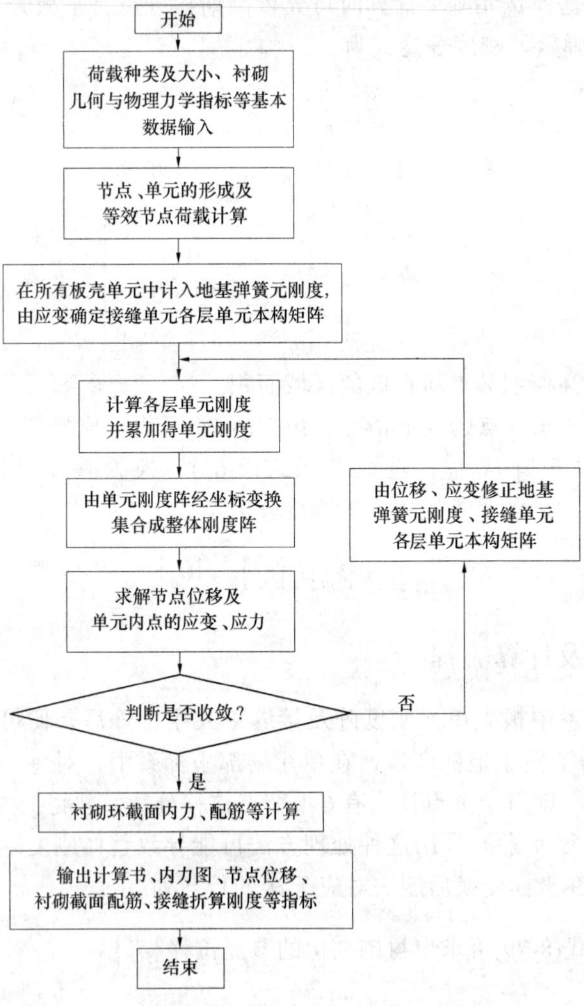


图 8-17　平板壳—接缝元—地基系统模型程序流程

## 8.5.6　模型计算结果评述

### 8.5.6.1　圆柱壳计算结果验证

算例 1：这是一经典算例[14]，如图 8-18 所示的圆柱壳屋顶，两端由隔板支撑，纵向直边为自由边，承受自重作用。其厚度 $t$=7.62 cm，半径 $R$=7.62 m，中心角为 80º，长度 $L$=15.24 m。壳体弹性模量取为 $2.07\times10^4$ MPa，泊松系数取为 $\mu=0.$，密度 $\rho=5\,774.3\ \text{kg/m}^3$。由于对称，可取该薄壳的四分之一分析计算。平板壳－接缝元模型计算结果与解析解的对比情况见图 8-19，同时图中还给出了采用 ANSYS 软件中的 shell93 单元的计算结果。

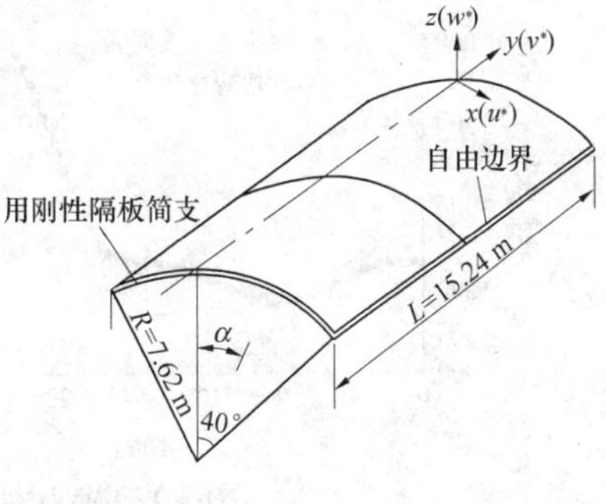


图 8-18　圆柱壳屋顶结构示意图

由图 8-19 可见，平板壳－接缝元模型计算结果与解析解吻合较好，从而证明该模型中用于模拟衬砌的平板壳单元的正确性、可靠性。

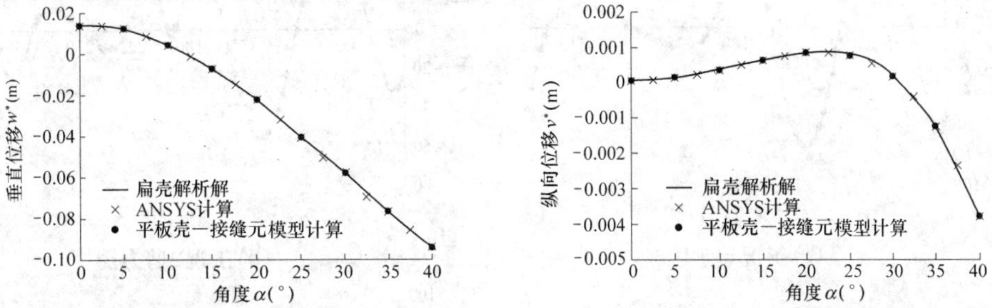


(a)圆柱壳中央截面的垂直位移　　(b)圆柱壳端部支撑处的纵向位移

图 8-19　不同方法计算结果对比

### 8.5.6.2　现浇衬砌计算结果验证

算例 2：某隧洞采用现浇混凝土衬砌，隧洞内径 9.48 m，衬砌厚 0.5 m，混凝土强度等级 C50，单位地基抗力系数 $2.774\times10^6\ \text{kN/m}^3$，荷载组合工况有两种，见图 8-20。采用平板壳－接缝元模型计算了该衬砌结构内力，并与目前国内水利水电勘测设计系统中比较完善和系统化的、已被广泛使用的《水利水电工程设计计算程序集》(采用其中的程序 G－5 计算，该程序按 Winkler 假定确定地层抗力，采用衬砌边值问题的数值解法，经自动迭代求出衬砌结构内力及变形)的计算结果进行了对比，见图 8-21。图中零度为隧洞顶部处，逆时针方向旋转为正(下同)。

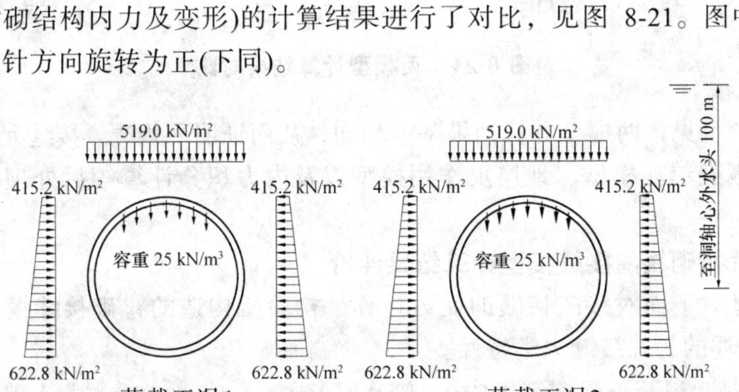


荷载工况1　　荷载工况2

图 8-20　荷载组合工况示意图

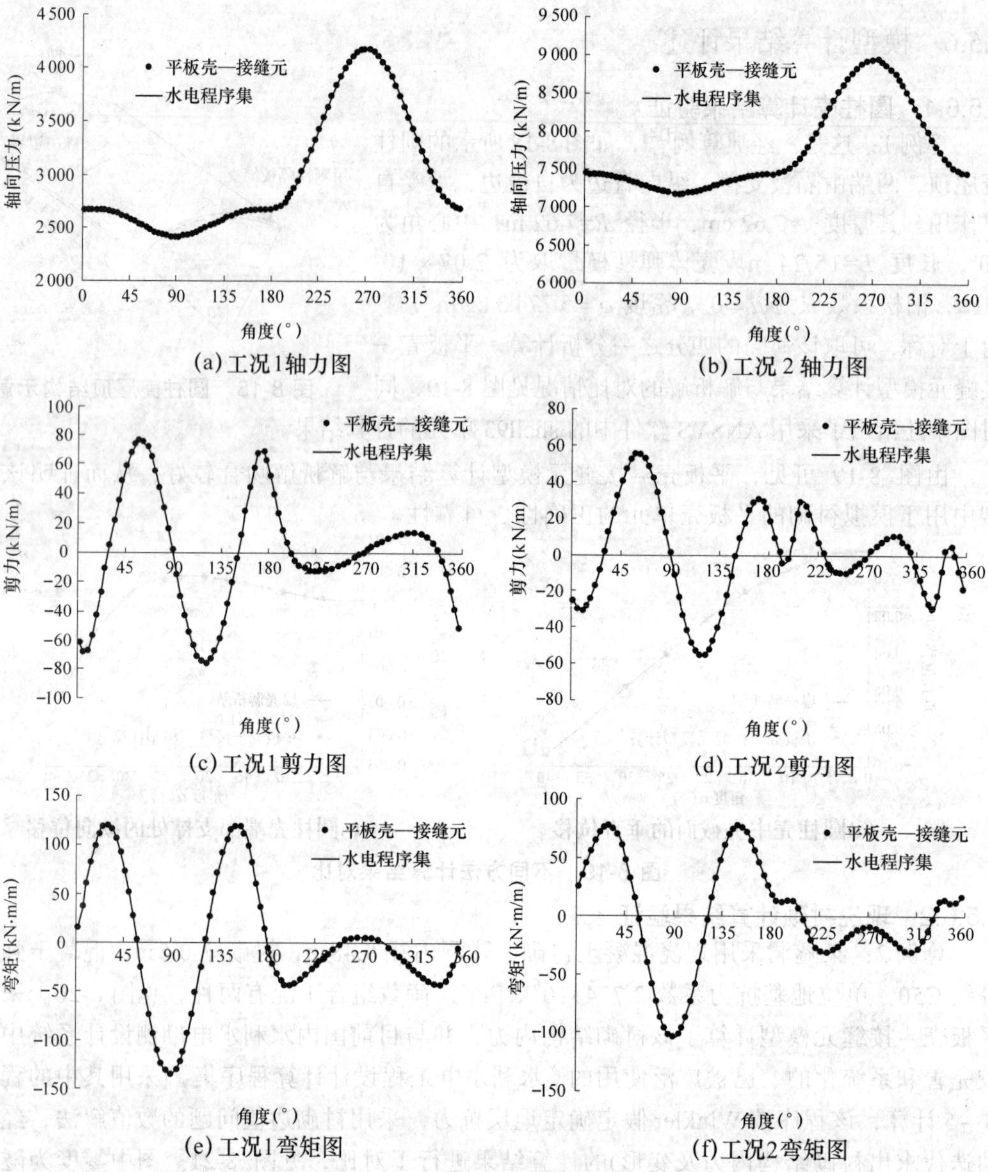


**图 8-21　两模型计算结果对比**

由图8-21可见，两模型计算结果基本相同，从而证明平板壳—接缝元模型中用于模拟衬砌的平板壳单元模型、地层反作用模型以及内力积分计算等后处理模型正确、可靠。

### 8.5.6.3　管片衬砌块间接缝模型计算结果评价

以下通过对平面对接式接缝的受力计算，检验所构造的衬砌接缝模型能否体现本书 7.2 节所表述的管片接缝力学特性。

算例3：管片混凝土强度等级C50，管片厚0.35 m，宽1.2 m；螺栓屈服应变取0.002，极限应变取为0.01，弹性模量取为$2.1\times10^5$ N/mm$^2$，极限强度取为550 MPa，螺栓长480 mm，截面面积459 mm$^2$；衬垫的似弹性模量 $E_r = 248\ \text{N/mm}^2$，$\beta = 1.669$（见式（7-6））；止水橡胶的应力—应变关系式（7-7）中系数 $A = 4\,806\ \text{kN/m}^2$、$B = 836\ \text{kN/m}^2$。接缝面构造详图见图8-22，模拟加载形式如图8-23所示，图中$P$为沿衬砌宽度分布的线荷载，$d$为偏心距。本书以弯矩使管片外缘受压、内缘受拉为正，反之为负。

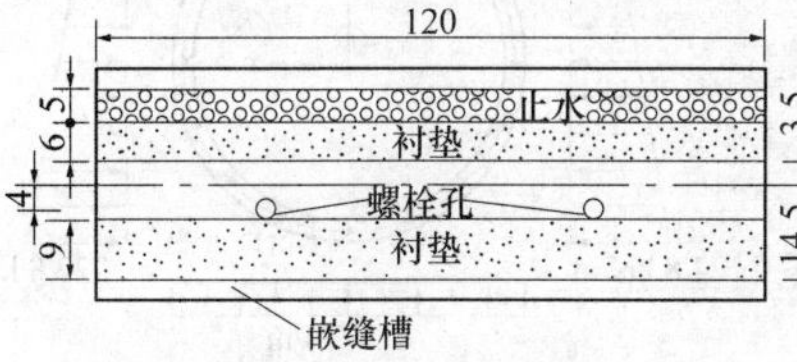


图 8-22　接缝面构造详图　（单位：cm）

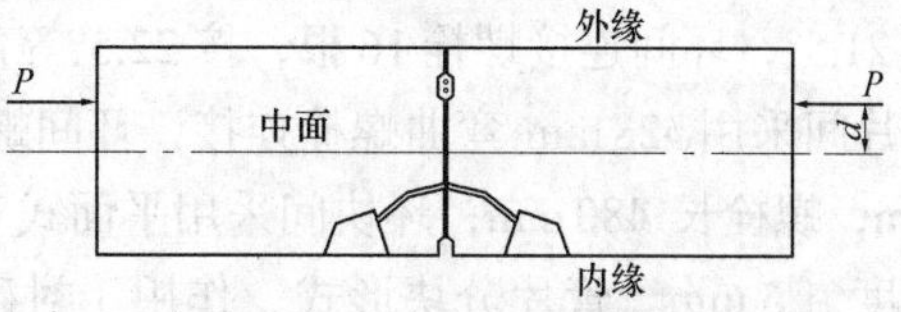


图 8-23　模型计算加载示意图

图8-24给出了压力、衬垫厚度、预紧力及螺栓数变化时接缝转角随弯矩的变化情况。由图可见：

(1)管片接缝弯曲刚度随着外荷载的增加呈现非线性的变化。初始阶段接缝转角与外力基本呈线性变化，当外力增大到一定程度后，接缝转角随外力的增加迅速增大，接缝弯曲刚度急剧下降。

(2)接缝垫层愈厚，接缝弯曲刚度愈小。

(3)接缝弯曲刚度随着螺栓预紧力和螺栓数量的增加而有一定量的增加。

对比本书中7.2节内容可知，所构造的衬砌接缝模型可体现管片接缝的力学特性。

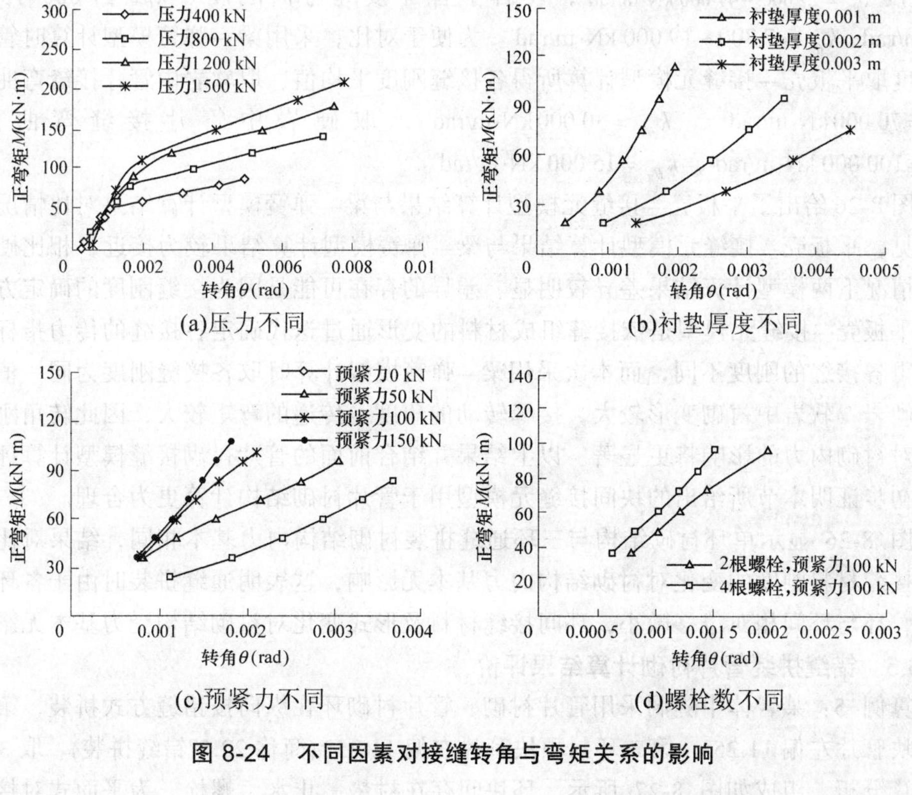


图 8-24　不同因素对接缝转角与弯矩关系的影响

#### 8.5.6.4 通缝拼装管片衬砌计算结果评价

算例 4：某岩体中隧洞采用 C50 钢筋混凝土管片衬砌，管片环内直径为 5.5 m，外直径为 6.2 m，环宽为 1.2 m；每环由 6 块管片组成，小封顶，标准块圆心角为 67.5°，两邻接块圆心角为 68.0°，封顶块圆心角为 21.5°，环间连接螺栓 16 根，按 22.5°等角度布置，管片间采用$\phi$28 mm 弯曲螺栓连接，环间螺栓直径 32 mm，螺栓长 480 mm；环块间采用平面式对接，缝隙宽度 1.5 mm。管片分块形式、作用于衬砌上的荷载形式及大小见图 8-25，接缝的构造形式及指标见本节算例 3。

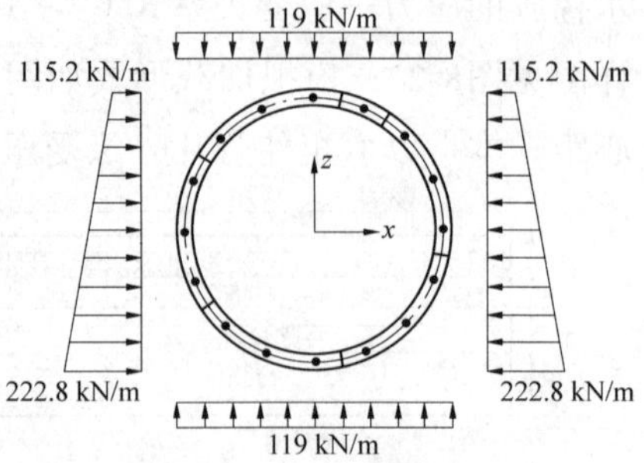


图 8-25 管片衬砌环结构简图

分别采用梁—弹簧模型及平板壳—接缝元模型计算了衬砌在软岩(地基弹性抗力系数 $k$=8.852 × $10^3$ kN/$m^3$)及硬岩($k$=8.852 × $10^5$ kN/$m^3$)中的结构内力。采用平板壳—接缝元模型计算时，分别计算了单环管片衬砌结构与三环通缝拼装管片衬砌结构的内力，计算三环通缝拼装管片衬砌结构内力时分析了环间接缝材料刚度很大、环间接缝材料与块间接缝材料相同两种情况。

平板壳－接缝元模型计算结果显示，软岩中管片接缝承受正向弯矩(弯矩使衬砌外侧受压、内侧受拉)时的弯曲刚度 $k_{\theta+} = 32\,000 \sim 110\,000$ kN·m/rad，承受负向弯矩时的弯曲刚度 $k_{\theta-} = 27\,000 \sim 47\,000$ kN·m/rad；硬岩中管片接缝弯曲刚度、$k_{\theta+}$=11 000~150 000 kN·m/rad、$k_{\theta-} = 7\,700 \sim 19\,000$ kN·m/rad。为便于对比，采用梁－弹簧模型计算时管片接缝刚度取平板壳－接缝元模型计算所得各接缝刚度平均值，取软岩中管片接缝弯曲刚度 $k_{\theta+} = 70\,000$ kN·m/rad、$k_{\theta-} = 30\,000$ kN·m/rad，取硬岩中管片接缝弯曲刚度 $k_{\theta+} = 100\,000$ kN·m/rad、$k_{\theta-} = 15\,000$ kN·m/rad。

图 8-26 给出了平板壳—接缝元模型计算结果与梁—弹簧模型计算结果对比情况。由图可见，平板壳—接缝元模型计算结果与梁—弹簧模型计算结果较为接近，相比硬岩，软岩情况下两模型计算结果差异较明显。差异的存在可能是因为接缝刚度的确定方法不同。平板壳—接缝元模型是依接缝组成材料的变形通过迭代确定各接缝的传力指标，因此所得各接缝的刚度不同，而本次采用梁—弹簧模型计算时取各接缝刚度为同一值。相对于硬岩，软岩中衬砌变形较大，接缝转动的角度、传递的弯矩较大，因此转角刚度的取值对衬砌内力的影响将更显著。以上结果并结合前面的管片衬砌接缝模型计算评价结果，初步证明本节所给出的块间接缝元模型用于管片衬砌结构计算更为合理。

图 8-26 显示单环衬砌结构与三环通缝拼装衬砌结构内力基本相同，结果对比显示环间接缝材料刚度的变化对衬砌结构内力基本无影响，这表明通缝拼装时由于各环变形相同，环与环间相对位移微小，环间接缝材料及形式变化对衬砌结构受力基本无影响。

#### 8.5.6.5 错缝拼装管片衬砌计算结果评价

算例 5：某岩体中隧洞采用管片衬砌，管片衬砌环在纵向按错缝方式拼装，第一环封顶块管片左偏 11.25°，第二环封顶块管片右偏 11.25° (简称 22.5°错缝拼装)。取 3 环进行计算分析，组成如图 8-27 所示。环块间存在衬垫、止水、螺栓，为平面式对接，环块间缝宽为 1.5 mm，环块间螺栓布置及接缝构造同算例 4。结构承受垂直压力(顶与底) $p=119$ kN/m，顶部水平侧压力 $q_1=115.2$ kN/m，底部水平侧压力 $q_2=222.8$ kN/m (见图 8-25)，自重 $\gamma=8.75$ kN/m，至洞轴心处外水头 30 m。地层抗力系数为 $k=8.852\times10^3$ kN/m$^3$。

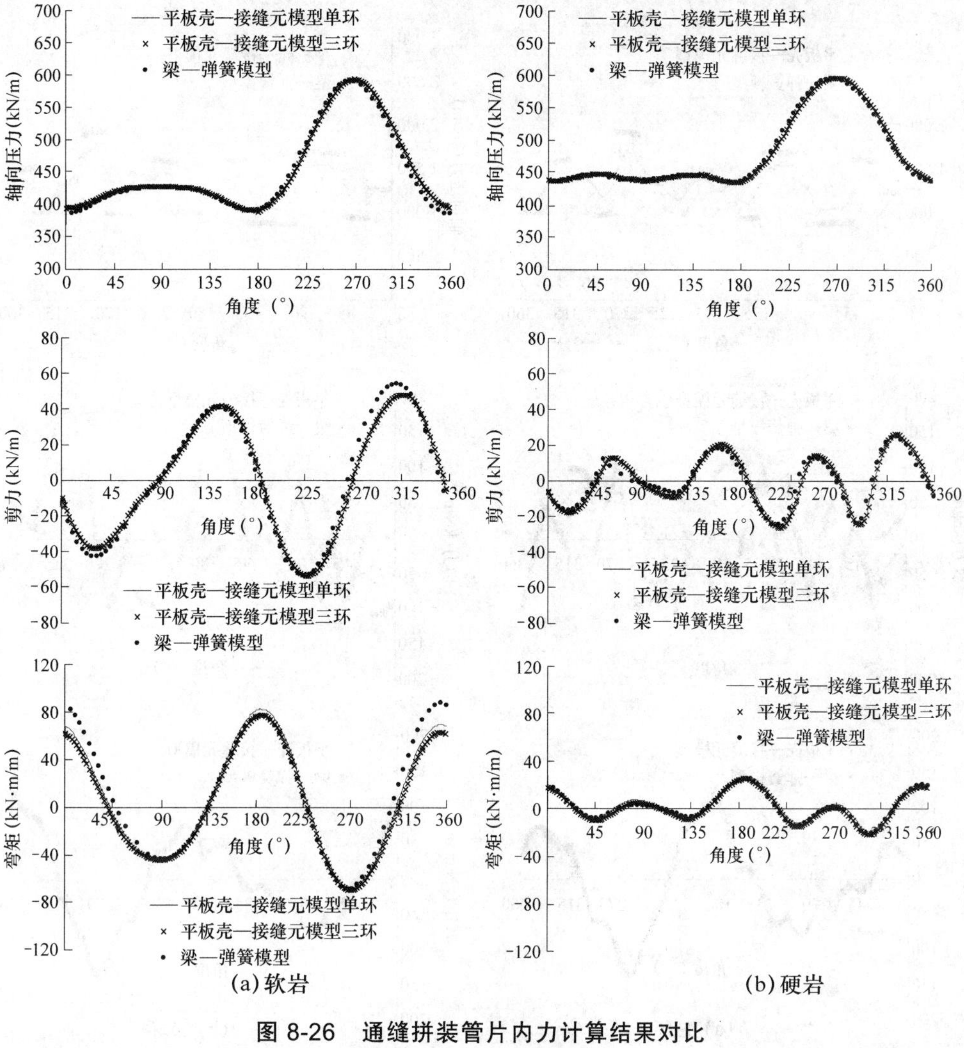


(a) 软岩　　(b) 硬岩

图 8-26　通缝拼装管片内力计算结果对比

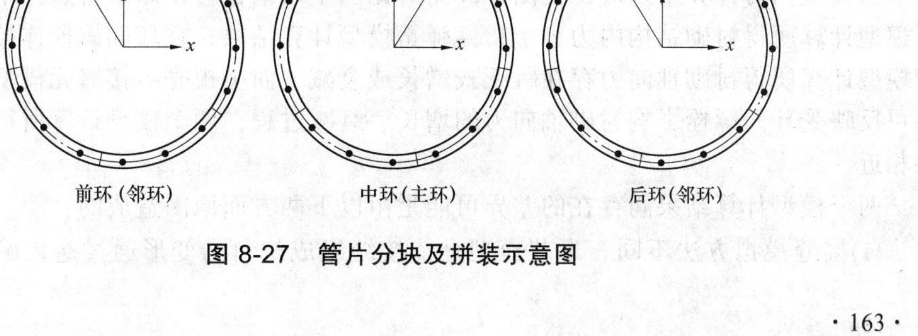


图 8-27　管片分块及拼装示意图

分别采用梁—弹簧模型及平板壳—接缝元模型计算了衬砌结构内力。为便于对比，采用梁—弹簧模型计算时管片接缝刚度取平板壳—接缝元模型计算所得各接缝刚度平均值。经计算，取管片块间接缝弯曲刚度 $k_{\theta+}=7.6\times10^4$ kN·m/rad 、$k_{\theta-}=7.1\times10^4$ kN·m/rad ，环间径向及切向剪切刚度分别取为$k_{qs}$=$6.02\times10^6$ kN/m、$k_{qn}$=$3.47\times10^6$ kN/m。

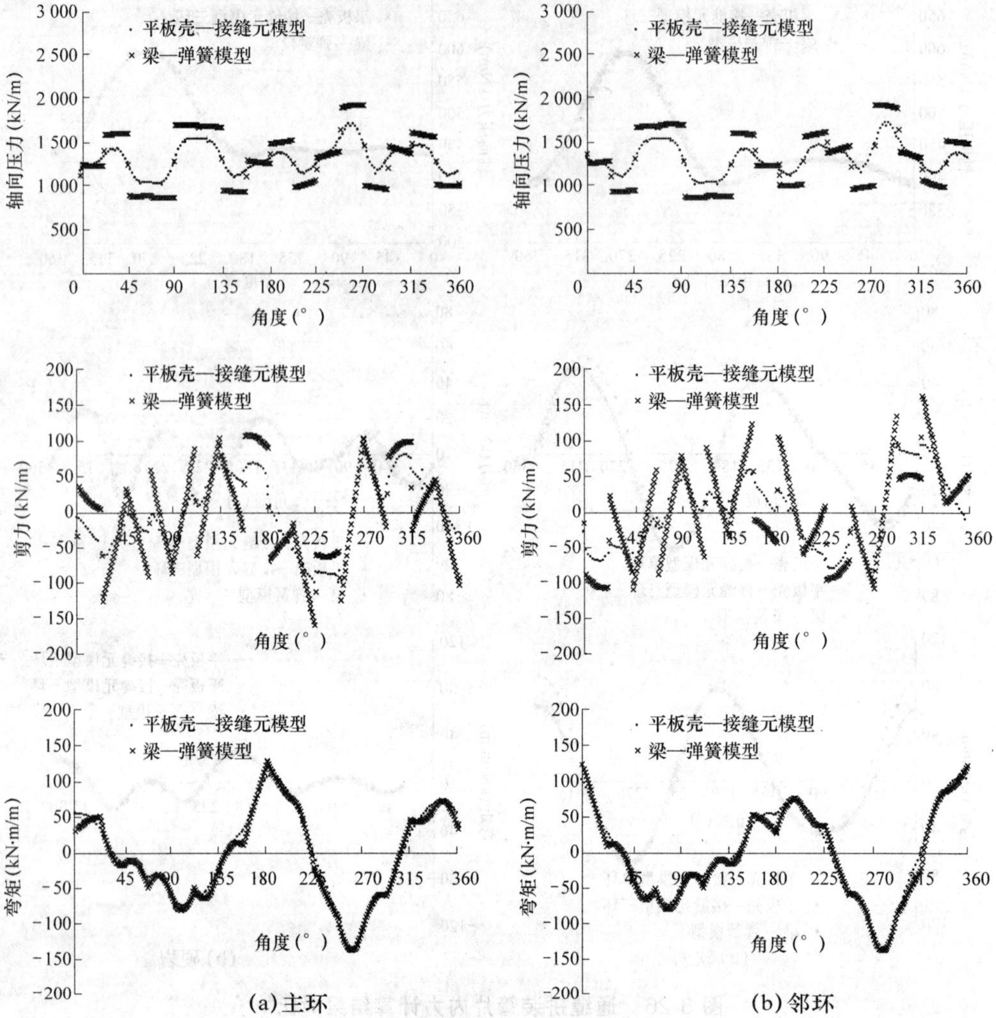


(a) 主环　　(b) 邻环

**图 8-28　错缝拼装管片内力计算结果对比**

两模型内力计算结果对比见图 8-28。对比图中结果，存在以下特点：平板壳－接缝元模型计算所得衬砌结构内力小于梁－弹簧模型计算结果；在环间螺栓连接处，梁－弹簧模型计算所得衬砌轴向力存在跳跃式增长或衰减，而平板壳－接缝元模型计算所得结果可反映受环间螺栓影响衬砌轴向力的增长、衰减过程；两个模型计算所得结构弯矩结果相近。

两个模型计算结果间存在的差异可能是由以下两方面原因造成的：

(1)接缝模拟方法不同。本节模型是依接缝组成材料的变形通过迭代确定块间、环间接缝的传力指标，因此经换算所得的不同位置处接缝的刚度不同。而梁—弹簧模型采用弹簧模拟接缝，本次计算时取各接缝刚度为常量，未考虑其随受力形式变化而变化。

(2)模型构造的基本原理不同。梁—弹簧模型为二维模型，按平面应变问题计算管片内力，而平板壳—接缝元模型为三维空间模型。应该指出，由于管片衬砌沿洞轴线方向存在许多环缝，加之错缝拼装方式环与环管片组合形式存在差异，受力后将表现出明显的非平面应变性能，对此梁—弹簧模型将无法真实地反映。本节模型则可以反映沿洞轴线方向不同横截面衬砌内力的差别，可以反映环间连接螺栓局部作用效应。与梁—弹簧模型相比，平板壳—接缝元模型内力计算结果与衬砌真实的受力状态更为接近。

由于环间螺栓传递了剪切力，计算显示环间螺栓连接附近衬砌截面轴力将有较大幅度的增减，因此连接螺栓处应布设足够的钢筋以增强混凝土管片局部抗剪或抗拉的能力，避免因螺栓处混凝土破坏而导致环间螺栓功效的丧失。

## 参考文献


[1] 刘建航，侯学源. 盾构法隧道[M]. 北京：中国铁道出版社，1991.

[2] 汤漩，黄宏伟. 盾构隧道衬砌设计中几个问题的研究[J]. 地下空间，2003，23(2)：210-215.

[3] 丁春林，刘建国，宫全美，等. 盾构隧道管片衬砌内力计算方法比较[J]. 地下空间，2001，21(3)：208-213.

[4] 朱伟，胡如军，钟小春. 几种盾构隧道管片设计方法的比较[J]. 地下空间，2003，23(4)：352-356.

[5] 朱合华，陶履彬. 盾构隧道衬砌结构受力分析的梁—弹簧系统模型[J]. 岩土力学，1998，19(2)：26-32.

[6] 朱合华，崔茂玉，杨金松. 盾构衬砌管片的设计模型与荷载分布的研究[J]. 岩土工程学报，2000，22(2)：190-194.

[7] 胡志平，罗丽娟，蔡志勇. 盾构隧道管片衬砌的平板壳—弹性铰—地基系统模型[J]. 岩土力学，2005，26(9)：1403-1408.

[8] 朱伟，黄正荣，梁精华. 盾构衬砌管片的壳—弹簧设计模型研究[J]. 岩土工程学报，2006，28(8)：940-947.

[9] 苏宗贤，何川. 盾构隧道管片衬砌内力分析的壳—弹簧—接触模型及应用[J]. 工程力学，2007，24(10)：131-136.

[10] 鞠杨，徐广泉，毛灵涛，等. 盾构隧道管片衬砌结构应力与变形的三维数值模拟与模型试验研究[J]. 工程力学，2005，22(3)：157-165.

[11] 陈俊生，莫海鸿. 盾构隧道管片施工阶段力学行为的三维有限元分析[J]. 岩石力学与工程学报，2006，25(增2)：3482-3489.

[12] 康清梁. 钢筋混凝土有限元分析[M]. 北京：中国水利水电出版社，1996.

[13] 王勖成. 有限单元法[M]. 北京：清华大学出版社，2003.

[14] 朱伯芳. 有限单元法原理与应用[M]. 2 版. 北京：中国水利水电出版社，1998.

# 第 9 章　隧洞开挖与管片衬砌过程的三维数值模拟

预制管片衬砌与现浇混凝土衬砌除前面所指出的构造形式的差异外，在施工过程上也存在差异：现浇混凝土衬砌通常在隧洞开挖较长距离或在隧洞开挖完成后施工，在进行现浇混凝土衬砌前为保证施工安全，通常对隧洞实施了锚喷等初期支护；预制管片衬砌施工过程可分为两步，第一步是在掘进机护盾内将管片拼装成环，第二步是管片环出护盾后通过豆砾石回填并灌浆填充管片与围岩间空隙，因此其施工基本与开挖同步，一般情况下在管片衬砌前不对围岩实施锚喷支护。

试验及理论分析均表明隧洞围岩变形随开挖空间及时间而变化，对于在隧洞贯通后实施的现浇混凝土衬砌结构，就开挖空间及时间而言地应力均得到充分释放，故因地应力释放引起的围岩变形对衬砌结构影响较小。而对于预制管片衬砌结构，由于其实施基本与开挖同步，在完成豆砾石回填灌浆、与围岩具备一定协调变形能力后，衬砌结构将会承担围岩因地应力释放所产生的变形压力，因此围岩变形过程、豆砾石回填灌浆时机等对预制管片衬砌结构内力影响较大。地层结构模型不但能反映衬砌结构的应力变化，还可反映围岩变形及应力变化，是目前分析隧洞开挖过程中围岩变形及围岩与衬砌相互作用的主要方法。

本章介绍了深埋隧洞开挖及围岩与管片衬砌间相互作用数值模拟方法及结果。

## 9.1　数值分析模型

### 9.1.1　计算范围及边界条件

隧洞开挖后，周围岩体中应力重分布的范围是有限的。实践和理论分析表明，采用非常大的分析范围与采用沿洞周 3 倍洞径分析范围时的结果对比，二者应力变化一般在 10%以内，而与 5 倍洞径分析范围时的结果对比，二者应力差异一般在 3%以内。因此，隧洞开挖仅对洞室径向距洞室中心点 3~5 倍隧洞开挖洞径范围内的岩体力学性态存在实际影响，数值分析时应依此确定沿隧洞径向围岩分析范围，以提高计算分析的效率。如隧洞距离地表面较近，隧洞上部岩体计算范围也可取至地表。沿隧洞轴向的围岩计算范围可视所分析的问题而定，例如研究的问题涉及围岩的变形过程，则应沿隧洞轴向取较长的计算范围(一般不小于 2 倍洞径)，而若研究隧洞围岩的最终变形及应力分布，则沿隧洞轴向取很小的计算范围即可，或采用平面问题进行研究。

数值分析模型边界条件包括位移边界条件和应力边界条件。位移边界条件通常是对计算范围内的岩体侧向边界面及下边界面施加法线位移约束，如图 9-1(a)所示。

岩体中的初始地应力通常这样考虑：当上部覆盖层厚度不大时，模型上边界以地面线为自由边界，考虑重力作用，侧向施加三角形分布荷载，如图 9-1(b)所示；当覆盖层很厚时，模型上边界施加均布压力，量值为上覆岩体自重，侧向施加梯形分布荷载，亦可按均布荷载施加，如图 9-1(c)、(d)所示。

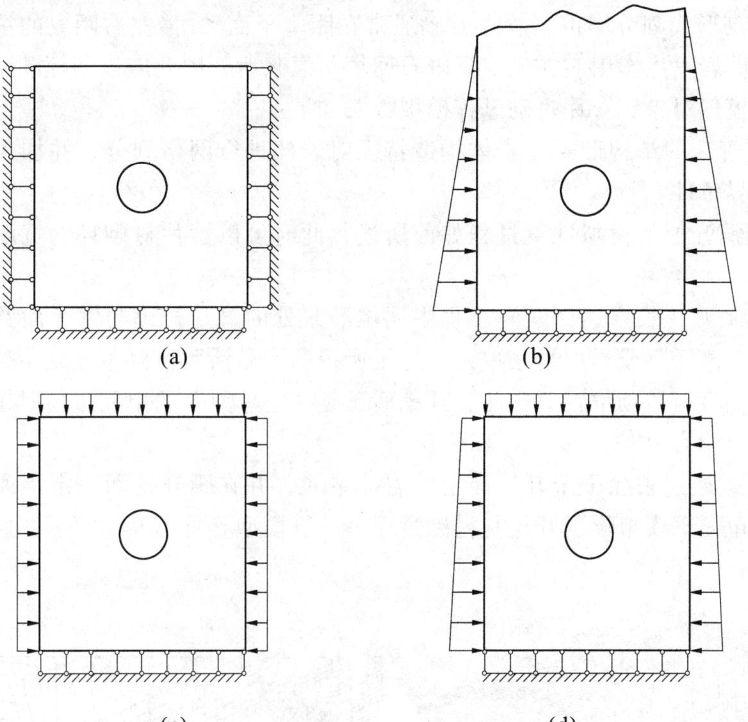

(a)　(b)　(c)　(d)

**图 9-1　计算模型边界条件**

## 9.1.2　隧洞开挖过程模拟

为了正确反映隧洞开挖施工过程对围岩力学性态的影响，模型必须结合隧洞开挖方式、岩体构造(沿洞轴线方向岩性的变化、断层的分布、地应力分布等)的特点进行构建。隧洞开挖施工过程的模拟方法如下：

(1)若采用分步开挖方式开挖隧洞，应根据施工方案所确定的开挖顺序划分网格。若采用全断面开挖方式，可根据一次进尺情况确定沿洞轴向的网格划分。同时，洞轴向网格划分还应考虑岩性的变化、断层的分布。

(2)对模型边界施加法向约束。按照隧洞埋深的地质构造特点，进行岩体开挖前的应力分析，求出岩体中的初始地应力场，并将其初始位移场调整为零。

(3)根据每次开挖的范围，去除位于开挖岩体上的单元(通常将这些单元设置为刚度接近于零的“空单元”)。

(4)根据所确定的收敛精度，求解该开挖步骤引起的围岩变形及应力。若不是最终开挖步骤，则重复步骤(3)的工作，直到最后一个开挖步骤结束。

### 9.1.3 管片衬砌过程模拟

为了模拟管片衬砌过程，在划分网格时，必须同时考虑开挖方式、岩体构造及衬砌结构特征，如果衬砌结构采用块体单元模拟，应在初始网格生成时将衬砌结构所在位置处岩体按衬砌形式划分网格。管片衬砌通常在距掌子面 2 倍左右距离的护盾中完成拼装，但其与围岩发生作用应在完成豆砾石回填与灌浆后，因此应以回填灌浆后的管片衬砌作为计算模拟对象。管片衬砌过程模拟方法如下：

(1)根据管片的结构形式、岩体构造特征对岩体进行网格划分，并加入位移边界条件及应力边界条件。

(2)对隧洞开挖的模拟计算过程如前所述，此时可以管片衬砌环的宽度作为基数确定开挖步长。

(3)当模拟开挖长度达到实际工程中回填灌浆处的管片衬砌与掌子面的距离后，将在该位置处“激活”或添加衬砌单元。这里所提的“激活”衬砌单元是指采用块体单元模拟衬砌时，将与衬砌位置对应的、开挖后已是“空单元”的单元重新赋予衬砌材料的参数。

(4)此后，通过去除位于开挖面上的岩体单元，并在距开挖面一定距离处“激活”或添加衬砌单元，模拟隧洞开挖与衬砌过程。计算模型参见图 9-2。

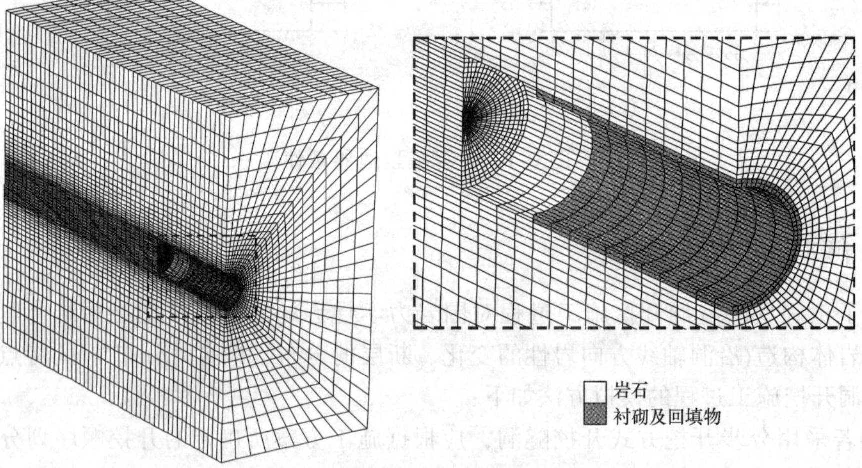


图 9-2　隧洞衬砌过程模拟模型网格

为了更好地模拟衬砌与围岩的相互作用，可在衬砌单元与岩体单元间添加接触面单元，也可通过“激活”相关单元在衬砌单元与岩体单元间布设用来模拟豆砾石回填灌浆层的块体单元。为了模拟管片拼装及接缝效应对衬砌结构的影响，需在管片环、块接缝处添加接触单元或弹簧元，添加接触单元或弹簧元的优缺点见第 7 章相关内容。如果研究的重点是开挖、衬砌过程中围岩与衬砌间的相互作用，可暂不考虑管片拼装及接缝效应对衬砌结构的影响，即将混凝土管片衬砌结构按现浇混凝土衬砌结构分析，由于现浇混凝土衬砌结构刚度大于管片衬砌结构，计算所得作用于衬砌上的围岩压力将偏大，依此进行混凝土管片衬砌结构设计将是偏于安全的。

## 9.2　隧洞开挖与管片衬砌过程三维数值模拟

### 9.2.1　计算参数及模型

现通过一算例，说明围岩变形对掘进机施工及管片衬砌结构的影响。为更好地说明该问题，在此分析了三类岩体，物理力学参数见表 9-1。

取隧洞开挖洞径为 10.6 m，水平最大主应力与洞轴线平行，分别计算 400 m、600 m 及 800 m 埋深时隧洞围岩的变形，水平最大主应力与自重应力的比值(侧压力系数)按由小到大埋深分别取为 1.69、1.48 和 1.38，水平最小主应力与自重应力的比值分别取为 1.14、1.13 和 1.12。

**表 9-1　岩体物理力学参数**

| 岩体编号 | 密度(kg/m$^3$) | 弹性模量(MPa) | 泊松比 | 内摩擦角(°) | 黏聚力(MPa) |
|---|---|---|---|---|---|
| 类型 1 | 2 520 | 8 500 | 0.26 | 44.0 | 1.2 |
| 类型 2 | 2 530 | 7 000 | 0.27 | 42.5 | 1.0 |
| 类型 3 | 2 540 | 5 500 | 0.28 | 41.0 | 0.8 |

模型采用 FLAC$^{3D}$ 软件建立，计算区域为沿水平方向自隧洞轴线向左、右各延伸 5 倍开挖洞径，沿竖直方向自隧洞轴线向上、下各延伸 5 倍开挖洞径，沿洞轴向取 60 m。根据隧洞埋深对计算区域岩体赋初始地应力，边界面施加法向约束。岩体采用 Mohr-Coulomb 强度准则，混凝土衬砌采用 FLAC$^{3D}$ 软件中提供的衬砌单元模拟，该单元类似于壳单元，可模拟衬砌与周围介质间的作用。分 36 步模拟全断面开挖过程，每步开挖、衬砌长度取为 1.5 m。根据分析需要，在距掌子面不同距离处开始添加衬砌单元并改变部分空模型材料性能用以模拟豆砾石回填灌浆过程。在此着重研究围岩与衬砌的相互作用，暂不考虑管片拼装及接缝效应对衬砌结构的影响。

根据分析需要，沿洞轴线选取若干截面作为研究面，通过提取这些截面处围岩及衬砌的相关信息，研究围岩变形及围岩与衬砌相互作用特性。

### 9.2.2　围岩变形特性及对护盾式掘进机的影响

图 9-3 给出一研究面围岩变形随掌子面推进变化曲线，由图可见，当研究面位于掌子面前约 1 倍洞径时，其截面上围岩变形开始明显增大，当掌子面推进至研究面时，其截面上围岩已完成一定量的变形(称为前期变形)，表明围岩应力释放在掌子面前已发生。在掌子面经过研究面约 0.5 倍洞径的距离内，研究面处围岩变形将

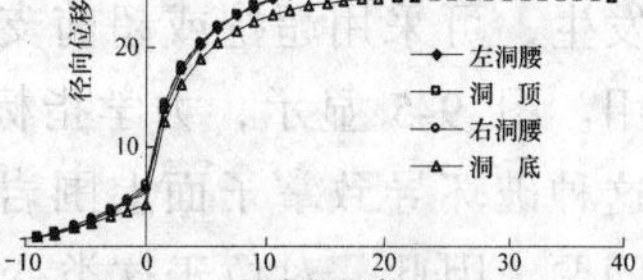


**图 9-3　围岩变形随掌子面推进变化曲线**

显著增加，表明这一距离内围岩应力释放最为强烈。此后，随着掌子面向前推进，研究面处围岩变形随掌子面推进的增幅逐渐减小。

图 9-4 给出洞顶围岩变形率(当前围岩径向位移与最终位移的比值)与埋深关系，由图可见，随着埋深的增加，围岩变形率在减小，表明埋深越大，围岩变形稳定过程越缓慢。对于埋深相同的各类型岩体，在掌子面推进至研究断面前的围岩变形率(即前期变形率)呈现岩体力学指标越高其值越小的特征，如图 9-4(a)所示，而当掌子面推进至研究断面后，图 9-4(b)中显示为岩体力学指标越高，围岩变形率也越大。表明相对于力学指标较低的岩体，掌子面的推进对于力学指标较高的岩体的应力释放影响有一定的滞后性，但更趋于集中，从而表现为岩体力学指标越高，岩体前期变形相对越晚、变形率越小，后期变形稳定过程相对越短。而岩体力学指标较低时，岩体应力释放过程相对较长、较均匀，表现为围岩的前期变形越早、变形率越大，而后期围岩的变形稳定过程越长。

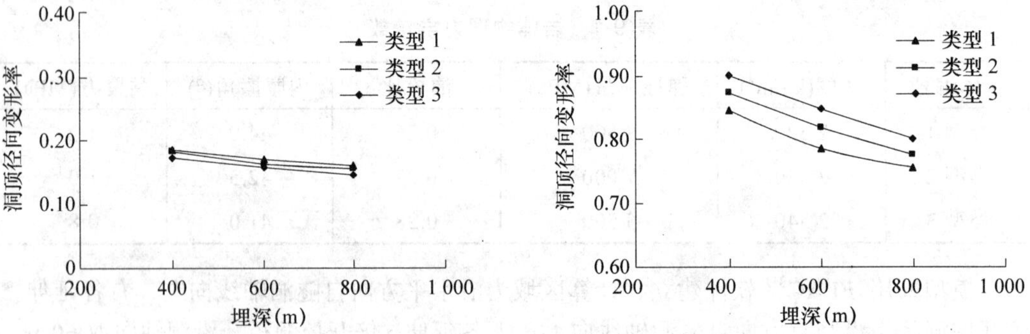


(a)前期变形　　(b)距掌子面 2 倍洞径

**图 9-4　洞顶围岩变形率与埋深关系**

护盾式掘进机初始开挖半径比护盾外半径大，使护盾与初始开挖洞径间存在一定间隙，通常称这一间隙为标准超挖量。通过这一间隙，可以实现机器方位的微调，同时也可避免因围岩变形卡阻掘进机。对于双护盾掘进机，掘进机刀盘与盾尾间距离约为开挖洞径的 2 倍。因此，在不影响双护盾掘进机正常掘进的情况下，如在距掌子面 2 倍洞径内围岩径向位移不超过标准超挖量，发生围岩变形挤压掘进机盾壳，即发生卡机事故的可能性极小。若岩体开挖后隧洞围岩变形较快且较大，为避免卡机事故的发生，可采用超挖或超前支护等方式，但这将大大延缓掘进机掘进速度，增加施工费用。图 9-5 显示，力学指标较低的岩体，掌子面上围岩发生破坏的范围也较大，如果这种破坏导致掌子面上围岩失稳，则会给掘进机施工带来出渣困难、刀盘磨损加快等问题。因此，对位于这类变形较大岩体中的隧洞，应慎重采用掘进机施工方案。

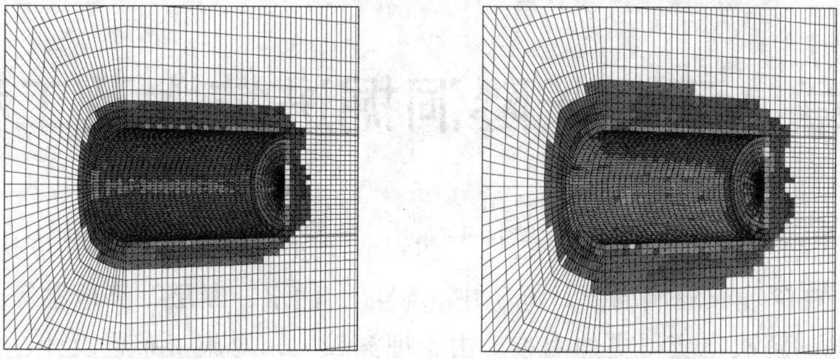

(a)类型 1　　(b)类型 3

**图 9-5　围岩破坏区纵剖面图**

## 9.2.3　围岩与管片衬砌相互作用特点

图 9-6 给出衬砌与围岩间相互作用力随岩体类型、隧洞埋深、回填灌浆处衬砌距掌子面距离等因素变化情况。由图可见，作用于衬砌上的平均围岩压力随回填灌浆处衬砌距掌子面距离的增加而降低，表明回填灌浆处衬砌距掌子面距离越远，围岩应力释放越完全，回填灌浆以后围岩与衬砌间相互作用力越小；由于埋深越大，围岩变形稳定过程越缓慢，对衬砌作用将越显著，从而表现为在其他条件相同时，作用于衬砌上的平均围岩压力随隧洞埋深的增加而增大；由于岩体力学指标越低，围岩径向变形率越小，围岩变形稳定过程越长，故当埋深及距掌子面距离相同时，回填灌浆后围岩与衬砌间的作用力随着岩体强度的减小而增大。

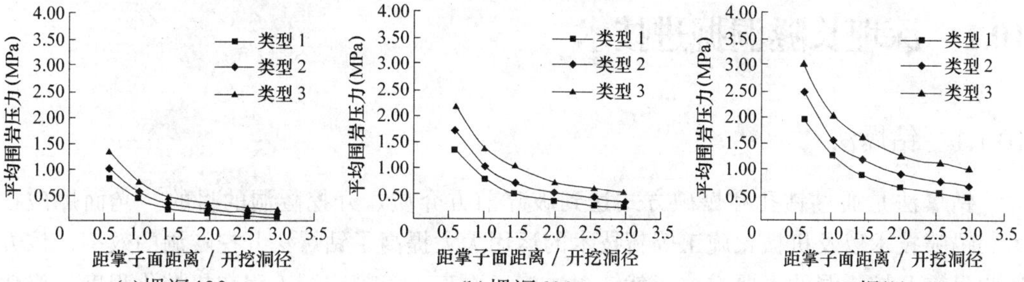


(a)埋深400 m　　(b)埋深600 m　　(c)埋深800 m

**图 9-6　作用于衬砌上的围岩压力**

对于坚硬围岩，其变形量小，变形稳定过程短，围岩大部分变形在距掌子面 3 倍洞径内完成，而管片衬砌的回填灌浆受设备布置的影响，一般都在距掌子面 3 倍洞径以外处才能实施，故坚硬围岩后期变形对管片衬砌的作用较小，在这类围岩中，适宜采用管片衬砌，以提高施工效率。由于软弱围岩变形较大、变形稳定过程较长，根据上述分析结果，需在距掌子面较远处使衬砌与围岩协同工作，才能保证围岩此后变形不引起衬砌破坏，即延缓衬砌与围岩协同工作的进程，以减小地应力释放对衬砌结构的影响。但对该类围岩进行支护越迟，则越可能引发围岩的坍塌，导致作用于衬砌上荷载的显著增加(见图4-3)。因此，对于埋深较大的隧洞，如围岩力学指标较低，应慎重采用管片衬砌，以避免围岩后期可能发生较大变形而引起管片衬砌的破损。

# 第10章 深埋长隧洞掘进技术及工程实例

工程上所谓的深埋长隧洞，是指埋深达到或超过 200～400 m、长度达到或超过 10 km 的隧洞。在深埋长隧洞的设计施工中，岩爆、涌水、断层、高地温等问题将变得更加突出，问题的解决也变得更加困难。由于埋深较大，对施工布置设计、掘进方法和方式的选择、支护及衬砌设计等提出更高的要求。

随着地质勘测手段、岩石和岩体力学理论、隧洞工程施工方法的不断发展，近几十年，世界各地兴建了大批深埋长隧洞，其中最长的隧洞为 1971 年建成的芬兰佩扬奈引水隧洞(长 120 km)，埋深最大的为法国的贝勒多纳隧洞(最大埋深 2 619 m)。目前正在施工的瑞士圣哥达高速铁路隧道长 57 km，最大埋深近 2 500 m。

从国内外深埋长隧洞的建造经验来看，要成功地完成深埋长隧洞的修建任务，必须具备以下几个基本条件：①精湛的工程地质和水文地质勘探技术；②周密的隧洞设计和施工方案论证；③较高的施工机械化程度；④科学的施工管理制度和方法。

本章介绍了深埋长隧洞的掘进技术——钻爆法和掘进机法的特点，讨论了深埋长隧洞工程建造中的主要地质问题及防治措施，介绍了部分国内外采用掘进机开挖长输水隧洞工程的设计方法及经验，可供今后类似工程设计、施工参考。

## 10.1 深埋长隧洞掘进技术

### 10.1.1 钻爆法

钻爆法是通过钻孔和爆破方式达到破碎前方介质、开挖隧洞的目的。光面爆破技术、锚喷技术以及机械化施工等新技术的运用大大提高了钻爆法开挖隧洞的效率，该方法为目前开挖隧洞的主要方式。就钻爆法施工而言，我国隧洞工程在机械化程度、修建速度、长大隧洞的修建能力等方面与国际先进水平相差无几。

钻爆法隧洞开挖施工工序包括：准备、布眼、钻孔、装药、填塞、爆破、通风、处理悬石、排渣。其优点是：

(1)适应地形、地质条件能力强。

(2)以均衡生产和多工作面长洞短打为基础，具有机动灵活的特点。

(3)施工技术易于掌握。

该方法存在的缺点是：

(1)施工环境差。由于涌水、空气潮湿、照明、通风、洞内气温和噪声等影响，钻孔爆破作业条件差，加之它对支撑、出渣运输、锚喷等工作有较大影响，致使爆破作业面受到限制，爆破施工存在不安全因素。

(2)长隧洞开挖时，与掘进机开挖相比，开挖速度较慢，工期较长。

(3)易引起较大的超挖量。

(4)对围岩的扰动较大，爆破作业易引起围岩的破坏。

## 10.1.2　掘进机法

### 10.1.2.1　掘进机类型

掘进机法是通过位于工作面的一组开挖机械或旋转刀具达到切削或破碎前方介质、开挖隧洞的目的。此法可实现隧洞开挖、出渣、衬砌等连续作业，因而被称为隧洞施工的工厂化作业。图 10-1 给出了目前可供使用的掘进机类型[1]，部分掘进机形式见图 10-1 ~ 图 10-6[2]。近年来，由于掘进机设计的改进和机具性能的提高，掘进机技术在国内外隧洞施工中得到广泛应用。特别是在修建长大隧洞工程中，采用掘进机开挖隧洞并使用预制钢筋混凝土管片衬砌的方法已被证明是一种有效而经济的隧洞施工技术。

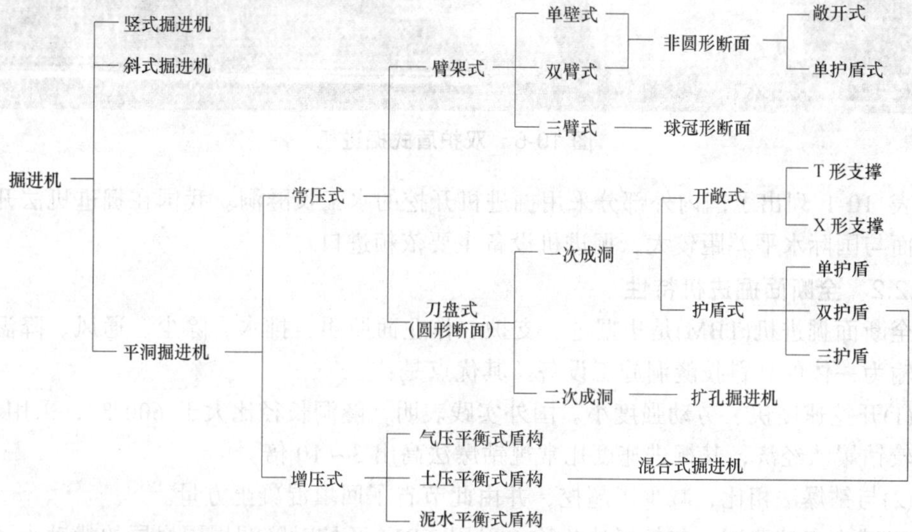


图 10-1　掘进机类型

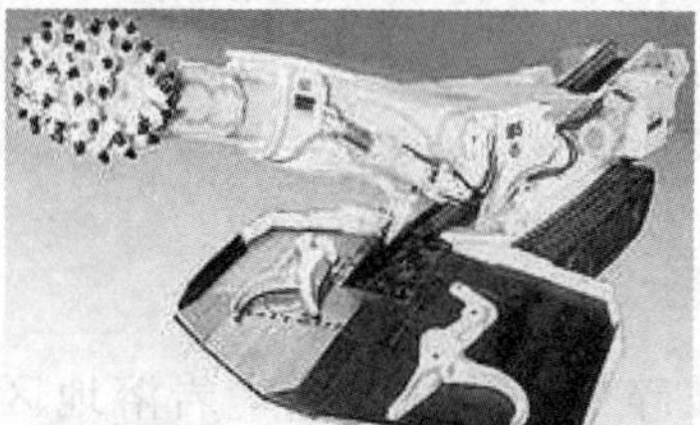

图 10-2　臂架式掘进机

图 10-3　扩孔式掘进机

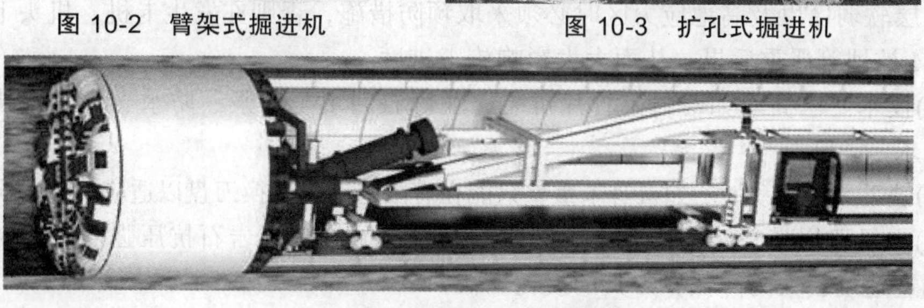

图 10-4　土压平衡式盾构

图 10-5 开敞式掘进机

图 10-6 双护盾式掘进机

表 10-1 列出了国内外部分采用掘进机开挖的水工长隧洞。我国在掘进机法开挖隧洞方面与国际水平差距较大，掘进机设备主要依赖进口。

#### 10.1.2.2 全断面掘进机特性

全断面掘进机(TBM)是集掘进、支护、作业面照明、排水、除尘、通风、降温和出渣运输为一体的高科技隧洞施工设备。其优点是：

(1)开挖速度快、劳动强度小。国外实践表明，隧洞长径比大于 600 时，采用 TBM 施工较钻爆法经济，其掘进速度比常规钻爆法高出 3 ~ 10 倍。

(2)与钻爆法相比，减少了超挖，并由此节省了回填混凝土方量。

(3)减少支护费用。与钻爆法相比，采用 TBM 开挖对隧洞周围岩层的扰动小，因而可降低对岩层性能的削弱程度，有效降低了复杂、昂贵的支护形式的使用。

(4)可连续作业。施工中衬砌与掘进可同时进行。

(5)施工环境好。施工较为安全，对空气污染少。

(6)可以减少施工支洞。

但 TBM 也有以下缺点：

(1)对地质条件的适应性较弱。在通过断层破碎带、蠕变岩区、岩溶地区、富水段、岩层软弱区以及高地应力区时必须采取预防措施，否则亦发生卡机、机头下沉，甚至 TBM 被埋等严重后果，从而大大影响施工进度。

(2)技术要求高。如对衬砌管片拼装、豆砾石回填与灌浆、防水、止水等技术有较高的要求。

(3)缺乏灵活机动性。如机身笨重、只能在有限范围内变换刀盘以适应不同的洞径等。

(4)主机费用昂贵，不适宜中、短隧洞开挖。同时，当岩石抗压强度较高时，掘进机的掘进速度会大为降低，刀具的损耗增快。

(5)TBM 运输、装配、移机时间较长。

**表 10-1　国内外部分采用掘进机法施工的水工长隧洞(长 10 km 以上)**

| 序号 | 工程名称 | 地质条件 | 长度(km) | 开挖洞径(m) | TBM 类型 | 说明 |
|---|---|---|---|---|---|---|
| 1 | 贝勒多纳引水隧洞(法国) | 花岗岩、片麻岩、板岩和页岩 | 19 | 5.8 | 开敞式 | 覆盖层最厚达 2 000 余 m |
| 2 | 沃尔高引水发电隧洞(奥地利) | 白云质石灰岩、片麻岩、砂岩、灰岩和页岩 | 21 | 6.25 | 开敞式 | |
| 3 | Karahnjukar 压力引水洞(冰岛) | 玄武岩为主,局部薄层沉积岩 | 48 | 7.2~7.6 | 开敞式 | 大部分洞段不衬砌，局部衬砌以锚喷为主 |
| 4 | New Viola 引水洞(意大利) | 白云岩、页岩、灰岩、片麻岩 | 18.8 | 3.70 | 双护盾 | |
| 5 | Manapouri 发电尾水洞(新西兰) | 片麻岩、辉长岩、闪长岩，石英含量高 | 10 | 10.1 | 开敞式 | 大部分洞段不衬砌 |
| 6 | 莱索托调水 I 期隧洞(南非) | 玄武岩、含凝灰岩、砂岩 | 119.6 | 4.88~5.36 | 开敞式<br>双护盾 | 部分洞段采用钻爆法 |
| 7 | Evinos 调水隧洞(希腊) | 复理石、灰岩、泥及泥砂质片岩 | 29.4 | 4.04~4.2 | 开敞式<br>双护盾 | 埋深 800~1 250 m |
| 8 | Beles 引水洞(埃塞俄比亚) | 10 km 玄武岩、凝灰岩，1.8 km 淤土 | 11.8 | 8.1 | 双护盾 | 凝灰岩抗压强度达 350 MPa |
| 9 | Arrowhead 输水洞(美国) | 花岗岩、片麻岩 | 12.9 | 5.76 | 单护盾 | |
| 10 | Umiray-Angat 引水洞(菲律宾) | 玄武岩、凝灰岩等 | 13 | 4.88 | 双护盾 | |
| 11 | Guadiaro-Majaceite 输水洞(西班牙) | 黏土岩、泥岩、砂岩、灰岩 | 12.2 | 4.88 | 双护盾 | |
| 12 | Manabi 引水洞(厄瓜多尔) | 泥岩 | 11.4 | 4.04 | 双护盾 | 采用 Evinos 退役的二手机，月均进尺 1 095 m |
| 13 | Gibe Ⅱ 水电站引水洞(埃塞俄比亚) | 流纹岩、粗面岩、玄武岩及脉岩 | 25.8 | 6.98 | 双护盾 | |
| 14 | AMR 输水隧洞(印度) | 石英岩、花岗岩及脉岩 | 43.5 | 10.0 | 双护盾 | 埋深 300~500 m |
| 15 | 引大入秦 30A 隧洞(中国甘肃) | 结晶灰岩、含漂石砾岩、含砾砂岩、泥岩、砂岩、砂质黏土岩 | 11.65 | 4.8 | 双护盾 | |
| 16 | 引黄入晋总干线 6~8 号洞(中国山西) | 灰岩、白云岩，局部黄土、红黏土 | 21.39 | 5.46 | 双护盾 | |
| 17 | 引黄入晋南干线 4~7 号洞(中国山西) | 灰岩、白云岩、砂页岩、煤系地层 | 90.3 | 4.92<br>4.82 | 双护盾 | |
| 18 | 引黄入晋连接段 7 号洞(中国山西) | 灰岩、白云岩 | 13.52 | 4.82 | 双护盾 | |
| 19 | 大伙房输水工程掘进机施工段(中国辽宁) | 花岗岩、大理岩、石英砂岩、安山岩、玄武岩 | 58.72 | 7.16 | 开敞式 | 埋深 52~600 m |
| 20 | 八十一大坂隧洞掘进机施工段(中国新疆) | 凝灰质砂岩夹凝灰角砾岩、砂岩与泥岩互层 | 24.0 | 6.79 | 双护盾 | |
| 21 | 锦屏二级水电站 1 号引水发电隧洞(中国四川) | 大理岩、灰岩、板岩 | 14.1 | 12.4 | 开敞式 | 最大埋深 2 525 m |

#### 10.1.2.3 全断面掘进机选型

掘进机选型通常依照以下条件：

(1)隧洞设计参数(包括隧洞的截面形状和几何尺寸、长度、埋深、坡度、曲线半径、隧洞的分段数和相互位置等)；

(2)隧洞沿线的地质条件及地理环境；

(3)掘进机性能及技术参数；

(4)隧洞施工进度。

选型方法主要有分类顺序法和类比法。分类顺序法是根据掘进机选型条件，结合掘进机分类情况(见图 10-1)，按顺序选择掘进机。类比法是将当前隧洞工程地质情况、隧洞设计参数指标等与已进行掘进机施工的隧洞相比较，根据实际使用的情况判断和选择掘进机。类比法简单、直观，容易理解，下面主要对分类顺序法采用的选型方式加以介绍。

1)由隧洞洞线走向选择掘进机

隧洞轴线垂直于地面时，应选择竖式掘进机，美国的 Robbins 公司是目前设计制造竖式掘进机最有经验和业绩的公司。隧洞轴线倾斜于地面时则应选择斜式掘进机，德国 Wirth 公司是目前制造斜式掘进机最有经验和业绩的公司。隧洞轴线与地面交角小于 3% 时，就可以选择平洞掘进机。平洞掘进机应用最广泛，机型也最多，是掘进机选型的重点。

2)由隧洞地质条件选择掘进机

目前，在硬岩中开挖长隧洞的 TBM 类型主要有开敞式和护盾式。开敞式 TBM 是利用支撑机构(撑靴)撑紧洞壁以承受向前推进的反作用力的全断面岩石掘进机，适用于岩体完整性较好的隧洞，要求岩体有较好的自稳性、强度较高，能承受掘进机推进所需的巨大支撑力。由于任何隧洞地质状况、围岩性质都存在不一致性，目前通过配置不同的支护设备(如锚杆机、混凝土喷射机、刚拱架安装机、超前钻机、管棚钻机等)，而使开敞式 TBM 具备通过软弱围岩区、断层区等不良地质条件的能力。

护盾式 TBM 是在整机外围设置圆筒形护盾，用于开挖松软破碎或复杂岩层的全断面岩石掘进机。工程中常用的护盾式 TBM 有单护盾 TBM 和双护盾 TBM。单护盾 TBM 适用于软岩地层以及自稳时间相对较短、地质条件较差地层，围岩仅仅能自稳、不塌落，但不能承受掘进机巨大的支撑力，掘进机则是依靠支撑在管片衬砌上的数个千斤顶提供的力向前推进。与开敞式 TBM 相比，单护盾 TBM 的支撑机构为沿盾尾周边分布的千斤顶，而不再配置可支撑在洞壁上的撑靴。而与双护盾 TBM 相比，其掘进与管片安装两者不能同时进行，施工速度相对较慢。

双护盾 TBM 又称伸缩护盾式 TBM，它综合了开敞式 TBM 与单护盾 TBM 的特点，既有撑靴，又有护盾。当遇到不能承受撑靴压力的软弱岩层时，可依靠管片衬砌提供的反力维持掘进机推进，此时工作类似于单护盾 TBM。遇到坚硬岩层时，则依靠紧撑岩壁的撑靴提供向前推进的反力，此时，衬砌可与开挖同步进行。因此，与开敞式 TBM 及单护盾 TBM 相比，双护盾 TBM 对不同地质条件的适应能力大大增强，伸缩护盾形式是双护盾 TBM 的独有技术特点，是实现软硬岩作业转换的关键。

近年来，在围岩岩性很好的条件下也开始采用双护盾 TBM 施工，并且取得了良好的进尺。如西班牙的 Guadarrama 高铁隧道，最大埋深 992 m，围岩主要为花岗岩、片麻岩，岩石抗压强度 80～200 MPa，两条长 28 km 隧道采用 4 台双护盾 TBM 施工，最高月进尺达 1 688 m。又如印度的 Alimineti Medhava Reddy(AMR)隧洞，洞长 43.5 km，周围岩体主要为石英岩、花岗岩，岩石抗压强度 83～260 MPa，采用两台双护盾 TBM 对打。

如果岩体无法自稳，则可选择盾构机，它可通过泥压、气压等来平衡不稳定的掌子面，实现隧洞的开挖。

# 10.2 深埋长隧洞工程主要地质问题及防治

## 10.2.1 岩爆

岩爆是深埋岩质隧洞在无地下水条件下最常发生的地质灾害。隧洞工程埋深越大，地应力越高，当坚硬完整、干燥且具有脆性的岩石边界条件发生变化后，其弹性应变能在高地应力作用下会突然释放而形成岩爆。我国天生桥水电站引水隧洞、岷江太平驿电站引水隧洞、锦屏水电站勘探平硐、二滩水电站引水隧洞、西康铁路秦岭特长隧道Ⅱ线平导及川藏公路二郎山隧道等一大批长大隧洞工程相继发生突发性严重岩爆，给隧洞施工防护带来困难，并时常造成损机伤人的严重事故。当采用 TBM 施工时，岩爆可造成刀具损坏、机体卡阻及被埋等事故。岩爆灾害不仅严重威胁施工人员及设备的安全、影响施工进度，而且还会造成超挖、初期支护失效，严重时还会诱发地震，已经成为硬岩隧洞勘测设计及施工组织中必须考虑的重要问题之一。

对于岩爆问题，在加强预报监测的基础上，可采用地应力卸除、短进尺多循环分步开挖、超前高压注水、岩面湿化、锚喷挂钢筋网等方法来解除或减弱岩爆发生的危害程度。我国的太平驿电站引水隧洞在施工期间共发生了有记录的 400 多次岩爆，为降低或避免岩爆的发生，结合具体情况采取了多种处理措施，如在岩爆区采用分步开挖方法，在可能发生岩爆的地方打超前锚杆，在掌子面上打短而密集锚杆加固围岩，采用钢筋网、锚杆和喷混凝土的支护方法，使围岩处于三向受压状态，从而大大减少了因剪切破坏而发生岩爆的可能性。对于强度大的岩爆，如西康线上的秦岭隧道采用了钻孔爆破应力卸载、预钻孔并配合向孔内灌注高压水、分步开挖等方案来防治。

## 10.2.2 围岩的大变形

隧洞施工中遇到的围岩大变形主要具有以下特征：

(1)主要发生在变质岩、断层破碎带及煤系地层等低强度围岩和遇水膨胀性围岩中。

(2)变形量大，一般可以达到数十厘米到数米，如果不支护或支护不当，收敛的最终趋势是隧洞被完全封死。

(3)发生大变形的隧洞埋深一般在 100 m 以上。

(4)径向变形特征明显，一般表现为顶拱下沉、边墙内挤、底拱隆起，位移方向基本沿隧洞开挖面法线方向。

(5)危害巨大，严重影响施工进度或线路运营，而且整治费用高昂。

受到 Terzaghi 思想的影响，一般把大变形的机制分为以下两大类：

(1)开挖形成的应力重分布超过围岩强度而发生塑性变化，如果变形缓慢就属于挤出，否则就是岩爆。挤出主要取决于岩石的强度和地应力的大小，是一种变形速率快、而收敛速率较慢、具有显著流变特征的过程。

(2)岩石中的某些矿物和水反应而发生膨胀。水及某些膨胀性矿物的存在，是发生膨胀性大变形的必备条件。

对于采用 TBM 开挖隧洞，围岩大变形会导致支护及混凝土(管片)衬砌变形、破损，如印度 Nathpa Jhakri 隧洞，当掘进机进入断层带时，由于高地应力和岩体较破碎，拱部出现强烈挤压变形(达到 1 000 mm)，而导致支护损毁，施工被迫中断。若出现严重挤压，还会发生卡机事故，使掘进机前进被迫中断，严重影响工程进度。如荷兰西斯凯尔特河隧道，掘进机由于围岩挤压强烈而被困 2 周；我国的掌鸠河供水工程上公山隧洞掘进机开挖中多次因围岩挤压而发生卡机事故，最严重的一次被困 10 个月；万家寨引黄入晋工程隧洞掘进机也因遇到软岩挤压变形而长时间被困等。

为避免卡机事故，目前主要的处理方法有：①采用扩挖的方法将隧洞断面开挖得比掘进机机身大些，并使掘进机尽可能快地通过大变形围岩区，以避免围岩变形过大挤压机身，并应在掘进机通过后及时支护以减小围岩的后期变形；②遇到大变形围岩时停止掘进机开挖，而采取钻爆法开挖、锚喷支护等措施完成变形较大洞段的施工，使掘进机顺利通过大变形围岩区。

因此，在评估使用掘进机的可能性时，隧洞围岩收敛变形的危险性一定要认真考虑。对松散、破碎围岩体的塌方问题，可采取提高围岩的整体强度和自稳性的措施加以处理，如施工中常用超前长管棚、超前锚杆及加固注浆、超前小导管注浆等施工措施预防隧洞塌方。对于塑性流变围岩大变形问题，目前的主要处理措施是通过注浆提高岩体强度，同时加强支护并保证支护具有足够的刚度。而对于膨胀围岩大变形问题，主要依照减少或避免水与围岩接触的策略来进行处理。

### 10.2.3 涌水及外水压力

在深埋长隧洞施工中，常遇到涌水、突水问题，且往往由于隧洞通过的地段地质条件复杂、揭露的水文地质单元多、水源补给量充足等原因，涌水具有水量大、外水压力高等特点。涌水、突水问题对工作面构成严重的威胁，处理不当将会造成设备损失，甚至危及工作人员的生命安全。如台湾雪山隧道(原名平林隧道)在施工过程中，TBM 在不同洞段遭遇了多次涌水困扰，其中一台导坑 TBM(直径 4.8 m，Robbins 制造)在蛇棱砂石中掘进时遭遇涌水，涌水冲洗出细颗粒料并导致不稳定裂隙岩石倒塌掩埋该 TBM，花费 7.5 个月才抢救出该 TBM。而在另一条洞线上施工的 TBM 则遇到特大涌水，涌水冲毁无螺栓连接的管片衬砌并且以其上方 7 000 $m^3$ 岩体埋葬了该 TBM 和它长 90 m 的后挂系统。经过 TBM 制造商确认，要回收它的总代价比买一台新 TBM 还要贵，因此该

TBM 被放弃。又如四川圆梁山隧道施工穿越桐麻岭背斜东翼时，多次突发大规模的涌水、突泥沙、块石灾害，造成部分施工机具掩埋损毁，施工掘进严重受阻，蒙受巨大的经济损失。

当涌水量达到 50 L/s 时，施工就变得较为困难，必须采取一定的措施。对隧洞施工中的涌水、突水问题应分别采取排、堵或排堵相结合的措施来处理。如果涌水量较小，可以排为主。当预测到前方有大涌水时，通常采取超前灌浆措施，以减少向洞内的涌水量，必要时打排水洞，将水预先排至专用排水洞或将水排至已施工完的洞内顺坡排走。对可能发生大涌水的隧洞，宜采用逆坡开挖以利排水。当破碎岩体中富含地下水时，也可采取冻结法，待围岩中的水体固结后再进行开挖。在处理涌水、突水问题时，还应最大限度地减少由于地下水位的变化对周围生态环境的破坏。

当外水压力非常大时，若不采取降压措施，则必须提高衬砌的强度来满足衬砌结构承载力的要求，这常导致施工难度和工程投资额的增大。为此，可采取排、堵或排堵相结合的措施来处理。以往绝大多数山岭隧洞对地下水采用“以排为主”的方案，即采用设置在衬砌背后的盲沟及透水垫层或在衬砌上设排水孔等将地下水排出，从而达到降低外水压力的目的。但地下水的大量流失可能会导致周围生态环境的恶化，因此山岭隧洞“以排为主”的防水设计理念正逐步为“大堵小排”的设计方案所替代[3]。该方案首先采取对衬砌周边围岩固结灌浆的方法形成防水圈，降低地下水的渗透量，然后通过衬砌背后设置的排导系统或提高衬砌的渗透能力将渗透水排出，从而达到减少地下水流失、降低衬砌外水压力的目的。同时围岩固结灌浆后，灌浆圈围岩可成为承载高外水压力和地应力的主要结构。

### 10.2.4　高地温

工程上将地温超过 30℃称为高地温。隧洞埋深增加，地温随之升高，特别是当埋深大于 1 500 m 时，随着深度的增加，地温将急剧升高。而机械特别是 TBM 作业产生的大量热，更提升了隧洞施工的环境温度。因此，深埋隧洞常存在高地温问题，主要表现为：作业环境恶化、机械设备故障增多、劳动生产率降低，严重威胁施工人员安全；将影响到施工材料的选取(如耐高温炸药)和混凝土、防水材料的耐久性；附加温度应力还将引起衬砌开裂，影响衬砌的稳定性；隧洞建成运营后养护维修困难，可能导致运营成本大幅提高。

施工中可采取强迫通风或直接降温措施解决高地温问题，如法国贝勒多纳深埋引水隧洞，为了降低施工环境温度，在上、下游两段分别设置了空调设施。在我国的黑白水三级电站隧洞施工中，采取洞内注入冷水、加强通风、采用封闭式排水沟排水、将热水抽出洞外、喷雾和降低排水支洞等方法降低施工环境温度。而减少热源，在围岩壁上涂敷绝热材料亦可起到降低施工环境温度的作用。此外，亦可采取山体人工注水或人为改变地下水流向等措施来达到降低地温的目的。

### 10.2.5　地震

通常认为深埋于山体内的隧洞受到周围围岩的强约束，抗震性能较好，不会因地震发生严重破坏。随着美国、日本等国隧洞在地震中发生破坏，隧洞的抗震问题引起了广泛关注。我国 1985 年颁布的《水工隧洞设计规范》(SD 134—84)中曾明确说明，隧洞洞身衬砌可不考虑地震影响[4]。但 2002 年颁布的《水工隧洞设计规范》(SL 279—2002)已加入了结构抗震强度和稳定性验算内容[5]。

震害结果调查分析显示，地震中隧洞以下区域最易发生破坏：

(1)地层条件有较大变化的区域，如地层由硬质到软质的过渡地带。若某一地区地层较为均匀，即使地震的烈度较大，其中的地下结构也往往会较为安全。

(2)结构断面形状和刚度发生明显变化的部位。如隧洞的进出口部位、隧洞的转弯部位及两洞相交部位。

(3)隧洞与断层、软弱带相交的部位。破坏主要表现为相邻衬砌的径向变形或错位以及衬砌的轴向拉开。

目前提高隧洞衬砌结构抗震性能的设计模式有两种：一是利用材料的强度和结构构件的塑性变形能力来抵抗外来的地震力。按该种模式设计，通常是采取加厚衬砌断面和全断面加筋补强等措施来提高隧洞衬砌结构抗震性能。二是采取特殊的措施来隔离地震对衬砌结构的影响。按该种模式设计，通常是在隧洞衬砌的外周和地层之间设减震层(某种吸能材料)，通过减震层将衬砌与围岩介质隔开，从而减小和改变地震对结构的作用强度和方式，以此来达到提高隧洞抗震能力的目的。此外，通过优化隧洞路线以及提高施工质量亦可减轻地震对隧洞衬砌的破坏。

## 10.3 水工长隧洞工程实例

### 10.3.1 国外工程

#### 10.3.1.1 南非莱索托调水隧洞工程[6]

1)概况

南非莱索托调水工程共分四期，将调引 Senqu 河(流到南非后名为 Orange 河)一半的水量，送到南非 Vaal 河(Orange 河支流)上的 Vaal 大坝库区，以满足南非高腾省(人口占南非 40%，有南非经济发动机之称)不断增长的用水需求。

该工程从提出到实施，历时 80 余年。1986 年南非、莱索托两国签署开发Ⅰ期 1A、1B 工程(见图 10-7)的协议。1A 工程由两座坝(Katse 坝、Muela 坝)、两条隧洞和一座电站组成，设计输水流量 16.8 $m^3/s$，1991 年开工，1998 年 1 月开始输水，1999 年完工；1B 工程由一座坝(Muela 坝)、一座堰和两条隧洞组成，在 1A 基础上增加流量 11.7 $m^3/s$。Ⅰ期工程于 2004 年 3 月竣工，年输水 7.8 亿 $m^3$(供水保证率 98%)，移民约 3.18 万人。

莱索托调水Ⅱ期工程由一座坝、一条隧洞和一座泵站组成，Mashai 坝设计坝高 170 m，库容 33.06 亿 $m^3$，位于 Senqu 河上；泵站设计抽水能力 50 $m^3/s$，通过 19 km 隧洞向 Katse 水库输水。Ⅲ期工程则在紧邻 Tsoelike 河口下游的 Senqu 河上(Mashai 坝下游 90 km)建 Tsoelike 坝(坝高 160 m，库容 22.23 亿 $m^3$)和 4.4 km 的输水洞。Ⅳ期工程在 Senqu 河上 Tsoelike 坝下游 40 km 建 Ntoahae 坝(125 m 高混凝土坝)和 1.3 km 的输水洞。

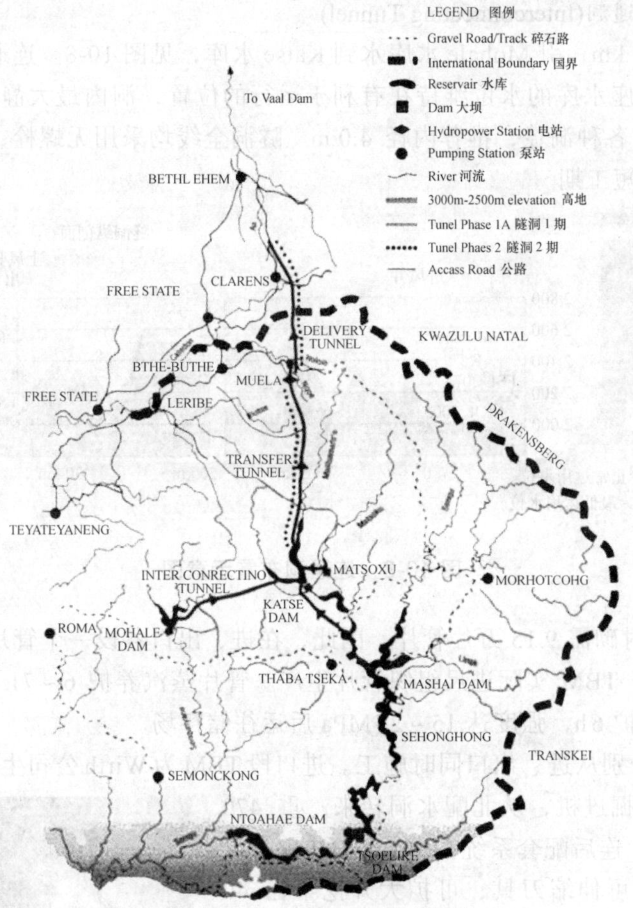


图 10-7　南非莱索托调水工程布置图

按照规划，四期工程(包括六座大坝和 200 km 隧洞)在 2020 年全部竣工后，输水能力将达 82 $m^3/s$。

I 期工程涉及三条调水河流，年径流量分别为 5.55 亿 $m^3$、3.09 亿 $m^3$、1.92 亿 $m^3$。两国协约规定的最小下泄生态基流(最低运行水位时)分别为 0.5 $m^3/s$、0.3 $m^3/s$、0.03 $m^3/s$，正常蓄水位时分别下泄 1.9 $m^3/s$、4.25 $m^3/s$、0.08 $m^3/s$。前两条河调水比例均值约 82%，后一条河流调水比例 36%(不均匀引水)，年引水量 0.69 亿 $m^3$。相应于 7.8 亿 $m^3$ 的输水量，综合调水比例约 74%。

I 期工程隧洞包括连通洞、引水隧洞、输水洞和配水洞，总长 119.6 km。除 5.6 km 的引水隧洞及部分进出口洞段外，均采用 TBM 施工，最大开挖洞径 5.36 m，最长自然段 45 km。

Mohale 连通洞沿线以玄武岩为主，局部含凝灰岩；引水隧洞沿线为玄武岩地层；输水洞均位于玄武岩中，最大埋深 1 200 m，有高地应力和高地温问题；配水洞沿线为相对软弱的南非高原沉积泥岩、粉砂岩及凝灰岩岩脉。

2)Mohale 连通洞(Interconnecting Tunnel)

连通洞长 32 km，引 Mohale 水库水到 Katse 水库，见图 10-8。连通洞内水可以双向流动，从而使两座水库的水位维持在有利于运行的位置，洞内最大静水头约 70 m。设计比选了 2~5 m 各种洞径，推荐内径 4.0 m。隧洞全线均采用无螺栓、无止水的六边形管片衬砌，以缩短工期。

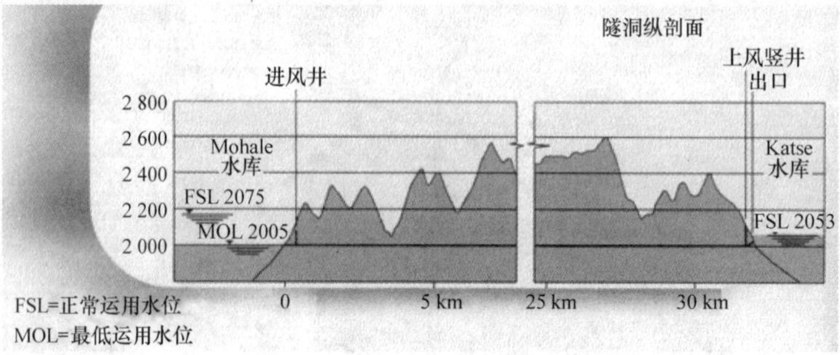


图 10-8　连通洞布置示意图

32 km 隧洞衬砌需 9.15 万片管片。因此，在进、出口各设一个管片预制厂，每个厂 48 台钢模，依据 TBM 实际进尺组织管片生产。管片蒸汽养护 6 ~ 7 h 强度达到 10 MPa 方可拆模。再养护 6 h，强度达 15 ~ 25 MPa 后运往储存场。

两台 TBM 分别从进、出口同时施工。进口段 TBM 为 Wirth 公司生产的 Wirth TB535 型伸缩式双护盾掘进机，从北配水洞转来。重 470 t，主机长 11 m，连后配套系统在内，长 330 m。刀盘周边装有两把可伸缩刀具，可扩大开挖半径 40 mm，以减少岩体变形对掘进机的影响，且有助于掘进机调整方向。4 片 1.4 m 宽的六边形管片组成一环。1999 年 3 月开始掘进，2002 年 2 月隧洞贯通，开挖洞径 5.36 m，掘进长度 14.5 km。

图 10-9　开挖后的掌子面岩体情况

出口段 TBM 由 NFM、BORTEC 和三菱公司联合制造，是厄瓜多尔转来的双护盾二手机。在南非检修后，在出口 800 m 长的安装洞内组装。1999 年 7 月开始掘进，2002 年 6 月结束掘进，掘进长度 16 km。开挖洞径 4.88 m，衬砌后隧洞内径 4.2 m。

预计月均进尺 750m，实际月均进尺 400m。该洞段岩石强度比预计的高(见图 10-9 所示开挖后的掌子面岩体情况)，地下水也比预计的大，导致工期延期较多。

3)Matsoku 引水洞

引水洞长 5.6 km，位于 Katse 水库至 Matsoku 堰之间，马蹄形断面，宽 4.5 m、高 4.72 m。进、出口同时钻爆法施工。边墙采用 75 mm 厚钢纤维喷混凝土衬砌；底拱采用混凝土衬砌，以减小糙率。隧洞为明流洞，底坡 1/230，按引水流量 55 $m^3/s$ 设计。因流量变幅大，不均匀输水由 Katse 水库进行调节。

4)输水洞(Transfer Tunnel)

输水洞总长 45 km，均位于玄武岩中，最大埋深 1 200 m，为压力洞。原设计内径 4.95m，底坡 1/700，最大输水量 44 $m^3/s$。该段隧洞的玄武岩洞壁是否需要混凝土衬砌，以保证隧洞的耐久性受到相当关注，原设计只有 6 km 隧洞需混凝土衬砌。在隧洞提前贯通并举行庆祝仪式后，由于相当范围玄武岩中的蒙脱石含量高，具有溶解性，隧洞破坏超出意料，决定增加衬砌。由于蒙脱石随机分布，为了保证隧洞长期安全，对全隧洞实施了 300 mm 厚现浇混凝土衬砌，工期因此延误一年。衬砌后隧洞内径 4.35 m，最大输水流量 36 $m^3/s$。

该隧洞采用三台全新开敞式 TBM 开挖，开挖洞径 5.03 m。三台 TBM 掘进长度分别为 9.2 km、17.4 km、17.4 km。进、出口加上一条施工支洞构成三台掘进机的初始工作面。为防有害气体，超前钻孔在开挖面至少要有 10 m 的重叠长度。沿线设置 5 座通风竖井(井深 70~299 m，直径 2.1 m)，以改善检修时的自然通风。在隧洞埋深 1 050 m 处实测地温为 37 ℃，远低于 49 ℃的预估值。隧洞衬砌于 1996 年年底完成，1997 年 4 月具备过水条件。

5)配水洞(Delivery Tunnel)

配水洞总长 37 km，内径 4.5 m，为压力洞，设计流量 44 $m^3/s$。该隧洞由两段组成：从 Muela 水电站到莱索托与南非边境为南配水洞，长 15 km；从边境到南非灰河（the Ash River）出口为北配水洞，长 22 km。

南配水洞位于整体砂岩层中，中间有两座倒虹吸，因此 TBM 分三段施工。采用二手 Robbins 公司制造开敞式掘进机开挖，开挖洞径 5.03 m，月均进尺 784 m，最高月进尺 1 324 m，共掘进 12.8 km。由于提前 20 个月贯通，节约资金 20%。

北配水洞沿线为相对软弱的南非高原沉积泥岩、粉砂岩及凝灰岩岩脉。采用一台 Wirth 公司生产的伸缩式双护盾 TBM 分两段掘进。考虑地质条件及输水方式等因素，隧洞全线采用含止水的预制混凝土管片衬砌。每环 6 块，宽 1.4 m，厚 25 cm，止水密封垫可承受 0.6 MPa 水压力。浅埋段(如 2 km 长的 Caledon 河倒虹吸)采用钢衬，以避免岩体水力劈裂。位于断层破碎带及覆盖层厚 200~300 m 处的管片钢筋含量为 166 $kg/m^3$，一般地段管片钢筋含量 106 $kg/m^3$。该洞段也提前 3 个月完工。

#### 10.3.1.2　希腊 Evinos 调水隧洞工程[7]

1)工程概况

Evinos 调水工程由一座引水枢纽和一段 29.4 km 长的隧洞组成。所调水先入 Mornos 水库，经水库调蓄后，通过已建输水系统以 16 $m^3/s$ 流量输水至雅典。

调水区 Evinos 河长约 90 km，河道弯曲，流域面积 1 129 $km^2$。主要由山地构成，地形陡峻，有喀斯特地层分布，多为森林覆盖。流域内地下水丰富，年降雨量 1 440 mm。

坝址控制流域面积 349 $km^2$，年径流量 2.96 亿 $m^3$，占 Evinos 河流域地表总径流量的 30%。坝址年输沙量 35.5 万 t。

以满足 2030 年大雅典地区用水需求为目标，设计年均调水量 2.0 亿 ~ 2.3 亿 $m^3$(目前年调水量约 1.12 亿 $m^3$)。坝址调水比例 67% ~ 77%。

为保护下游河道水生态功能，确定最小生态基流为 1 $m^3/s$，由导流洞内钢管泄至大坝下游。

2)压力输水洞

压力输水洞总长29.4 km，内径3.5 m，以不均匀流输水入Mornos水库，泄量由进口闸门控制。隧洞常年开启、单向输水，最大输水流量27 m³/s，仅在Mornos水库开始溢流时停止输水，隧洞关闭，Evinos水库开始蓄水。隧洞进口高程435 m，出口高程441.5 m，高于Mornos水库正常蓄水位435 m，以确保自由出流。沿线洞顶最高高程(448.5 m)控制着最低引水位。隧洞进口处内水压力最大，约70 m。输水隧洞平面及纵剖面布置分别见图10-10、图10-11。

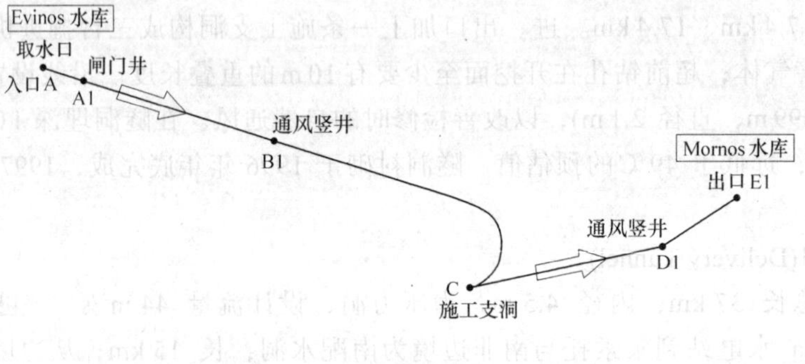


图 10-10　输水隧洞平面布置图

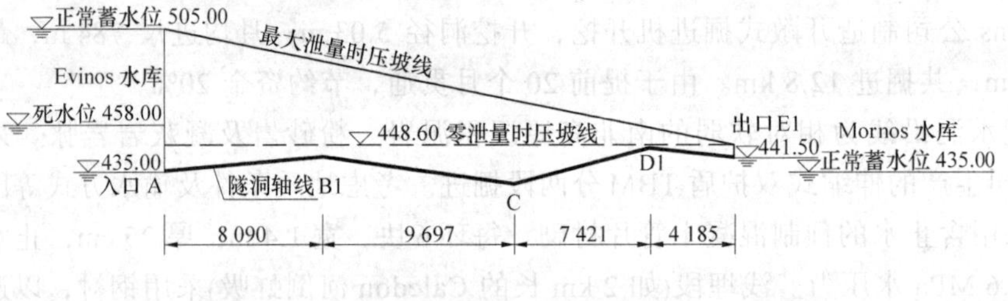


图 10-11　输水隧洞纵剖面图　(单位：m)

隧洞最大埋深1 250 m，沿线围岩由细粒复理石(占30%)、碎裂复理石(40%)、白垩纪灰岩(20%)、泥质及泥砂质片岩(10%)组成。裂隙及褶皱发育，RMCⅢ、RMCⅣ类围岩占43%；RMCⅤ及劣Ⅴ类埋深均大于600 m，占49%。

为加快进度，采用四台TBM于1992年同时掘进施工，1995年竣工。

两台双护盾TBM，从隧洞中部施工支洞(设置闸门及排水设施)进洞，相背开挖以复理石岩层为主、岩性较差洞段，开挖直径4.04 m。20 cm厚管片永久衬砌，总长17.1 km。管片衬砌糙率系数0.0157。

两台开敞式TBM，分别从隧洞始、末端相向开挖，开挖直径4.2 m，开挖过程中先进行锚喷支护，喷混凝土厚度5～10 cm，贯通后进行现浇钢筋混凝土衬砌，总长12.3 km。现浇混凝土衬砌厚度由最小施工厚度控制，设计衬厚25 cm，考虑收敛变形后最小厚度17 cm。现浇钢筋混凝土设计糙率系数0.0129。

隧洞沿线布置了两个直径0.25 m的通风孔，孔深分别为240 m、250 m，分别位于逆坡施工制高点。施工中80%洞段遇到有害气体，掌子面后方1 m处围岩瞬间挤压变形最高达15 cm，并遇多处塌方。尽管如此，四台TBM取得了日均进尺20 m的成绩。各标段隧洞详细情况见表10-2。

表10-2　希腊Evinos调水隧洞工程各标段详细指标

<table>
<tr><th>标段</th><th>AB1</th><th>CB1</th><th>CD1</th><th>E1D1</th></tr>
<tr><td>最大埋深(m)</td><td>1 250</td><td>1 000</td><td>800</td><td>1 000</td></tr>
<tr><td>开挖直径(m)</td><td>4.2</td><td colspan="2">4.04</td><td>4.2</td></tr>
<tr><td>分段长(m)</td><td>8 090</td><td>9 697</td><td>7 421</td><td>4 185</td></tr>
<tr><td>TBM类型</td><td>开敞式</td><td>双护盾</td><td>双护盾</td><td>开敞式</td></tr>
<tr><td>衬砌形式</td><td>10 cm厚喷混凝土支护，25 cm厚现浇钢筋混凝土衬砌(底拱预制，兼排水、交通)</td><td colspan="2">20 cm 厚六边形管片(每环4块)</td><td>10 cm厚喷混凝土支护，25 cm厚现浇钢筋混凝土衬砌(底拱预制，兼排水、交通)</td></tr>
<tr><td>内径(m)</td><td colspan="4">3.5</td></tr>
</table>

按标书要求，允许隧洞内水外渗量为4 L/(km·s)。因此，防止内水外渗应是衬砌结构设计的重点问题之一。由于该隧洞绝大部分洞段外水位极高，且围岩致密，围岩本身已具备很好的防内水外渗性能，因此衬砌本身止水性能的好坏已变得不那么重要。就本隧洞而言，管片间设置止水的主要目的，在于防止接触灌浆(压力0.1~0.3 MPa)、固结灌浆(压力2 MPa)时管片间接缝漏浆，确保浆液在管片与围岩间缝隙内充分扩散，进而保证填充质量。管片间纵缝采用榫接，并设止水条；环缝因结构传力需要采用平面对接，并不设止水槽，以免削弱管片接缝面。

市场现有的一些止水材料，如橡胶止水，可以维持2 MPa的灌浆压力，但施工困难，难以使浆液沿着缝隙循环流动，难以保证缝隙充填质量。

根据多种止水材料试验及研究结果，该工程选择一种特殊砂浆(成分为Sika Rep、Daragrout及Emaco)作环缝止水。在高压灌浆压力作用下，挟带浆液中细小颗粒的水体可穿砂浆而过，砂浆起着过滤的作用，浆液中的细小颗粒逐渐堵塞缝间孔隙，从而达到止水效果。

### 10.3.1.3　尼亚加拉引水发电洞[8]

1)工程概况

尼亚加拉瀑布水电开发始于20世纪初，1922年利用明渠引水的1号电站竣工，装机容量487 MW，发电流量625 $m^3/s$；1954年利用两条隧洞引水的2号电站建成，装机容量1 472 MW，发电流量1 200 $m^3/s$。两座电站年发电量11.8亿kWh。2005年开始进行扩建电站施工，扩建电站利用一条长 10.4 km、内径约 12.5 m 隧洞引水，过水能力 500 $m^3/s$，其年发电量 16 亿 kWh。

新建发电引水洞位于加拿大尼亚加拉瀑布市下方，隧洞进口段为 1 500 m 长下坡段，坡度 7.82%，然后接 7400 m、转弯半径 1000 m 近乎水平的洞段，埋深约 140 m；再经 1 500 m 爬坡至洞口，底坡 7.28%。洞线平面布置须充分利用已建两条 8 km 长隧洞形成的东西向走廊。为尽量减少对尼亚加拉瀑布市及其旅游业的影响，要求采用掘进机开挖，从隧洞出口进洞施工，中途不允许设置施工竖井。为避免穿越 St.Davids 古河床而污染地下水，洞线从其下方的页岩中绕行穿过。隧洞工程布置见图 10-12 和图 10-13。

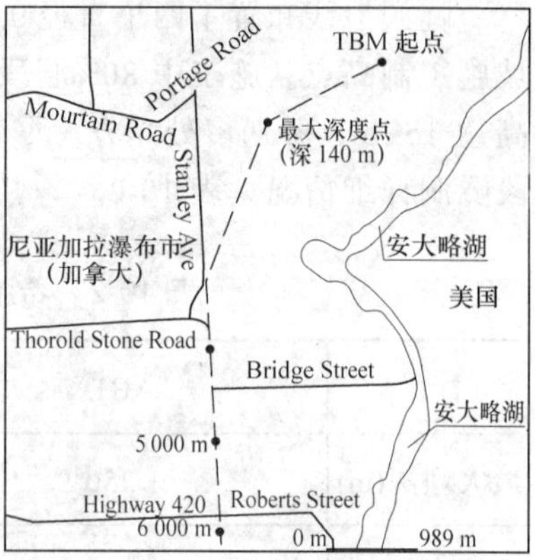


图 10-12　隧洞平面布置示意图

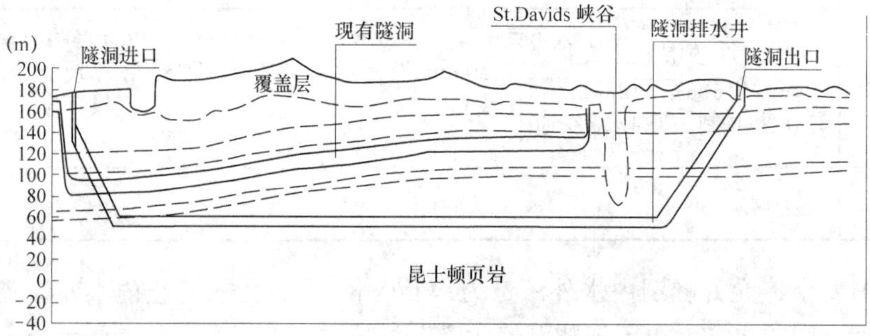


图 10-13　隧洞纵剖面布置示意图

2)地质条件

沿线岩性主要为页岩，少部分为灰岩、白云岩、砂岩、泥岩。80%洞段位于页岩和泥岩中，大部分岩石强度为 10 ~ 118 MPa，平均强度 38~45 MPa。洞线基本平行于 1954 年建成的两条引水洞(两隧洞埋深小，沿线不经过页岩)。根据两条已建隧洞经验，由于相对高的水平地应力(页岩中水平地应力与垂直地应力之比为 3 ~ 5，页岩上方岩体应力比为 7 ~ 8)释放以及页岩遇水膨胀，页岩与泥岩具有挤压变形及膨胀特性。页岩中先天存在过度饱和盐，实测氯化物含量达 296 000 mg/L，硫酸盐含量达 1 860 mg/L。地下水对混凝土及钢筋具有侵蚀性。研究发现，页岩水平膨胀量比较离散，垂直方向的膨胀量是水平向的 1.6 倍，施加 4 ~ 5 MPa 压力即可抑制页岩膨胀。

3)隧洞支护设计方案

2005 年 8 月，该项目由欧洲最大承包商之一的奥地利 Strabag 公司中标，负责设计与施工。Strabag 公司提出了完全不同于标书、对业主很有吸引力的施工方案。如标书中的双护盾 TBM 改为开敞式 TBM；锚喷支护结合现浇混凝土衬砌代替由管片、螺栓、止水条及回填灌浆构成的单层衬砌；TBM 直接在工地组装，而非在 TBM 制造厂试组装、拆卸后再在工地组装；永久混凝土衬砌与 TBM 同步进行。

奥地利 ILF 公司提出通过灌浆对素混凝土衬砌施加预应力，并在支护与素混凝土间设置完全闭合的止水膜来达到防止地下水侵蚀混凝土衬砌的目的。即通过回填灌浆填实 60 ~ 70 cm 厚素混凝土衬砌拱顶与围岩间缝隙，使衬砌与围岩紧密接触。最终通过安装在支护与止水膜之间的灌浆系统进行预应力灌浆，最大压力 3 MPa，使素混凝土衬砌处于受压状态，无需配筋就可抵抗 150 m 内水头，从而消除钢筋长期腐蚀问题。

隧洞开挖洞径 14.4 m，根据岩性不同，设计了六种支护形式：①钢筋网加 50 mm 厚喷混凝土(C25，湿喷，下同)；②钢筋网，UNP100 型钢拱架，2.4 m 长锚杆加 70 mm 厚喷混凝土；③钢筋网，UNP140 型钢拱架，3.6 m 长锚杆加 100 mm 厚喷混凝土；④钢筋网，UNP140 型钢拱架，3.6 m 长锚杆加 150 mm 厚喷混凝土；⑤钢筋网，IPB160 重型钢拱架，6 m 长锚杆加 200 mm 厚喷混凝土；⑥钢筋网，IPB260 重型钢拱架，100 ~ 200 mm 厚喷混凝土。隧洞施工全程喷混凝土，以免围岩受水、气影响。

永久衬砌由止水膜、现浇混凝土底拱及顶拱组成。其中止水膜用于隔离地下水与隧洞的水力联系，避免洞内淡水外渗导致围岩膨胀，也避免外水内渗侵蚀衬砌，这是保证衬砌设计寿命与质量所必需的。止水膜采用PFO，而非常用的PVC，以抵抗氯离子渗透，避免燃烧时产生有害气体。现浇混凝土最小厚度 60 cm，设计 90 d 龄期圆柱体抗压强度为 38 MPa。

隧洞最终内径介于 12.28~12.78 m，主要取决于支护形式。较小内径洞段出现在需要钢拱架支护、喷混凝土厚度达 200 mm 的局部洞段。

为防止隧洞进水口施工时河水涌入，在 TBM 施工前，采用钻爆法在进口先行开挖一条 298 m 长灌浆隧洞，在 14.4 m 直径隧洞外围通过高压灌浆形成直径 26 m 的防渗幕体。

4)隧洞施工方案

前期比较了双护盾 TBM 与开敞式 TBM 施工方案，结果偏向采用双护盾 TBM 开挖及管片衬砌。而 Strabag 公司认为，在 140 m 内水头作用下，管片衬砌难以满足业主 90 年寿命、免维修等要求；地下水将与衬砌直接接触，侵蚀混凝土及钢筋；为应对围岩膨胀，要么采用高强混凝土，要么在管片与围岩间进行压力灌浆，以抵抗膨胀变形。尽管以往有采用压力浆液抵抗围岩挤压变形的实例，但管片环本身难以抵抗内水压力。此外可能存在多处洞壁岩块塌落，很难确保管片环周围灌浆均匀。因此，提出了上述支护与现浇衬砌结合的双层衬砌概念。从施工质量、施工灵活性角度考虑，业主最终采纳了 Strabag 公司提出的开敞式 TBM 开挖及双层衬砌方案。开敞式 TBM 为 Robbins 公司制造，为当时世界上直径最大的硬岩掘进机。

将全断面混凝土的浇筑及止水膜的铺设与 TBM 掘进同步进行，可能是 Strabag 公司变更原施工方案中技术含量最大的。不管是底拱还是顶拱的混凝土衬砌，均与 TBM 掘进同步。计划底拱在距掌子面 400 m 处开始分段浇筑，又 400 m 之后分段现浇顶拱。每一段利用两套 12.5 m 长模具，跳仓浇筑，每次完成长 25 m 隧洞的衬砌。就底拱衬砌施工而言，衬砌模板位于 87 m 长桥架下方，桥架两端部设置斜坡，TBM 供货车可由桥架越过衬砌底板施工区，来往通行(单车道)。为保证桥架稳定，设置了顶拱及洞壁支撑，并确保桥架不影响洞顶 2.6 m 直径的通风管及侧壁皮带机的布置。该套系统重 800 t。顶拱衬砌施工比较复杂，货车可在已衬砌的底拱上穿过模板，但风管及皮带机必须脱离洞壁，通过模板区后再恢复原位。作为顶拱及底拱混凝土衬砌施工中的一环，止水膜及灌浆管路需同时安装。

由于拱顶落石不断，在底拱施工区后方 1 500 m 处设置一个 100 t 重的移动工作台，以便在止水膜安装及顶拱衬砌混凝土浇筑前恢复隧洞断面。止水膜及顶拱衬砌混凝土浇筑台车位于 100 t 工作台后方 1 500 m，重 1 800 t，采用重型钢材制造以抵抗混凝土荷载，降低模板变形。再分别往后 2 000 m 及 1 500 m，是接触灌浆工作台及 60 t 重的高压灌浆工作台。

5)OFTA

正常情况下，一台直径 10 m 的开敞式 TBM，车间组装需要 4 个月，各个部件拆卸下来(方便海运)需要 1.5 个月，海运 1 个月，工地组装 1 个月。因此，一台 TBM 从订货到工地试运行，一般需要 15 个月。

为确保按期交货，该工程 TBM 组装与调试均在工地现场进行(On-site First Time Assembly，简称 OFTA)，所有配件从世界各地直运工地，节省了车间预组装、调试，再拆卸、运输至工地的工序，自然也节省了人力与工时。这是世界首例，比原计划减少 5 个月时间。这项技术后来还运用到印度 AMR 输水隧洞工程直径 10 m 的双护盾 TBM(最大单件重 170 t)、锦屏Ⅱ级水电站引水洞工程直径 12.4 m 的开敞式 TBM 的生产组装中。

就 OFTA 而言，完成 TBM 组装可能需要 3~4 个月，考虑现场组装效率以及不可预见因素，常常还需追加 1 个月。但无论如何，省去了拆卸，减少了海运，可节省几个月工期。

#### 10.3.1.4 印度 AMR 输水隧洞工程

2006 年 3 月开工的印度 AMR 输水隧洞工程，拟从印度第四大流域克利须那河(Krishna)已建 Srisailam 水库引水，向印度最贫困、最易干旱且区域内水含氟的 Nalgonda 平原 516 个村庄提供生活与灌溉用水，灌溉面积 12 万 $hm^2$。

输水线路由两段隧洞及一段明渠组成，1 号、2 号隧洞分别长 43.5 km、7.25 km，明渠长 25 km。1 号、2 号隧洞之间设调节水库，总库容 2.1 亿 $m^3$。2 号隧洞最大埋深 350 m，设计内径 9 m，采用钻爆法施工。1 号隧洞采用两台 Robbins 公司制造的双护盾 TBM 施工，掘进机直径 10 m，采用管片衬砌，管片厚 30 cm，宽 1.6 cm，衬后内径 9.2 m。设计过流能力 113.28 $m^3/s$。

采用 TBM 开挖的 1 号隧洞横穿 Amrabad 高原，埋深 300 ~ 500 m，隧洞沿线围岩 60%为砂岩、40%为粗粒花岗岩。1 号隧洞上方地带为印度最大的印度虎保护区，不允许重型设备进行勘探，因而沿线地质资料少(招标阶段只有两个钻孔)。为此，隧洞全程进行超前钻探，并始终保证掌子面前方有 40 m 超前钻孔(即两钻孔重叠 40 m)，依钻探资料确定是否对掘进机前方岩体进行灌浆加固。

由于 1 号隧洞地处保护区，为避免影响野生动物，不允许布置施工支洞或通风竖井。这也是采用两台 TBM 从洞两端相对掘进的主要原因。1 号隧洞为目前世界上独头通风最长(达 22 km)的隧洞，这也是该隧洞施工面临的最大挑战。

#### 10.3.1.5 埃塞俄比亚 Gibe Ⅱ水电站引水洞

该电站位于埃塞俄比亚首都亚的斯亚贝巴(Addis Ababa)西南 240 km 的 Gibe 河和 Omo 河之间。主要建筑物包括混凝土衬砌的发电引水洞、压力钢管、位于 Omo 河右岸的厂房。发电引水洞长 25.8 km，由两台双护盾 TBM 施工。开挖洞径 6.98 m，隧洞内径 6.3 m，为压力洞，内水压力最小 20 m 水头，最大 70 m 水头。采用单层管片衬砌，管片为六边形，厚 25 cm，宽 1.6 m。第一台 TBM 于 2005 年 8 月从进口端开始掘进，第二台 TBM 于 2005 年 9 月从出口端开始掘进。沿线围岩主要为第三纪火成岩，包括流纹岩、粗面岩、玄武岩以及调压井附近的岩脉。

距进口 3 800 m 到 4 100 m 之间的隧洞埋深 670 m，围岩温度达 42~53℃，基本未遇到地下水。2006 年 10 月底，由于掌子面塌落，刀盘及前盾被挤压，TBM 被迫停工。曾经两次试图在拱顶开挖旁通洞以解救前盾及刀盘，但由于岩体压力过大而使旁通洞坍塌。地压力主要来自掌子面，特别是左侧。TBM 被岩体压力推得后移，侧向位移达 40 cm，尾盾也被岩体挤压变形。

事后通过前盾打了数个钻孔，但非常困难，有时在 17 ~ 18 m 深处塌孔。甚至因巨大的应力，钻杆都被挤压出来(40℃左右的泥浆被挤出，压力达 400 m 水头)。2007 年 1 月决定在尽量短的时间内采取如下措施：通过钻探或物探查明断层带的空间分布及物理性质；进行监测；修复损坏的管片衬砌；围绕 TBM 盾壳(分步)开挖大洞室以便将 TBM 脱困并修复 TBM 及后配套；在隧洞左侧开挖探洞；新的勘探不能影响大洞室的开挖。

2007 年 1 月，当探洞接近断层带时掌子面发生塌方，导致 3 500 $m^3$ 泥浆充填了整个探洞及 80 m 引水洞。与此同时，监测发现大洞室衬砌结构及 TBM 变形增加。为此，又研究了新的措施：挖除引水洞内泥浆，部分挖除探洞内泥浆，在左探洞中部回填一混凝土塞；将 TBM 后配套移至洞外；暂停大洞室施工；在移走后配套后，在盾壳后方配备了更为强大的钻机；在引水洞右侧(距左探洞洞口下游 40 m 处)开挖探洞。

利用新钻机在盾壳后方钻孔，穿过断层抵达新鲜玄武岩，开始排水，TBM 主机及大洞室周边压力得以降低，于是大洞室的开挖得以于 2007 年 10 月重新开始。曾欲从右探洞向 TBM 主机开挖解困，但不利的荷载及变形监测结果导致放弃该计划。然后右探洞分岔，继续前挖，穿过断层带，抵达新鲜玄武岩体。右探洞的开挖始终以超前钻孔及排水为先导，直至超过 TBM 70 m。此次事故处理，共计涌出泥浆 3 500 $m^3$，排水 39 600 $m^3$，钻爆法开挖 230 m 探洞，布置了 1 600 m 钻孔。TBM 在安装间检修后(开挖洞径从 6.98 m 扩大至 7.074 m，以减少塑性围岩段挤压变形对盾壳的影响)，2008 年 8 月沿修改后的新洞线重新开始掘进。断层带附近已开挖的隧洞则采用混凝土回填。2009 年 6 月该隧洞贯通。

### 10.3.2 国内工程

#### 10.3.2.1 引大入秦输水隧洞

引大入秦工程是将大通河水引入兰州市北面的秦王川的一项大型跨流域无压自流引水灌溉工程，总干渠全长 86.9 km，其中隧洞 33 条，共长 75.11 km，分别采用钻爆法和 TBM 开挖。

30 A 隧洞又称水磨沟隧洞，为总干渠上第二条长隧洞，洞长 11.6 km，内径 4.8 m，最大埋深 360 m，最小埋深 51 m，属典型的山岭型隧洞。隧洞所处地层岩性为第三系含漂石砾岩、含砾砂岩、泥质砂岩、砂质黏土岩，岩质较弱，遇水软化崩解，并有基岩裂隙水出露。

隧洞采用 1 台 Robbins 公司生产的双护盾 TBM 开挖，主机长 12.7 m，开挖直径 5.53 m。采用厚 30 cm、宽 160 cm 的六边形预制管片衬砌，每环 4 块。管片分轻、重两种，均采用 C25 级混凝土、25MnSi 钢筋制作，轻型管片含筋量为 67.5 $kg/m^3$，重型管片含筋量为 77.2 $kg/m^3$。管片接缝处采用沥青聚氨酯密封条密封止水，管片衬砌环与围岩间的平均空隙为 6.5 cm，采用豆砾石回填并进行灌浆处理。

该隧洞于 1990 年 12 月开始掘进，最高月进尺 1 300 m，于 1992 年 1 月全线贯通。

#### 10.3.2.2 引黄入晋输水隧洞

引黄入晋工程是从万家寨水利枢纽库区引水至太原市、朔州市和大同市，如图 10-14 所示。此项工程先后采用 Robbins 和 NEM 公司生产的 6 台双护盾 TBM 进行无压引水隧洞的施工，其中：1 台 TBM 用于总干线 6 ~ 8 号隧洞开挖，掘进 21.4 km；4 台 TBM 用于南干线 4 ~ 7 号隧洞开挖，掘进 90.3 km；1 台 TBM 用于连接段 7 号隧洞开挖，掘进 13.5 km。

图10-14 万家寨引黄入晋工程路线示意图

总干线 6 ~ 8 号隧洞穿过的地层大部分为石灰岩，局部夹有 N2 红土层，地下水不发育。开挖直径 6.125 m，成洞直径为 5.46 m，最大埋深 300 m。采用厚 25 cm、宽 1.6 m 的六边形预制管片衬砌，每环 4 块。根据配筋量将管片分为 A、B、C 三种型号，管片混凝土设计强度等级为 C30。位于土层中的洞段，管片衬砌上设两道止水，即 BW 遇水膨胀橡胶止水条止水和双组分聚硫胶嵌缝止水，而位于岩层中的洞段只设 Sika 砂浆填筑的嵌缝止水。1994 年 7 月 TBM 从 8 号洞开始掘进，至 1997 年 9 月 6~8 号洞全部贯通，平均月进尺 700 m，最大月进尺 1 095 m。

南干线 4~7 号隧洞穿过的岩层主要为灰岩、砂岩及泥页岩互层。开挖直径 4.82~4.94 m，成洞直径为 4.20~4.30 m，最大埋深 400 m。管片厚度分别为 22 cm 和 25 cm，宽度为 1.4m，4 块六边形预制管片组成一环。根据配筋量将管片分为 A、B、C、D、E 五种型号，管片混凝土设计强度等级为 C55。衬砌采用遇水膨胀橡胶止水条或弹性橡胶止水条止水。4 条隧洞最早于 1998 年 12 月开始掘进，2001 年 4 月全部贯通，平均月进尺 1 300 m，最大月进尺 1 800 m。

连接段 7 号隧洞穿过的岩层主要为白云质灰岩和泥灰岩，地下水位低于洞线。开挖直径 4.819 m，成洞直径为 4.14 m，最大埋深 480 m。采用厚 25 cm、宽 1.2 m 的六边形预制管片衬砌，每环 4 块。根据配筋量将管片分为 A、B、C 三种型号，管片混凝土设计强度等级为 C45。衬砌采用遇水膨胀橡胶止水条或弹性橡胶止水条止水。该隧洞于 2000 年 5 月开工，2001 年 9 月贯通，平均月进尺 1 333 m，最大月进尺 1 650 m。

以上洞段在管片衬砌环与围岩间均回填豆砾石并进行灌浆处理。

#### 10.3.2.3　掌鸠河供水工程输水隧洞

昆明市掌鸠河供水工程是从云南禄劝县的云龙水库引水到昆明。线路全长 97.258 km，由总长 85.655 km 的 16 条隧洞、总长 9.622 km 的 4 条倒虹吸、总长 1.981 km 的 12 条沟埋管和首部连接段(含首部电站)组成。隧洞分别采用两种方式开挖，约 75%的洞段采用钻爆法开挖、现浇钢筋混凝土衬砌，约 25%的洞段采用 TBM 法开挖、预制钢筋混凝土管片衬砌，最长的上公山隧洞即采用 TBM 法开挖。所有隧洞均为圆形断面，衬砌后内径为 3 m。采用分段低压输水设计，内水压力 0.17~0.20 MPa。

上公山隧洞长 13.762 km，开挖直径 3.66 m，隧洞埋深一般为 100 ~ 200 m，最小埋深 10 m，最大埋深 368 m。隧洞穿越地层主要为灰岩、玄武岩、白云岩、泥岩、页岩。岩体中等风化到微风化，局部为强风化，断层破碎带分布密集。绝大部分洞段位于区域地下水位线以下 50 ~ 160 m，地下水比较丰富。褶皱、断裂和软弱围岩及地下水的综合作用，造就了该隧洞复杂的工程地质条件。

该隧洞采用的双护盾 TBM 由中国二重(四川德阳)与美国 Robbins 公司合作生产。预制管片为厚 0.25 m、宽 1.00 m 的四边形管片，每环由 4 块标准管片加 1 块封顶块组成，管片混凝土设计强度等级为 C45，根据配筋量管片分重型和轻型两种。管片间采用无孔弹性橡胶密封条止水、24 mm 直径弯螺栓连接，在管片衬砌环与围岩间回填豆砾石并进行灌浆处理。

隧洞于 2002 年 6 月开始开挖，由于地质条件极差，施工中经常碰到塌方、涌水、流沙等地质问题，大大影响了 TBM 的掘进速度。掘进至 4.3 km 处即因围岩破碎坍塌发生卡机事故，通过人工扩挖使掘进机脱困。此后，施工时常受阻，虽然承包商采取了一系列措施，但依然无法摆脱困境，最后在上公山隧洞开挖至 7.5 km 处 TBM 被卡住达 10 个月之久。经论证，上公山隧洞剩余 3 km 洞段改为钻爆法施工，TBM 机就地拆除。2006 年 12 月，该隧洞贯通。

# 参考文献

[1] 薛备芳. 市场经济条件下发展我国掘进机事业的建议[J]. 现代隧道技术，2002, 39(3): 7-12.

[2] 水利部科技推广中心. 全断面岩石掘进机[M]. 北京：石油工业出版社，2005.

[3] 王建宇. 对隧道工程中 2 个问题的讨论[J]. 现代隧道技术，2002(增)：177-180.

[4] 中华人民共和国水利电力部规范. SL134—84 水工隧洞设计规范[S]. 北京：中国水利水电出版社，1985.

[5] 中华人民共和国水利行业标准. SL279—2002 水工隧洞设计规范[S]. 北京：中国水利水电出版社，2003.

[6] 杨维九，罗国杰. 莱索托高原调水工程[J]. 南水北调与水利科技，2004，2(4)：53-56.

[7] 杨维九，谈英武，邢建营. 希腊雅典调水二期工程[J]. 南水北调与水利科技，2009，7(1)：89-90.

[8] 杨维九，赵大洲，邢建营. 尼亚加拉引水发电洞——世界最大硬岩 TBM 设计施工[J]. 南水北调与水利科技, 2010, 8(1): 144-147.